本书系最高人民法院司法研究重大课题

"数据权益知识产权司法保护问题研究（ZGFYZDKT202317-03）"的阶段性成果

平台经济：
规范与持续发展

陈　兵　傅小鸥◎著

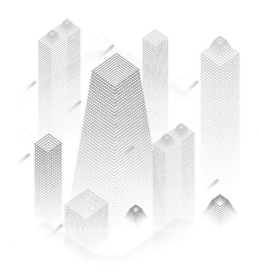

人民出版社

责任编辑：孟　雪
封面设计：曹　妍
责任校对：周晓东

图书在版编目(CIP)数据

平台经济：规范与持续发展 / 陈兵,傅小鸥著. -- 北京：
人民出版社，2025. 9. -- ISBN 978－7－01－027550－5

Ⅰ. F492. 3

中国国家版本馆 CIP 数据核字第 2025AF7737 号

平台经济:规范与持续发展
PINGTAI JINGJI GUIFAN YU CHIXU FAZHAN

陈　兵　傅小鸥　著

人 民 出 版 社 出版发行
(100706　北京市东城区隆福寺街 99 号)

中煤(北京)印务有限公司印刷　新华书店经销

2025 年 9 月第 1 版　2025 年 9 月北京第 1 次印刷
开本:710 毫米×1000 毫米 1/16　印张:14.75
字数:220 千字

ISBN 978－7－01－027550－5　定价:69.00 元

邮购地址 100706　北京市东城区隆福寺街 99 号
人民东方图书销售中心　电话 (010)65250042　65289539

目　　录

前　　言

　　纵观世界文明发展史,人类先后经历了农业革命、工业革命和信息革命。每一次产业技术革命都对人类的生产生活产生了巨大而深远的影响。1999年,互联网的发明人之一文特·瑟夫(Vint Cerf)在接受采访时回忆道:"1973年,我们的主要目标是创造一种能让计算机相互沟通的方法。尽管当时我们知道这项技术非常强大,拥有巨大潜力,但很难想象,当大量人群能同时利用这项技术,比如互联网时,会带来怎样的变革。"

　　如今,以互联网为代表的信息技术日新月异,引领了社会生产的新变革,创造了人类生活的新空间,拓展了国家治理的新领域,并极大地提升了人类的认识水平及改造世界的能力。互联网使世界变得像"鸡犬之声相闻"的地球村一样紧密。而基于互联网的平台经济,正在深刻影响和改变着人类的生产生活方式,推动经济快速发展。

　　近年来,我国平台经济迅速崛起,规模不断扩大。在消费互联网平台方面,国家统计局数据显示,2024年1月至10月,全国网上零售额达到12.4万亿元,同比增长8.8%。在工业互联网平台方面,工业和信息化部的数据表明,我国已培育出340余家有影响力的工业互联网平台,标识注册量已突破6000亿个,为超过45万家企业提供服务。中国信通院发布的《平台经济发展观察(2024年)》指出,2023年,头部平台企业的经营状况显著改善。市值排名前十的上市平台企业总营收为3.6万亿元,同比增长12.7%,增速实现由降转升。同时,这些企业的总净利润达到3854.4亿元,同比增长42.4%,增速较2022年提升了22.8个百分点。可以说,平台经济已成为我国新时代经济发展和产业转型升级的重要支撑动力,也是我国参与全球经济竞争的重要领域和竞争优势所在。

自 2019 年起,我国推出了多项指导文件与法律法规,旨在促进平台经济的高质量发展,如《"十四五"数字经济发展规划》《中华人民共和国网络安全法》《中华人民共和国数据安全法》《中华人民共和国电子商务法》《中华人民共和国个人信息保护法》等。国务院常务会议也曾先后多次研究部署平台经济相关工作,对平台经济的认识和定位不断提高。例如,国务院总理李强 2024 年 11 月 22 日主持召开国务院常务会议,研究推动平台经济健康发展有关工作,会议指出发展平台经济事关扩内需、稳就业、惠民生,事关赋能实体经济、发展新质生产力,结合 2024 年 7 月 5 日国务院常务会议强调"要从全局高度认识和推动数字经济高质量发展……促进平台经济持续健康发展"的要求来看,平台经济在当前国家发展大局中的战略性、全局性、关键性作用进一步提高。

然而,平台经济的发展仍面临诸多困难。从公平竞争、要素治理、创新发展等维度观察,可以发现现行法律规范在消费者(用户)和经营者间的权益分担方面并未给予明确规定,导致现行规制系统在应对蓬勃发展的平台经济时显得力不从心。具体而言,现有平台经济发展的障碍主要可归结为以下两方面:一方面,现行制度供给不足。目前,分散的立法结构难以为权利主体提供有效且充分的保护,缺乏有针对性的统一立法。另一方面,当前实施机制乏力。实施机制缺乏系统化、一体化及有机化。

与此同时,平台经济为各行业商业模式带来了巨变与创新,影响了全球竞争模式和格局。这一变革也对现行的市场经济规制法律理论、法制体系及法治实践构成了巨大挑战,迫使传统市场竞争法治理论与体系及其实践方式面临改造乃至重构。例如,面对新型不正当竞争行为,互联网平台经营者充分利用动态竞争和跨界竞争的特点,借助大数据传导优势和精准预测功能,打破了线上线下界限,迅速成长为拥有巨大市场力量的平台经济体。然而,这些平台经济体也存在滥用平台优势、降级用户隐私服务、限制用户数据转移等问题,进而侵害用户公平交易权益。此外,平台间算法合谋、大型平台经营者通过算法歧视等行为排除、限制竞争,也侵害了消费者权益。

在架构本书的框架与内容之时,希望能够全面地审视平台经济规范持续发展的内容及联系,立足当下、着眼未来,但也希望能兼顾具体的平台经济成果,结合其具体表现,做到具体分析,见微知著。本书将围绕平台经济实际运行的场景和发展阶段,兼顾各章之间的内在逻辑联系和承继关系,以平台经济规范持续发展的基础理论为基点,挖掘其在公平竞争、要素治理、创新发展等不同维度面临的法治挑战,并对平台经济规范持续发展的法治作为进行重点关切,以回应现实需求。也即本书将围绕两条线索展开讨论:一是平台经济从诞生到发展再至进阶的全象;二是平台经济发展过程中法治的运行、规制、意义以及机遇和挑战。按章节分类别阐述平台经济的表现形态,要新、要准、要先进甚至先验,但通篇立足法治的研究区间,反而要稳、要冷静、要客观,同时最终将回溯到中国当下的国情和法治,铺陈出适应中国平台经济规范持续发展的法治道路。虽属不易,但愿砥砺行文。

　　本书主要由以下章节组成:

　　第一章以"平台经济规范持续发展的基础理论"为切入点展开全书内容。平台经济是以互联网平台为主要载体,以数据为关键生产要素,以新一代信息技术为核心驱动力,以网络信息基础设施为重要支撑的新型经济形态。平台经济在我国高速发展,这不仅是科技创新发展的一部分,也使各类社会资源得到了有效配给,资源利用率和科技转化率得到了显著提高。面对平台经济发展的时代热潮,首先要厘清平台经济发展的核心要素和属性特征,以及平台经济规范持续发展的法治内涵,并在此基础上展开平台经济规范持续发展中国实践的法治观察,反思当前我国平台经济规范持续发展的不足,探究适合我国平台经济规范持续发展的理论遵循。

　　第二章聚焦"平台经济公平竞争的法治维度"。公平竞争是阐释平台经济竞争法治的逻辑起点。互联网从产生至今不过几十载光阴,却对人类社会产生了颠覆性影响,其不只是人类实现互联互通的一种工具,随着 IP 地址接入技术、可穿戴设备、传感器等智能科技的发展,互联网正逐渐向"万物皆可连"的物联网蜕变。由互联网带来的平台经济变革也使得新型不正当竞争行为频发,从而为现行竞争法治规制带来了挑战,应从竞争政策基础地位、反垄断法、反不正当竞争法、公平竞争审查制度等角度出发,对平台经济下竞争行为进行认定与考察。其中,对竞争关系的重读、竞争行为的本质与特征以及法律适用的考察均为时代之需。

第三章聚焦平台经济下的重点要素，探讨如何实现对其的规制与保护。以数据要素为例，作为推动平台经济发展的关键要素，数据要素市场化过程复杂，各环节相互关联，应通过全周期治理充分审视问题，规范数据市场竞争行为，完善数据竞争规制方法，将认定的重点转向竞争行为正当性标准；细化数据安全规则相关内容，从内外两个层面加强数据安全治理，形成法治架构下的数据要素市场化配置的全周期治理格局与方案。

以算法要素为例，算法可以实现对于数据的深度挖掘、用户的精准画像、机器的深度学习，但其也可产生正反两方面的影响。从供给侧来看，算法可以提高市场透明度，优化产业结构，激励企业创新发展，为消费者提供更优的服务，达到社会资源配置的有效化与智慧化，实现社会产能的跃升。然而，算法黑箱、算法合谋、算法歧视给市场秩序带来的冲击也不容忽视，如何找寻适合的规制思路与规制框架，使监管体系逐步走向层次化、智慧化，实现创新发展、有序竞争、消费者保护三者之间的动态平衡将会是未来法治研究的重点。

第四章探讨"平台经济创新驱动的法治响应"。推动平台经济创新发展对抢抓新一轮科技革命和产业变革先机、推动经济高质量发展有重要意义。平台经济是经济发展新动能新形态，是新质生产力的重要代表和载体，为扩大需求提供了新空间，为创新发展提供了新引擎，为就业创业提供了新渠道，为公共服务提供了新支撑。平台企业无疑都是创新型企业。但当达到一定的规模之后，很难确定平台经济能否依然保持创新的动力与能力。许多平台企业大量收购新兴创新企业，降低市场竞争；很多平台企业通过投入大量资金迅速形成市场规模，获取市场势力。因此，以法治实现平台经济创新驱动成为当前的重大关切。

第五章在前四章内容的基础上进行提炼与总结，重点关切平台经济规范持续发展的治理模式研究，从"立体化推进平台经济发展""常态化完善平台经济监管""多元化参与平台经济治理"三个方面进行总结，面对治理挑战，近年来政府监管部门更新监管理念与措施，以"穿透式监管"的政策与密集的数字规则因应平台治理问题。在平台治理的空间场域里，存在国家、平台企业、其他企业以及社会大众四方主体，相互配合、共同参与平台治理。应辩证看待平台在国家治理格局中的作用,多元协同共治,以监管促发展、以威慑促合规,通过多维度、多工具协同实施,科学有效地在法治框架下保障平台经济规范持续,形成更加有效的共同治理新格局。

　　平台经济的兴起,为经济发展注入了新的活力与可能。平台经济连接着消费者与生产者,推动着资源的优化配置与高效利用。然而,平台经济的繁荣并非自然而然的结果,而是建立在规范的基础之上。只有建立起完善的规范体系,才能确保平台的健康发展,避免市场的无序竞争与消费者的权益受损;只有推动产业升级与转型,才能为平台经济的持续健康发展提供有力支撑。本书把握时代前沿,就如何在时代转型的洪流中把握住平台经济规范持续发展的前进方向展开深入系统的探讨。

第一章　平台经济规范持续
发展的基础理论

平台经济作为一种新兴的经济形态，正以前所未有的速度重塑着全球经济版图。平台经济以其独特的运营模式、高效的资源配置能力和广泛的连接性，成为推动经济增长、促进产业升级和激发创新活力的重要力量。然而，随着平台经济的蓬勃发展，一系列问题与挑战也随之浮现，如何确保平台经济的规范与持续发展，成为摆在我们面前的一项重大课题。

本章将聚焦于平台经济规范持续发展的基础理论，旨在深入探讨平台经济的本质特征、运行机制及其对社会经济的影响，并在此基础上构建一套科学合理的规范体系，为平台经济的规范持续发展提供理论支撑。

第一节　平台经济概述

当前，世界正经历百年未有之大变局。科技发展日新月异，移动互联、人工智能、大数据等新技术深刻地改变着人类的生产组织形态、国家治理方式及生活方式，其影响前所未有。这些技术进步将人类社会推向了第四次工业革命的起点。在第四次工业革命时代，信息通信技术与数字数据技术快速迭代，深度融合创新。以此为契机，互联网平台经济迅速发展，互联网平台企业成为其代表。作为一种商业模式的革新，平台经济改变了传统厂商的规模经济模式，厂商的财富密码从流水线转变为算法。

平台能够全面连接设备、软件、人员等各类生产要素，实现与互联网的对接。基于海量工业数据分析，平台能形成智能化的生产与运营决策。通过对外开放平台数据和功能,平台支持开发者开展工业 APP 创新,实现各类制造资源的优化配置,从而重构生产组织模式和制造方式。例如,共享出行、网购直播、酒店民宿、餐饮外卖等日常生活中的常见形式,都属于平台经济的典型表现。如今,平台经济已成为推动我国经济发展的重要引擎。

一、平台经济的定义与核心要素

(一) 平台经济

目前,学术界对平台经济的概念尚未达成共识。2021 年 2 月,《国务院反垄断委员会关于平台经济领域的反垄断指南》发布,明确澄清了平台、平台经济与平台内相关主体等基本概念,平台是通过网络信息技术,让相互依赖的双边或多边主体在特定规则下交互,共同创造价值的商业组织形态;平台经济,是指由互联网平台协调组织资源配置的一种经济形态;平台的相关主体涵盖消费者、从业人员和平台经济领域的经营者,后者包括平台经营者①、平台内经营者②以及其他参与平台经济的经营者。

本书借鉴上述定义,将平台定义为以网络信息技术为支撑,为不同群体提供互动场所,促成交易或信息交换,满足双边或多边市场需求的商业组织形态。综合各类观点,本书将平台经济定义为一种基于数字技术的新经济模式,依托云、网、端等基础设施,以互联网平台为载体,利用人工智能、大数据分析、区块链等工具撮合交易、传输内容、管理流程。平台经济是一个围绕互联网平台形成的生态系统,包括互联网平台、平台运营企业的经济活动,以及消费者、从业人员、平台内经营者和其他参与者的经济活动。这一模式由数据驱动、平台支撑、网络协同的经济活动单元构成,是数字经济时代背景下的一种新型系统,涵盖平台、平台间及平台上多方主体产生的经济现象及其外部性。

平台经济基于数字平台,涵盖各种经济关系。平台本质上是市场的具体化,作为虚拟或真实的交易场所,它本身不生产产品,但能促进双方或多方供求交易,并从中收取费用或赚取差价获得收益。现代平台经济利用互联网技

---

① 平台经营者,是指向自然人、法人及其他市场主体提供经营场所、交易撮合、信息交流等互联网平台服务的经营者。

② 平台内经营者,是指在互联网平台内提供商品或者服务(以下统称"商品")的经营者。

术,结合规则制度,推动产销体制变革与创新,形成衍生服务和新的生态规则,产生经济效益。平台的外部经济性指围绕平台交易产生的各种衍生经济行为,如金融服务、供应链服务、物流服务和电商服务等。以电商平台为例,平台参与者便捷沟通、多样化搜索、自由交易选择、优质服务提供等经济活动催生的支付、物流、信息服务,以及由此带来的价值创造、产业发展、就业岗位增长、技术创新等,都属于平台外部经济的范畴。

平台经济不仅是对传统经济组织的升级,更是对传统经济形态的革新。它突破了地域、时间、交易规模、信息沟通等传统平台的约束,获得新的规模、内涵、效率和影响力。通过合理规制价格和质量,平台经济营造了良好的市场环境,推动了企业治理优化,有效遏制垄断行为,保障了数据安全。它是现代信息技术催生出的实体经济发展的新业态、新模式。

(二) 平台经济的核心要素

平台经济的核心要素主要包括:互联网平台、数据资源、新一代信息技术以及网络信息基础设施。这些要素共同构成了平台经济的基础,并推动了其快速发展。

1. 互联网平台

"平台"这一术语在计算机操作系统领域广为人知。在计算机科学中,平台指的是一系列硬件和软件的组合,专为特定应用程序的设计和使用提供支撑,这体现了其技术属性。然而,平台的概念历史悠久且形态多样,它既存在于自然现象中,也体现在社会经济现象里。平台最早的定义源自建筑学,意指"人或物可以站立的高水平表面",通常是用于特定活动或操作的独立结构。在建筑学领域,平台作为实体存在,强调其实用性。[①]

随着科技进步,在互联网推动下,数字技术得以应用,建立在通信硬件和连接软件基础上的新数据中介——"互联网平台"应运而生,并迅速发展。互联网平台不仅创造了新的贸易空间,还通过聚合不同内容开发商、广告商和终端用户,将传统业务平台化。互联网平台是平台经济的主要载体,它以互联网

———————————

① 刘战伟、刘洁:《"平台/platform":一个概念史的溯源性研究》,《新闻与写作》2023 年第 8 期。

平台为核心,构建开放、共享、协同的生态系统,连接供给方用户(商家、供应商、服务商)和需求方用户(消费者)等多方参与者,实现资源的优化配置和高效利用。

不断涌现的互联网平台提供交易撮合、支付结算、物流配送、售后服务等一站式服务,降低了交易成本,提高了交易效率,推动了商业模式的创新和变革。新技术的出现和旧技术的组合在平台的演进和互联网平台的发展中发挥着核心驱动作用。集成电路技术作为硬件基础设施,为互联网平台提供了规模巨大的存储资源,且存储资源处理性能提升的同时,价格下降幅度增大,这对平台的落地使用至关重要。

移动通信技术和互联网技术进一步拓展了互联网平台的新业态和新场景,成功将网民转型为用户,催生了门户网站、搜索引擎等第一代平台,也带动了智能设备、社交媒体等第二代平台的发展浪潮。可以说,互联网平台发端于传统经济,成长于互联网经济,爆发于移动互联网经济,成熟于数字经济和智能经济。互联网平台在平台经济中至关重要,它们提供便捷、高效、安全的交易环境,吸引了大量用户和商家入驻,形成了庞大的用户基础和商业生态。

同时,互联网平台还通过数据挖掘、人工智能等技术手段,对用户行为进行深度分析,实现精准营销,提高了用户体验和满意度。在平台经济中,互联网平台的发展呈现出多元化、专业化、全球化的趋势。不同类型的平台涵盖了电商、网络约车、文娱、社交、搜索、工具、门户、互联网金融、共享、服务等多个领域,为用户提供丰富多彩的产品和服务。此外,互联网平台还通过跨界合作、生态构建等方式,不断拓展业务领域和市场空间,推动了平台经济的持续发展和创新。

2. 数据资源

数据资源是平台经济的关键生产要素。在平台经济中,数据已成为推动经济发展的重要力量,关乎企业的经济效益、市场秩序以及消费者和劳动者的权益。数据资源与平台经济紧密相连,在不同发展阶段展现出资源化、产品化、全域化的特征,推动着平台的成长、扩张与赋能。

在微观层面,数据链接、匹配与联动能够提升平台企业的价值交换效率,促进供需匹配,增进主体协作,从而实现需求侧规模经济。例如,互联网平台通过收集、处理、分析用户数据,能够深入了解用户需求和行为习惯,为商家提供精准营销和个性化服务,进而提升商业效率和竞争力。在宏观层面,数据协同、复用与融合有助于实现产业链优化、价值链提升和创新链拓展,推动平台生态价值共创,促进供给侧高质量发展。例如,数据可以作为资产进行交易和流通,为数据所有者带来经济收益。

数据资源在平台经济中的价值主要体现在以下三个方面:一是数据资源化。通过数据分析,企业能更准确地把握市场趋势和用户需求,从而制定出更科学的经营与市场策略。在平台经济发展的初期,数据资源化是平台启动的基础。数据流动带来的启动效应是推动平台构建的关键因素。双边用户的交互留存数据使平台的信息交互和供需匹配更为精准,业务链条更加顺畅,进而吸引更多用户和供应商加入,加速数据积累,形成双边或多边用户增长与数据累积的良性循环。平台企业的业务模式促进了数据资源的持续供给和价值释放。

二是数据产品化。平台企业的数据聚集和业务需求使其数据分析能力不断提升,数据产品化成为推动平台扩张的关键。数据要素的价值创造需与其他要素或资源结合,特别是算法等技术。数字技术的不断发展推动了数据要素价值的释放,也形成了平台企业强大的数据服务输出能力,如阿里云服务。数据不仅促进了平台主营业务,还打通了跨界业务,如电商平台通过分析生产商的供应效率和销售数据为小微企业提供金融信息服务,通过采集和分析消费者的交易信用数据为小额个贷服务提供基础信用数据。数据产品化强化了平台扩张的生态效应,推动数据向产业链上下游渗透和汇聚,加速了平台生态的构建,既表现为传统业务领域的扩张,也表现为跨界领域的渗透。平台企业建立优势、巩固市场地位后,会形成具有封闭效应的平台生态系统,内部由主平台为核心,周围由若干子平台构成网状结构,通过数据共享形成业务互促模式。

三是数据全域化。平台生态上下游产业的高频互动增加了数据的涌现和流动,呈现出数据全域化驱动的特征,持续为产业赋能,释放要素倍增效应。一方面,数据要素在平台内、平台间、上下游产业集群间的高效流动重塑了数据驱动的生产模式、供销体系和服务体系。平台生态通过对上下游服务商的渗透积累了大量产业相关数据,进行流程优化和业务再造,如本地生活服务平台通过提供餐饮企业的数字化系统获取线下消费数据,进行餐饮服务升级;产业互联网平台通过获悉企业全流程数据进行以销定产、个性化定制等模式创新。另一方面,数据成为"生产要素中的要素",持续释放对劳动、资本、技术等其他要素的倍增效应,形成"两要素互补、多要素协同、全要素耦合"的作用机制。[①]

3.新一代信息技术

新一代信息技术产业是培育新质生产力的基石,它开辟了发展新领域与新赛道,塑造了发展新动能与新优势,更是平台经济的核心驱动力。战略性新兴产业以重大技术突破和重大发展需求为基础,对经济社会全局和长远发展具有引领与带动作用。这些产业知识技术密集、物质资源消耗少、成长潜力大、综合效益好。

新一代信息技术渗透性强,通用性高,横跨第一、二、三产业,应用环节覆盖广泛。凭借其在数据和场景上的优势,我国在互联网、安防、企业服务、商业、金融、公共管理等众多领域已形成人工智能的规模化应用,同时在通信、电力、冶金、能源、制造等传统行业也积累了丰富的应用经验。目前,新一代信息技术产业主要包括下一代信息网络产业、电子核心产业、新兴软件与新型信息技术服务、互联网与云计算、大数据服务、人工智能等。随着元宇宙、ChatGPT、人形机器人等概念的兴起,新一代信息技术产业的内涵与外延仍在不断演变。

在平台经济中,云计算、大数据、人工智能、物联网等新一代信息技术得到了广泛应用和推广。这些技术为平台经济提供了强大的技术支持和创新动力,推动了其快速发展和变革。其中,云计算技术为平台经济提供了高效、灵活、可扩展的计算和存储资源,降低了企业的信息技术成本和维护成本,提升了运营效率与竞争力。大数据技术通过对海量数据的挖掘和分析,为企业提供精准的市场洞察和决策支持,助力企业数字化转型和智能化升级。人工智

---

① 孟凡新、欧阳日辉:《数据驱动平台经济发展的逻辑机理和实践路径》,《河北经贸大学学报》2024 年第 5 期。

能技术模拟人类的智能行为和思维过程,为企业带来智能化、自动化的产品和服务,增强了企业的创新能力和竞争力。物联网技术则连接物理世界与数字世界,实现了设备、物品、人员之间的互联互通和协同工作,推动了企业的数字化转型和智能化进程。

新一代信息技术在平台经济中的应用,不仅提升了企业的运营效率和竞争力,还推动了商业模式的创新和变革。例如,云计算和大数据技术为企业提供精准的市场分析和预测,助力企业制定科学的经营和市场策略;人工智能和物联网技术则提供智能化、自动化的产品和服务,提升用户体验和满意度;区块链技术则构建安全、透明、可信的交易环境,降低了交易成本和风险。

4. 网络信息基础设施

网络信息基础设施是现代化经济体系中的核心组成部分,它构建了信息社会的基础架构,支撑全球范围内的信息流动、数据处理及通信服务。在平台经济背景下,这一基础设施涵盖了互联网、移动通信网络、数据中心及云计算平台等。它们为平台经济提供了高效、稳定且安全的网络通信与数据传输服务,确保平台经济的顺畅运行与发展。

网络信息基础设施不仅推动了经济活动的数字化转型,还为创新商业模式及提升市场竞争力提供了关键技术支持。首先,它通过高速、可靠的连接性,为平台经济参与者打造了一个无缝交互的虚拟空间。这一连接性打破了传统市场的地理与时间限制,使得分散的用户、服务提供者及企业能够实时沟通与交易。例如,电子商务平台依赖稳定的网络链接,确保消费者随时随地访问在线商店,完成商品浏览、购买及支付。

其次,数据中心与云计算服务作为网络信息基础设施的重要部分,为平台经济提供了强大的数据处理与存储能力。它们助力平台收集、处理及分析海量数据,优化服务供给、提升运营效率,并开发新商业模式。大数据分析使平台能更精准预测市场需求,实现个性化推荐与精准营销。

再次,网络信息基础设施的可扩展性对平台经济的快速增长至关重要。随着用户量增加及业务规模扩大,平台需迅速扩展服务能力以满足市场需求。网络信息基础设施的弹性与灵活性使平台能动态调整资源分配,适应不断变化的业务需求,保持竞争力。

此外，网络信息基础设施促进了创新与新商业模式的发展，为创业者与企业提供了实验与创新的平台。它们能迅速测试新想法，并将成功创新推向市场。例如，共享经济平台如优步（Uber）和爱彼迎（Airbnb），依托强大的网络信息基础设施，实现资源的高效匹配与利用。

最后，网络信息基础设施还提高了经济活动的效率。通过自动化与优化流程，平台减少中间环节，降低交易成本，提升资源配置效率。这不仅惠及消费者，也为服务提供者创造更多商业机会。同时，它降低了市场准入门槛，使小型企业及个人能参与平台经济。通过提供易于访问的平台与工具，网络信息基础设施帮助小型企业以低成本接触更广泛的客户群体，扩大市场份额。总之，网络信息基础设施在平台经济中发挥着关键作用。它不仅为用户提供便捷、高效的网络通信与数据传输服务，保障平台经济的运行与发展，还不断提升平台的可扩展性与灵活性，使其快速适应市场与用户需求变化，并加强平台的安全性与稳定性，保障用户数据与交易安全。

二、平台经济的基本构成与分类

（一）基本构成

平台经济作为一种新兴的经济形态，其构成要素和运作机制是多维度的。然而，其核心在于通过搭建平台，连接供给方用户与需求方用户，实现资源的优化配置和高效利用。因此，有必要从平台经济的定义出发，详细探讨平台经济的四大主体：供给方用户、需求方用户、平台（平台运营商）以及平台支撑体系，以期为深入理解平台经济提供参考。

1. 供给方用户

供给方用户是平台经济中不可或缺的一部分，他们通过平台提供商品或服务，以满足需求方用户的需求。供给方用户的数量、质量和活跃度直接影响到平台的运营效果和竞争力。在平台经济中，供给方用户可以是个人，也可以是企业和组织。供给方用户在平台经济中扮演着商品或服务提供者的角色。他们利用平台的广泛覆盖和便捷性，以较低的成本接触到潜在的消费者。他们提供的商品或服务种类繁多，从实物商品到虚拟服务，从日常生活用品到高端奢侈品，几乎涵盖了所有消费领域。这种多样性使得平台能够满足不同需求方用户的个性化需求,提高平台的吸引力和用户黏性。

供给方用户的增加可以提升平台的吸引力,吸引更多的需求方用户加入,形成正向的网络外部性。为了吸引和留住供给方用户,平台通常会设计一系列激励机制。例如,通过提供佣金分成、优惠券、积分奖励等方式,鼓励供给方用户提高服务质量、增加商品种类和数量。同时,平台还会通过信用评价体系、排名机制等手段,对供给方用户进行监督和约束,确保他们遵守平台规则,维护平台的良好秩序。

随着平台经济的发展,一些供给方用户可能会逐渐成长为平台上的优质商家或品牌。供给方用户的活跃度和质量直接影响平台的竞争力和市场份额。供给方用户通过平台实现商品和服务的交易,从而获得收益,同时也受到平台规则的约束和监管。他们通过不断优化商品和服务质量,提高用户满意度和口碑,从而在平台上获得更高的曝光度和销售额。此外,一些供给方用户还可能利用平台提供的资源和支持,实现转型升级,拓展新的业务领域或市场。

2. 需求方用户

需求方用户是指在平台上寻找并购买商品或服务的消费者,是平台经济中的另一大主体,他们因为平台提供的多样化选择和便捷性而被吸引,通过平台购买商品或服务,满足自己的消费需求。需求方用户的规模和活跃度是平台成功的关键因素,需求方用户的数量、消费能力和消费行为对平台的运营效果和盈利能力具有重要影响。平台通常会通过数据分析等手段,对需求方用户进行画像,了解他们的年龄、性别、地域、消费习惯等特征。这些画像信息有助于平台更精准地推送商品和服务信息,提高营销效果和转化率。同时,平台还会根据需求方用户的反馈和意见,不断优化商品和服务种类、质量和价格,以满足用户的个性化需求。在平台经济中,用户体验是衡量平台竞争力的重要指标之一。平台通常会通过优化界面设计、提高交易效率、加强售后服务等方式,提升需求方用户的购物体验。同时,随着需求方用户数量的增加,平台对供给方用户的吸引力也随之增强,形成网络效应。需求方用户在平台上的消费行为产生大量数据,这些数据对于平台优化服务和提高用户体验至关重要。平台还会通过会员制度、积分奖励等手段,增强需求方用户的忠诚度和黏性。这些措施有助于平台吸引更多新用户并留住老用户,形成良性循环。

在平台经济中,需求方用户不仅是消费者,还是平台的参与者和共创者。他们通过评价商品和服务、分享购物经验、参与社区互动等方式,为平台提供宝贵的用户反馈和意见。这些反馈和意见有助于平台不断优化和改进产品和服务,提高用户满意度和口碑。

3.平台(平台运营商)

平台是平台经济中的核心主体,它连接供给方用户和需求方用户,提供交易场所、规则和技术支持,负责维护和运营平台的日常活动。平台运营商通过制定规则、提供技术支持、保障交易安全等方式,促进双方的交易。平台运营商的核心竞争力在于其技术创新能力、数据处理能力和市场调控能力。平台的运营效果直接影响到供给方用户和需求方用户的满意度和忠诚度。

平台的定位是平台运营的基础和前提。平台需要根据市场需求和竞争态势,明确自己的定位和发展方向。同时,平台还需要制定具体的战略规划和实施计划,以确保平台的长期稳定发展。平台通常会利用先进的技术手段和数据分析能力,提高交易效率和服务质量。例如,通过大数据分析,平台可以精准推送商品和服务信息给需求方用户;通过人工智能技术,平台可以实现智能客服和自动化交易等功能。这些技术手段有助于提高平台的竞争力和用户满意度。

平台运营商通过收取交易费用、广告费用等方式获得收益,同时也承担着维护市场秩序、保护用户权益的责任。作为连接供给方用户和需求方用户的桥梁和纽带,平台需要承担起监管和治理的责任。平台需要制定明确的规则和标准,对供给方用户进行监督和约束;同时,平台还需要加强信息安全和隐私保护,确保用户的个人信息不被泄露和滥用。这些措施有助于维护平台的良好秩序和用户权益。

4.平台支撑体系

平台支撑体系是平台经济中不可或缺的一部分,平台支撑体系包括为平台提供技术、法律、安全等支持的一系列基础设施和服务。技术支撑涉及数据存储、处理和分析,法律支撑涉及用户隐私保护、知识产权保护等,安全支撑涉及交易安全、数据安全等。平台支撑体系中的基础设施包括网络通信、云计算、物联网等技术设施。这些设施为平台提供稳定、高效、安全的运行环境,确保平台能够正常运行并满足用户需求。平台支撑体系中的技术支持包括大数据分析、人工智能、区块链等先进技术。这些技术为平台提供强大的数据处理和分析能力,有助于平台更好地了解用户需求和市场动态,优化产品和服务质量。平台支撑体系的完善程度直接影响平台的稳定性和用户的信任度。随着技术的发展,平台支撑体系也在不断进化,以适应平台经济的新需求。

总体而言,平台经济的构成是多维度的,涉及供给方用户、需求方用户、平台运营商以及平台支撑体系。这些要素相互作用,共同推动平台经济的发展。同时,随着技术的进步和社会需求的变化,平台经济的构成和运作机制也在不断演变。

（二）主要分类

平台经济根据服务对象、作用机制以及具体业务领域的不同,可以划分为多种类型。

1. 按服务对象分类

（1）生产服务平台

生产服务平台是专门为生产服务提供第三方服务平台的互联网活动。这些平台覆盖研发设计、生产制造、经营管理、销售服务等领域,旨在为企业提供全方位的生产服务支持。生产服务平台主要包括互联网智能制造服务平台、互联网协同制造平台、互联网生产监测感知平台、互联网大数据服务平台、互联网大宗商品交易平台等。这些平台通过整合产业链上下游资源,提升企业的生产效率和竞争力。

（2）生活服务平台

生活服务平台是专门为居民生活服务提供第三方服务平台的互联网活动。这些平台覆盖"衣、食、住、行、玩"等生活领域,为居民提供便捷、高效的生活服务。生活服务平台主要包括互联网零售平台、互联网订餐平台、互联网酒店住宿平台、互联网出行购票平台、互联网旅游平台、互联网娱乐应用服务平台、互联网音视频服务平台等。这些平台通过优化资源配置,提升居民的生活品质和幸福感。

（3）科技创新平台

科技创新平台是专门为科技创新提供第三方服务平台的互联网活动。这些平台通过汇聚创新资源,推动科技创新成果的转化和应用。科技创新平台主要包括科技创新孵化器、科技成果转化平台、科技金融服务平台等。这些平台通过提供创新支持、融资服务、法律咨询等全方位服务,助力科技创新企业的成长和发展。

（4）公共服务平台

公共服务平台是专门为公共服务提供第三方服务平台的互联网活动。这些平台覆盖政务治理、环保节能、数据共享等领域,为政府和社会提供高效、便捷的公共服务。公共服务平台主要包括互联网政务平台、互联网公共安全服务平台、互联网交通服务平台、互联网市政服务平台、互联网节能平台、互联网环境保护平台、物联网数据开放平台等。这些平台通过提升政府服务效率和质量,推动社会治理体系和治理能力现代化。

2. 按交易种类分类

（1）商品类交易平台

商品类交易平台是专门进行商品交易的互联网平台。这些平台通过提供商品信息、交易撮合、支付结算等服务,促进商品的流通和销售。商品类交易平台主要包括电商平台、B2B 交易平台等。这些平台通过优化供应链、提升交易效率,降低商品交易成本,推动商品市场的繁荣发展。

（2）服务类交易平台

服务类交易平台是专门进行服务交易的互联网平台。这些平台通过提供服务信息、服务预约、支付结算等服务,促进服务的流通和交付。服务类交易平台主要包括在线教育平台、在线医疗平台、家政服务平台等。这些平台通过整合服务资源、提升服务质量,满足消费者多样化的服务需求。

（3）互联网金融平台

互联网金融平台是专门进行金融服务的互联网平台。这些平台通过提供支付、融资、理财等金融服务,满足企业和个人的金融需求。互联网金融平台主要包括第三方支付平台、P2P 借贷平台、众筹平台等。这些平台通过降低金融交易成本、提高金融服务效率,推动金融行业的创新发展。

3.按网络效应分类

（1）交易型平台

交易型平台是主要通过促进交易双方或多方之间的交易来获取价值的平台。这些平台通过提供交易信息、交易撮合、支付结算等服务，推动商品或服务的流通和销售。交易型平台主要包括电商平台、在线拍卖平台等。这些平台通过优化交易流程、提升交易效率，降低交易成本，实现平台的商业价值。

（2）创新型平台

创新型平台是主要通过推动技术创新和成果转化来获取价值的平台。这些平台通过汇聚创新资源、提供创新支持等服务，推动科技创新成果的转化和应用。创新型平台主要包括科技创新孵化器、科技成果转化平台等。这些平台通过提供创新支持、融资服务、法律咨询等全方位服务，助力科技创新企业的成长和发展。

（3）复合型平台

复合型平台是同时具备交易和创新功能的平台。这些平台不仅通过促进交易来获取价值，还通过推动技术创新和成果转化来拓展业务。复合型平台主要包括综合性电商平台、跨界融合平台等。这些平台通过整合多种资源和服务，实现业务的多元化和协同化发展。

（4）投资型平台

投资型平台是主要通过投资创业企业或项目来获取价值的平台。这些平台通过提供资金支持、资源整合等服务，推动创业企业或项目的成长和发展。投资型平台主要包括风险投资平台、私募股权平台等。这些平台通过投资具有潜力的创业企业或项目，实现资本的增值和回报。

三、平台经济的运作机制

平台经济以平台为载体，通过整合资源、促进用户参与、推动数据驱动决策、实现开放共享与协同创新等机制，构建了一个新的经济生态系统。平台商业模式掀起了一场经济变革，工业时代的"供应"规模经济已转变为互联网时代的"需求"规模经济，传统的线性价值链已转变为复杂的平台价值矩阵。从经济学角度来看，平台的首要目标，即通过"数据+算法"的手段对用户进行吸引(Pull)、促进(Facilitate)与匹配(Match),通过商品、服务或货币的交换为平台所有参与者创造价值,扩大流量。

(一) 平台构建与资源整合:从"中心化"到"去中心化"的转型

平台经济的首要特征是平台的构建与资源整合。传统的商业模式往往以企业为中心,通过线性的供应链和价值链来整合资源和分配价值。然而,在平台经济中,这种模式被颠覆了。平台作为连接供需双方的桥梁,通过技术手段将原本分散、独立的资源(如信息、商品、服务、技能等)进行高效整合,形成了一个统一、协同的生态系统。

这个生态系统的核心在于"去中心化"。平台并不直接拥有或控制资源,而是通过技术手段实现资源的数字化、网络化和智能化管理。这使得平台能够突破传统供应链和价值链的限制,实现资源的全球范围配置和高效利用。同时,平台还通过算法和数据分析,对资源进行精准匹配和高效调度,从而提高了资源的利用效率。

在资源整合方面,平台经济还表现出了强大的动态性和灵活性。随着市场的变化和用户需求的演变,平台可以不断地调整和优化资源配置策略,以适应新的市场环境。这种动态性和灵活性使得平台经济能够更好地应对市场变化和用户需求的不确定性。

(二) 用户参与与价值共创:从"消费者"到"产消者"的转变

平台经济的成功离不开用户的积极参与和价值共创。在传统商业模式中,用户往往被视为产品或服务的消费者,他们被动地接受企业提供的标准化产品或服务。然而,在平台经济中,用户的角色发生了根本性的变化。他们不再仅仅是消费者,而是成为平台生态系统中的积极参与者和价值共创者。

这种转变的核心在于"产消者"概念的提出。产消者(Prosumer)术语最早可以追溯到1980年阿尔温·托夫勒(Alvin Toffler)的著作《第三次浪潮》。托夫勒认为,那些不是在市场中为满足个人自身需要而购买,而是选择为自己的使用需求而生产产品和提供服务的方式即为"产消"①,即产消者是指那些既生产又消费的用户。在数字经济背景下,产消者是借助于数字化平台,为满

---

① [美]阿尔温·托夫勒:《第三次浪潮》,黄明坚译,中信出版社2018年版,第37页。

足个人层面的消费需求(本人的及他人的),以个人可支配的资源禀赋为基础来主导个人间点对点生产服务活动的群体。① 在平台经济中,用户可以通过平台发布信息、购买商品、提供服务、参与社区互动等,从而与平台形成紧密的互动关系。这种互动关系不仅增强了用户的黏性,还为平台带来了丰富的数据资源和市场机会。同时,用户之间也可以进行协作和分享,共同创造新的价值。

价值共创是平台经济中的重要机制之一。价值共创是价值创造主体通过服务交换和资源整合而共同创造价值的动态过程。价值共创突破了传统企业创造价值的观点,随着网络经济的发展,价值共创的视角从企业和顾客的二元互动转变到多个社会经济参与者的动态网络互动,它强调了用户与企业之间的双向互动和共同创造。通过用户评价、反馈、建议等方式,平台可以不断优化产品和服务,提高用户体验和满意度。同时,用户之间的协作和分享也可以产生新的创意和商业模式,为平台带来持续的竞争优势。

(三) 数据驱动与智能决策:从"经验决策"到"数据决策"的演进

平台经济以数据为核心资源,通过数据分析来指导决策和优化运营。在传统商业模式中,企业往往依赖于经验决策,即根据过往的经验和直觉来制订战略和计划。然而,在平台经济中,这种模式被数据决策所取代。

数据决策的核心在于利用大数据技术和机器学习算法对收集到的数据进行深度挖掘和分析。平台搭建了双边市场交互的中介,通过媒介作用推动商品、服务或社会货币的交换为所有参与者创造价值。通过数据不断地匹配和交互引发了连接效应,提高了平台供需匹配和核心价值连接效率。如通过平台历史数据积累的相关商品销售信息、婚恋网站的个性标签、交易信用记录等,有效提升平台内容或商品的匹配和分级关联,从而可以有效对接供给方和需求方的商品/服务,更加精准地满足用户需求实现用户存留,推动价值交换跨越时空和地域产生,将传统区域化、本地化的交易拓展到全球化、全时化,提升了平台网络效应的质量。

---

① 项典典、包莹、焦冠哲:《数字经济视域下的产消者:研究述评与展望》,《外国经济与管理》2022 年第 3 期。

在智能决策方面,平台经济也表现出了强大的优势。通过算法和数据分析,平台可以实现精准定价、个性化推荐、智能物流等功能,从而提高运营效率和用户体验。同时,平台还可以利用人工智能技术来优化算法和模型,不断提高决策的智能化和自动化水平。平台生态圈数据有序流动推动多源数据交互实现价值释放和价值外溢,孵化了具有国际竞争力的创新主体和形态,激发了技术创新、产品研发和模式迭代,加速数实融合进程。数据融合加速平台企业和传统产业场景对接,从平台逻辑向解决方案逻辑的转变,形成平台生态的价值共创,推动平台经济从消费互联网向产业互联网迈进。

(四) 开放共享与协同创新:从"封闭创新"到"开放创新"的跨越

平台经济强调开放共享和协同创新,通过搭建开放平台吸引更多合作伙伴参与,共同推动生态系统的繁荣和发展。在传统商业模式中,企业往往采取封闭创新的策略,即依靠自身的研发能力和资源来推动创新。然而,在平台经济中,这种模式被开放创新所取代。由于平台经济具有网络交叉外部性特征,具备更多元、更安全以及更高效的经营模式。平台经济的双边市场或多边市场特性,使网络效应成为重中之重。网络效应的存在,成为平台经济领导者发展的核心动力,并使其由此获得超额利润。梅特卡夫(Metcalfe)定律表明,随着网络节点的增多,平台经济的价值创造能力会呈平方级增长,平台价值也会随之呈指数级增长。[①] 在平台双边或多边结构以及直接和(或)间接网络效应等要素和特征的赋能下,数据和算法成为驱动平台经济及其创新型商业模式高速发展的重要动因,同时也构成了驱动平台发展壮大的双轮。在开放创新方面,其核心在于通过搭建开放平台来吸引更多的合作伙伴参与创新过程。这不仅可以扩大平台的用户规模和影响力,还可以引入更多的创新资源和商业模式。同时,开放平台还可以促进不同行业之间的跨界合作和协同创新,从而推动整个行业的进步和发展。在协同创新方面,平台经济也表现出了强大的优势。通过搭建协同创新平台,平台可以吸引不同领域的专家和学者参与创新过程,共同解决技术难题和推动行业发展。同时,平台还可以利用自身的

---

① 梅特卡夫定律是一种网络技术发展规律,梅特卡夫定律是 3Com 公司的创始人,计算机网络先驱罗伯特·梅特卡夫提出的。梅特卡夫法则是指网络价值以用户数量的平方的速度增长。

资源和优势来推动创新成果的转化和应用,从而实现创新与商业化的有机结合。

四、平台经济的属性特征分析

平台经济既是第四次工业革命的产物,也是伴随中国经济进入新发展阶段而形成的。作为数字经济时代的重要经济形态,正在全球范围内展现出强大的生命力和影响力。它依托数字技术,通过连接多方资源,形成了一种新经济生态。平台经济具有多个显著特征,其中"规模经济""范围经济""网络外部性""双(多)边市场"和"大数据分析"是最为关键的几个。下面将围绕这几个特征展开深入分析。

(一)规模经济

规模经济(Economies of scale)最早由亚当·斯密提出①,是发展经济学的一个概念,指通过扩大生产规模而引起经济效益增加的现象,其反映的是生产要素的集中程度同经济效益之间的关系,指的是在一定时期内,企业产品绝对量增加时,其单位成本下降,即扩大经营规模可以降低平均成本,从而提高利润水平。简言之,规模经济意味着较高的产量对应较低的平均成本。因此,大企业的生产效率普遍较高,竞争力较强。

平台经济在规模经济方面表现出色。第一,平台经济具有显著的边际成本递减效应。一旦平台建立起来,再增加新的服务规模,不会大幅度增加其边际成本。例如,电商平台在增加商品种类或用户数量时,其服务器和带宽的边际成本相对较低,而较高的产量对应较低的平均成本,使得规模非常容易做大。第二,平台经济通过数字技术实现资源的优化配置。平台可以整合多方资源,提高资源的利用效率,降低生产成本。例如,共享经济平台通过共享闲置资源,提高了资源的利用率,降低了消费者的成本。第三,平台经济往往表现出规模报酬递增的特点。随着平台规模的扩大,平台的品牌价值、用户黏性、数据资源等优势逐渐凸显,进一步吸引更多的用户和服务商加入,形成良性循环。

---

① [英]亚当·斯密:《国富论》,章莉译,译林出版社 2012 年版,第 18—21 页。

(二) 范围经济

范围经济(Economies of Scope)指由厂商的范围而非规模带来的经济,也即是当同时生产两种产品的费用低于分别生产每种产品所需成本的总和时,所存在的状况就被称为范围经济。只要把两种或更多的产品合并在一起生产比分开来生产的成本要低,就会存在范围经济。也即,同时生产多种产品的总成本低于分别生产各个产品的成本之和。因此,特定范围的多产品企业比单一产品企业效率更高。

平台经济在范围经济方面同样具有显著优势。第一,平台经济通过提供多样化的产品和服务,满足用户的不同需求。例如,电商平台不仅提供商品交易服务,还提供支付、物流、售后等一站式服务,提高了用户的购物体验。第二,平台经济通过同时生产多种产品,实现成本节约。例如,共享出行平台通过同时提供出租车、网约车、共享单车等多种出行方式,降低了单一产品的运营成本。第三,平台经济通过协同效应实现范围经济。平台上的不同产品和服务之间可以相互促进,提高整体效益。例如,电商平台上的商品推荐系统可以根据用户的购物历史和行为数据,为用户推荐相关的商品,提高销售额。

(三) 网络外部性

网络外部性相当于需求端的规模经济,即消费者越多,人均使用价值就越高。也就是说,网络用户数量的增长,可能会带动用户总所得效用的几何级增长。网络外部性可以分为直接外部性和间接外部性,前者指消费相同产品的用户数量增加所导致的产品价值的增加,后者则是随着产品使用者数量的增加,该产品的互补品数量增多、价格降低而产生的产品价值增加。[①]

网络外部性是平台经济的一个重要特征,在现实生活中可以非常直观地被感受到,主要体现在三个方面。第一,用户规模。平台经济的价值与用户规模密切相关。用户规模越大,平台上的产品和服务就越丰富,用户的使用价值就越高。例如,社交媒体平台上的用户数量越多,用户之间的互动和交流就越频繁,平台的价值就越大。第二,正反馈效应。平台经济具有正反馈效应。随

[①] 黄益平主编,北京大学平台经济创新与治理课题组著:《平台经济——创新、治理与繁荣》,中信出版社2022年版,第13页。

着用户规模的增加,平台上的产品和服务质量也会不断提高,进一步吸引更多的用户加入。这种正反馈效应使得平台经济能够快速成长并占据市场主导地位。第三,网络效应。平台经济通过网络效应实现价值最大化。平台上的用户之间可以形成社交网络,提高信息的传播速度和效率。例如,电商平台上的用户评价系统可以为用户提供更丰富的商品信息,帮助用户作出更明智的购买决策。

（四）双（多）边市场

双（多）边市场是平台经济的另一个重要特征。平台要同时服务多边,平台面向各方的价格结构直接影响平台企业的收入。因此,平台对一方的定价需要考虑对另一方的外部影响。例如,外卖平台既要面对餐馆,又要面对消费者,还要面对骑手。这种多边市场的特点使得平台经济具有独特优势。

第一,多边协同。平台经济通过多边协同实现价值共创。平台上的不同群体之间可以相互协作,共同创造价值。例如,电商平台上的商家和消费者之间可以通过交易实现价值交换,而平台则通过提供服务和收取佣金实现盈利。第二,交叉网络效应。平台经济具有交叉网络效应。已加入该平台的买家越多,则卖家加入该平台的潜在收益也越高;同样,已加入该平台的卖家越多,则买家加入该平台的潜在收益也越高。这种交叉网络效应使得平台经济能够快速吸引用户并扩大规模。第三,市场匹配。平台经济通过市场匹配实现资源优化配置。平台上的不同群体之间可以通过平台进行交易和合作,实现资源的优化配置和高效利用。例如,共享出行平台可以通过匹配乘客和司机的需求,实现出行资源的优化配置。

（五）大数据分析

大数据分析是平台经济最为突出的特征之一。与传统平台相比,数字平台在信息的传送、分析、收集和使用等方面拥有巨大的优势。平台通过大数据分析实现精准营销、风险管理、用户画像等功能,为平台经济的发展提供了有力支持。

第一,平台通过大数据分析实现精准营销。平台可以根据用户的购物历史、行为数据、兴趣爱好等信息,为用户推荐相关的商品和服务。这种精准营销不仅提高了销售额,还提升了用户体验。第二,平台通过大数据分析实现风险管理。平台可以对用户的信用记录、交易历史等信息进行分析,评估用户的信用风险。这种风险管理不仅降低了平台的坏账率,还提高了平台的运营效率。第三,平台通过大数据分析构建用户画像。平台可以根据用户的个人信息、行为数据、兴趣爱好等信息,构建用户的画像模型。这种用户画像不仅可以帮助平台更好地了解用户需求和行为特点,还可以为平台提供个性化的服务和产品。

平台经济的这些特征不仅具有实践意义,还具有深厚的学理基础。从经济学角度看,平台经济打破了传统厂商的规模经济限制,实现了资源的优化配置和高效利用。同时,平台经济还通过大数据分析等技术手段实现了精准营销、风险管理等功能,进一步提高了平台的运营效率和竞争力。

一方面,平台经济的特征符合经济学的基本理论。例如,规模经济理论解释了平台经济如何通过扩大规模降低成本;范围经济理论解释了平台经济如何通过多样化产品和服务实现成本节约;网络外部性理论解释了平台经济如何通过用户规模的扩大提高使用价值;双边市场理论解释了平台经济如何通过多边协同实现价值共创。另一方面,平台经济的发展离不开技术创新的驱动。数字技术、大数据、人工智能等技术的不断发展为平台经济提供了强有力的技术支持。这些技术不仅提高了平台的运营效率和服务质量,还为平台经济的发展提供了新的动力。未来,随着技术进步和政策环境的不断完善,平台经济将继续保持快速发展的势头,为经济发展注入新的活力。

五、平台经济的社会生态重塑

平台经济作为一种新兴的经济形态,不仅改变了传统的商业模式,还以前所未有的速度和规模在多个层面深刻地重塑着我们的社会生态。它改变了经济活动的组织方式,革新了生产和消费的方式,并对劳动关系、社会结构、价值观念以及治理模式产生了深远影响。平台经济发展的重要性已引起学界的广泛关注。既有研究分别从政策法规的角度进行制度评估、从企业经营的角度进行模式考察、从劳动关系的角度进行现实批判。然而,对于平台演化的实际状况及其对社会生态的全面重塑,仍缺乏完整的图景描绘。研究平台经济需要深入具体的社会生活,将焦点放在直接参与经济活动的个体上,还原行动者的主体性、能动性和反思性，从其中全面理解平台经济的影响。

首先，平台经济极大拓宽了市场边界。它通过连接不同的市场主体，促进了资源的优化配置，并加速了信息的流通。作为这一经济形态的核心，平台企业通过提供撮合与交易功能，实现了价值的创造与分配。平台的强连接性有助于欠发达地区和低收入群体与发达地区建立联系，从而获取更多机会和信息。

从市场信息角度看，平台经济是一种信息共享经济。它使欠发达地区的民众和低收入群体有机会接触更多市场信息，据此寻找致富机会和决策依据。实际上，欠发达地区相对于发达地区并非绝对落后，它们拥有相对要素禀赋优势，只是缺乏有效的信息分享机制来开发资源。平台本身作为一种特殊的生产资料，通过共享虚拟空间，使信息基础设施覆盖地区的任何人都能以低成本进入市场，成为平台用户，从事数字产品或服务的生产，并完成部分商品交易。美国学者安德森（Anderson）发现，网络平台能充分发掘利基市场，让小众产品通过平台完成交易。例如，拼多多就打通了平台与农产品产地的通道，让欠发达地区的农产品在保持价格优势的同时，面向全国销售。

其次，平台经济改变了劳动关系。平台经济通过实现生产资料共享，拓宽市场边界，直接为社会提供各类就业平台，增加就业岗位，进而为促进机会平等创造条件。在平台模式下，机会共享促使就业结构发生变化，从稳定的"公司+雇员"的正规用工模式逐渐向"平台+自由职业者"模式转变。具体表现为一种新型的"零工经济"就业模式，即个人工作和雇佣相结合的新型工作模式，具体分为两种：一种是利用互联网技术将自身的知识、经验、智慧等转换成实际收益，从事自由职业的新型就业方式；另一种是被新技术革命"淘汰"或主动成为自由职业者，转移到快递、交通、家政、个人服务、医疗、法律和创意产业等领域。在这种"平台+自由职业者"的"零工经济"模式下，一方面，增加了劳动者通过劳动创造财富的机会；另一方面，劳动者获得的财富分配突破工资制，将劳动作为生产要素直接按照生产要素的贡献参与价值分成。①

---

① 端利涛、蔡跃洲：《平台经济影响共同富裕的作用机制及实现路径——基于价值流转的机制分析》，《新疆师范大学学报（哲学社会科学版）》2023 年第 4 期。

最后,平台经济对传统社会关系产生了冲击。平台经济通过数据驱动的决策、供应链优化、自动化智能化生产等方式,显著提升了价值创造的效率。然而,它也可能导致社会关系的异化。人们在平台上的互动日益受到算法和数据的驱动,这引发了一系列经济社会问题,如数据过度采集、大数据滥用、算法歧视和算法霸凌等,这些问题削弱了传统的社会纽带和人际互动。例如,平台利用个性化推荐算法,形成了"用户数据收集+算法分析推荐+用户反馈增进"的正反馈循环,不断强化用户的选择性心理和交易习惯。在提升用户体验的同时,这种循环也增强了用户黏性。

与此同时,平台借助大数据算法所实施的个性化推送,形成"用户数据收集+算法数据画像+差异动态定价"的"精准营销"模式,最终将同一商品或服务以不同的价格卖给不同的消费者。当消费者用户端的力量不断萎缩,直至从主体演化为客体,失去主动性、自觉性、创造性之时,平台抑或商家也失去了持续创新的动力和压力,整个消费与生产系统也就失去了升级创新的能力,最终导致整个产业链条的萎缩与滞胀。

因此,平台经济的发展需要我们重新思考社会治理模式。随着平台经济的兴起,传统的监管模式可能不再适应新的经济形态,需要建立更加灵活、高效的监管体系,同时保护消费者、劳动者和其他利益相关者的权益,以确保平台经济能够促进社会的全面进步和可持续发展。

第二节　平台经济规范持续发展的内涵阐述

平台经济的繁荣不仅带来了前所未有的经济增长机遇,同时也对传统法律体系提出了诸多挑战与革新需求。如何在法治框架下有效规制平台经济行为,保障其规范持续发展,成为一个亟待解决的时代课题。法治作为现代国家治理的基本方式,其核心在于通过法律规则的制定与实施,维护社会秩序,保障公民权利,促进公平正义。在平台经济领域,法治的作用尤为显著。一方面,法律为平台经济的发展设定了边界与规则,确保了市场竞争的公平性和透明度,防止了垄断与不正当竞争行为的滋生;另一方面,法律也为平台经济的创新提供了制度保障,鼓励技术创新与商业模式探索,促进了平台经济的持续繁荣。应从理论层面剖析平台经济与法治的相互关系,并在实践层面探索构建适应平台经济特性的法治体系。

在数字时代,平台经历了三重进化,现已成为集信息汇集、要素生产、资源配置、规则制定于一体的新型经济中枢。它是相关主体共同创造价值的组织形态,发挥着多产业融合的生态功能,重塑了经济生产过程和组织样态,改变了资源配置方式。平台经济作为一种新型经济形态,凭借其独特的网络效应和规模经济优势,在全球范围内迅速崛起。然而,平台经济的快速发展也带来了一系列问题,譬如,有的平台企业在科技创新方面存在一些短板,还有的企业面对竞争时,未遵守科学的经济规律,存在一些不良竞争行为。它面临着市场失灵、监管滞后、技术滥用等多重挑战。市场失灵导致资源浪费和效率低下,具体表现为信息不对称、价格操纵等问题。监管政策无法及时适应平台经济的发展变化,造成监管空白和监管套利现象。技术被滥用,损害了消费者权益和社会公共利益。在此背景下,平台经济需要规范持续发展。但这是一个涉及经济学、管理学和社会学等多个学科的复杂话题。因此,有必要深入探讨平台经济规范持续发展的内涵,即"什么是规范发展"和"什么是持续发展",并分析其在当前经济环境下的重要性和必要性。

一、规范发展的内涵

规范意指符合逻辑,客观、真实、全面、完整、准确、及时、达标、明文规定或约定俗成的标准,如道德规范、技术规范等;或是指按照既定标准、规范的要求进行操作,使某一行为或活动达到或超越规定的标准,如规范管理、规范操作。在法学领域,规范是一个核心概念,它指的是由国家机关制定或认可的、具有普遍约束力的行为规则。这些规则构成了法律体系的基础,用以指导和约束个人和集体的行为。在平台经济中,"规范发展"是一个多维度的概念,它涉及法律、伦理、技术等多个层面,以确保平台经济的高质量发展。

(一)法律法规的遵守

法律法规是平台经济规范发展的基础,平台经济的法律法规遵守确保其合法性和正当性。在平台经济领域,经济学界更关注新技术和商业模式提升经济活动效率的潜力,以及它们带来的产业形态变革。而法律界则更关心新经济模式出现后,现有法律体系是否与之契合,是否需要调整规则体系。实际上,经济活动创新不断,但并非必然引发法律问题。例如,家电零售行业从百货市场的小角落,发展到国美、苏宁等大卖场,再到京东等电子商务平台,商业模式不断演变,却并未对法律体系构成变革压力,现有规则体系依然有效。平台企业必须严格遵守国家法律法规,包括反垄断法、反不正当竞争法、消费者权益保护法、数据安全法、知识产权法、劳动法、电子商务法和个人信息保护法等。这些法律法规为平台经济的规范发展提供了基本的法律框架和行为准则。

1. 反垄断法

反垄断法旨在预防和制止垄断行为,鼓励创新,保护市场公平竞争,提高经济运行效率,并维护消费者和社会公共利益,以促进社会主义市场经济的健康发展。在平台经济领域,由于其独特的网络效应和规模经济,市场集中度容易提升,导致少数企业形成垄断。反垄断法的实施有助于保护市场公平竞争,遏制资本无序扩张,从而支持平台企业的创新发展,并增强其国际竞争力。另外,平台经济的垄断行为可能会阻碍资源的优化配置和技术进步。通过实施反垄断法,可以打破垄断,促进资源流向更高效的用途,推动技术进步和效率提升。法律手段的有效运用能够预防和制止垄断行为,维护市场秩序,为所有市场主体提供平等的竞争机会。

当前,我国在平台经济反垄断方面已形成较为完善的法律体系。《反垄断法》作为该领域的基础性法律,明确规定了禁止垄断协议、滥用市场支配地位、经营者集中等反垄断行为的基本原则和制度。此外,市场监督管理部门还发布了《关于平台经济领域的反垄断指南》(以下简称《平台反垄断指南》)等规章,对平台经济领域的反垄断行为进行了具体规范,为反垄断执法提供了细致的操作指引。同时,大量的行政执法和司法案例为《反垄断法》及《平台反垄断指南》等规章的解读和适用提供了重要参考,有助于防止平台企业滥用市场支配地位,保护市场竞争。

2. 反不正当竞争法

反不正当竞争法是为了促进社会主义市场经济健康发展,鼓励和保护公平竞争,制止不正当竞争行为,保护经营者和消费者的合法权益而制定的法律。作为一种新兴经济业态,平台经济不仅改变了经济活动的具体样式,而且影响了市场参与主体的思维习惯和行为模式。在激励创新释放科技红利的同时,其也诱发了诸多新型的不正当竞争行为,如仿冒混淆、虚假宣传、刷单炒信等。这些行为破坏了市场的公平竞争环境,损害了消费者和其他经营者的合法权益。反不正当竞争法通过明确禁止这些行为,有助于维护市场竞争秩序,保护经营者和消费者的合法权益,促进数字经济规范健康持续发展。在实践中,平台企业作为连接大量主体的商业组织形态,既是网络不正当竞争监管的重点对象,也是协同监管的关键节点。反不正当竞争法强化了平台的主体责任,要求平台企业对平台内的竞争行为加强规范管理,对滥用数据算法获取竞争优势等问题进行规制,从而推动平台经济的规范有序发展。

当前,数字经济领域竞争行为的特点与传统产业有所不同,《反不正当竞争法》的修订和实施考虑了数据获取和使用中的不正当竞争行为、利用算法实施的不正当竞争行为等新型问题,为数字经济时代的市场竞争提供了更有针对性的法律规制。2024年5月6日,国家市场监督管理总局发布《网络反不正当竞争暂行规定》(以下简称"《暂行规定》")。《暂行规定》正式发布,成为我国反不正当竞争法体系下首部针对网络经营活动的规定。《暂行规定》在《反不正当竞争法》的基础上,进一步强化了平台经营者的法律责任,包括平台经营者对平台内竞争行为的规范管理义务、平台经营者的不正当竞争行为。

3. 消费者权益保护法

消费者权益保护法旨在维护全体公民的消费权益,保护消费者的合法利益,确保市场经济秩序稳定,促进社会主义市场经济的健康发展。在平台经济下,数据计算科技与信息通信技术的深度融合与颠覆性创新,促使消费模式与结构逐渐从经营者对消费者的单向输出,转变为双方的深度互动。市场机制的基础性作用进一步凸显。在此背景下,通过法律手段保护消费者权益,能够增强消费者信心,推动消费各领域健康发展。同时,《消费者权益保护法》明确了消费者的基本权利,包括安全权、知情权、自主选择权、公平交易权和赔偿权等。这些权利是消费者在平台经济中进行交易的基本保障,确保消费环境公平、透明,提升消费体验和满意度。平台经济的健康发展需要创新驱动,而创新成果的保护则是激发创新活力的关键。保护消费者权益,有助于促进平台经济的创新发展和经济活力。

随着平台经济等新业态、新模式的不断发展,消费者权益保护工作面临新情况、新问题。例如,虚假宣传、不公平格式条款、预付式消费侵权等问题日益突出。在平台经济领域,经营者滥用技术手段、平台规则和优势地位侵害消费者权益的情况时有发生。《消费者权益保护法》的实施,有助于聚焦这些突出问题,加大消费者权益保护力度,更好地维护消费者权益、规范经营者行为、营造放心消费环境。该法律的实施还确认了消费者协会的桥梁和纽带作用。消费者协会通过受理投诉,帮助消费者解决具体纠纷,对发现的共性和普遍问题主动介入治理。这既有助于解决具体消费纠纷,也加强了消费者群体权益的前端保护。保护消费者权益,不仅能协调解决具体纠纷,还能促进经济发展、构建和谐社会。通过构建"消费者权益保护共同治理体系"的目标,我国消费者权益保护事业将迎来新时代。

4. 数据安全法

数据安全法旨在规范数据处理活动,保障数据安全,促进数据开发利用,保护个人、组织的合法权益,维护国家主权、安全和发展利益。随着信息技术的发展,数据安全问题日益突出,非法获取、交易、滥用数据,或忽视数据安全保护造成数据泄露,有损国家安全,侵害了消费者和企业的合法权益。首先,《数据安全法》的制定是维护国家安全的必然要求。数据作为国家基础性战略资源,对国家安全具有极高价值。平台经济中的数据流动涉及大量敏感信息,包括个人隐私、商业秘密乃至国家机密,因此,确保数据安全直接关系到国家安全和社会稳定,《数据安全法》正是通过明确相关主体的数据安全保护义务,加强风险监测防控和及时处置数据安全事件,有效保护数据安全,维护社会主体的合法权益。

数据作为平台经济最具时代特征的生产要素,对促进经济和社会发展具有重要作用。《数据安全法》坚持安全与发展并重,在规范数据活动的同时,推进政务数据开放利用等,通过促进数据资源依法合理充分有效利用赋能平台经济。与此同时,《数据安全法》为合规诚信经营的数据服务机构创造更加公开、公平的市场竞争环境。通过建立健全数据交易管理制度,规范数据交易行为,培育数据交易市场,促进数据的有序流通和共享,保障数据主体的合法权益。《数据安全法》推动数据分类分级管理,为各行业提供了统一的数据管理和保护规范,帮助企业与组织满足相关法律法规的要求,确保在数据处理活动中的合规性。

5. 知识产权法

知识产权法的核心目的在于保护创新成果,激励创造活动。平台经济依赖于技术创新和内容创造,遵守知识产权法能够确保平台及其用户创造的知识产权得到保护,从而激励更多的研发投入和内容创新。这对于保持平台经济的活力和竞争力至关重要。知识产权法正是通过设定合理的权利边界和使用规则,在创新者、传播者、使用者和社会公众等各方利益之间寻求平衡。平台经济涉及多方利益主体,遵守知识产权法有助于平衡这些利益,促进公平竞争,防止市场垄断,保护消费者权益。

知识产权密集的行业对经济增长和就业贡献显著。平台经济通过遵守知识产权法,可以促进创新商业模式和技术的发展,创造新的就业机会,推动经济结构优化升级。知识产权法通过确保产品和服务的质量,避免消费者购买到伪劣产品,保护消费者权益。平台经济中,消费者对品牌和质量有更高的期待,遵守知识产权法有助于提升消费者信任,增强平台的市场竞争力。知识产权法保护文学、音乐、艺术和电影等领域的创作,支持文化多样性。平台经济作为文化传播的重要渠道,遵守知识产权法有助于保护和推广文化产品,促进文化多样性。

随着全球化的深入发展,知识产权法在国际竞争中的地位日益凸显。平台经济的国际化特征明显,遵守知识产权法有助于提升平台企业的国际竞争力,吸引外资和技术转移,促进国际贸易和科技合作。知识产权法面临着一些挑战和问题,如知识产权滥用、技术垄断和市场壁垒等。平台经济遵守知识产权法,需要在保护创新成果的同时,寻求与其他社会利益的平衡,应对这些挑战,确保可持续发展。

6. 劳动法

劳动法的核心目的是保护劳动者的合法权益、调整劳动关系,并建立和维护适应社会主义市场经济的劳动制度,以促进经济发展和社会进步。从微观层面上看,平台经济中,劳动者的权益保护尤为重要,因为平台经济的灵活性和新就业形态可能导致劳动者权益的边缘化。遵守《劳动法》能够确保劳动者的基本权利得到保障,包括但不限于工资支付、劳动时间、工作休假、劳动保险等。众所周知,《劳动法》专门调整雇主与雇员之间的劳动关系,包括劳动合同、工资、工作时间、休息和休假、劳动安全卫生、特殊人群劳动保护、社会保险福利等方面。在平台经济中,这些要素构成了劳动者与平台之间的基本法律关系。遵守《劳动法》有助于调整这些关系,预防和解决劳动争议,维护社会和谐稳定。

从宏观层面上看,《劳动法》的实施有利于促进经济发展,提高劳动生产率,推动社会进步。平台经济作为现代经济的重要组成部分,其健康发展对于整体经济有着重要影响。遵守《劳动法》能够保障劳动者的工作效率和积极性,从而提高平台经济的生产效率和竞争力。随着市场经济的发展和社会的进步,劳动法也在不断地更新和完善。新的劳动形式和就业模式的出现,如远程工作、灵活就业等,都要求劳动法能够适应新的变化,提供相应的法律支持。平台经济中的新就业形态需要《劳动法》的适应性调整,以确保法律与现代劳动实践相匹配。

规范平台经济发展与保障新就业形态劳动者权益在底层逻辑上一致,共同指向我国经济治理的重点正在转向新发展阶段推动全体人民共同富裕取得更为明显的实质性进展,着力解决发展不平衡不充分问题。遵守《劳动法》有助于实现这一目标,通过确保劳动者权益,促进平台经济的公平和可持续发展。在平台经济快速发展、用工方式不断发生变化的当下,平台和平台劳动者之间呈现更加灵活复杂的用工关系。在相关法律制度尚未健全之前,通过做好对平台企业的管理来更好地保护新就业形态劳动者劳动权益尤为必要。《劳动法》为平台企业设定了责任框架,要求其合理确定支付结算、平台佣金等服务费用,并与平台内经营者平等协商、充分沟通,不得损害公平竞争秩序。

(二) 行业标准的遵循

除了法律法规,平台经济还需要遵循行业标准。行业标准是行业内公认的行为准则,这些标准通常由行业协会或监管机构制定,涉及服务质量、数据保护、公平竞争等方面,旨在维护行业秩序和消费者权益。譬如,为引导平台经济向开放、创新、赋能方向发展,支持平台经济企业加强内部信用建设,提升自身治理能力,配合国家相关部门进一步完善信用监管,促进平台经济企业规范健康持续发展,营造良好的营商环境,中国服务贸易协会于 2024 年发布了《平台经济企业诚信经营规范》(T/CATIS 027 — 2024)团体标准,2024 年 11 月 1 日起实施。遵循行业标准有助于平台企业建立良好的品牌形象,增强消费者信任,同时也是企业社会责任的体现。

在平台经济服务质量标准方面,其制定旨在保护消费者权益、提升服务效率与质量、确保数据安全和隐私,并适应国际标准和规则。首先,消费者作为服务的最终接受者,对其权益的保护至关重要,消费者的满意度直接关系到平台的生存与发展。因此,行业标准应明确要求平台提供透明、公正的服务信息,确保服务质量与广告宣传相符,并建立有效的消费者投诉与纠纷解决机制。其次,行业标准应推动平台经济提升服务效率与质量。通过设定服务响应时间、服务完成度等具体指标,激励平台优化服务流程,提高服务效率。同时,高标准的服务要求将促使平台不断创新,提升服务的个性化和专业化水平,满足消费者的多样化需求。在服务质量规范中,数据安全和隐私保护则占据重要地位。平台经济涉及大量用户数据,行业标准应规定平台必须采取有效措施,防止用户数据泄露或滥用,确保用户隐私权得到尊重与保护。随着全球化的发展,平台经济的服务质量标准还需与国际标准接轨。这不仅有助于提升国内平台的国际竞争力,还能促进国际贸易与合作,确保平台提供的服务达到一定的质量要求。

在平台经济数据保护标准方面,其制定旨在确保数据安全与隐私保护、推动数据分类分级管理、规范数据流通安全合规、促进数据合法商用与收益合理分配、强化技术手段提升监管科技水平。随着平台经济的深入发展,数据安全和隐私保护成为关键问题。行业标准应规定平台必须采取有效措施保护用户数据不被泄露或滥用,确保用户隐私权得到尊重和保护。同时,行业标准还应推动数据分类分级管理,为数据安全提供框架和方法。国家标准《数据安全技术　数据分类分级规则》(标准号:GB/T 43697—2024)正式发布,规定了数据分类分级的通用规则,规定了数据分类分级的原则、框架、方法和流程,给出了重要数据识别指南,为数据分类分级管理工作的落地执行提供重要指导,这有助于平台企业对数据进行有效管理和保护,降低数据安全风险。

此外,行业标准还需规范数据流通安全合规相关要求。包括数据交易服务安全、数据流通脱敏和匿名化、隐私计算、数据传输安全等标准。这些标准有助于确保数据在流通过程中的安全,防止数据滥用和非法交易。在此基础上,行业标准应鼓励建设具有行业特色的数据资源库,并在保证数据安全与隐私的前提下,通过应用加密技术保证数据安全,并利用区块链等技术特性,使数据资源的稀缺度、数据本身的期望价值,以及数据作为生产要素为生产带来的实际价值,均由整个网络基于既定规则进行共识,建立特色数据资源库的统一接口,促进数据合法商用,提高数据资源的使用率与复用率,强化技术手段,提升监管科技水平,促成数据收益合理分配,保证数据收益的合理分配,并利用技术实现可信执行。

在平台经济公平竞争标准方面,其制定旨在保护市场公平竞争、维护各方合法利益、推动协同治理、降低平台经济参与者经营成本以及建立有序开放的平台生态。鉴于平台经济具有跨界竞争、多边市场、锁定效应等特性,这些特性使得平台企业的垄断和不正当竞争有着更复杂的成因,往往牵涉更多元的利益。因此,行业标准应坚持对市场主体一视同仁、平等对待的原则,既要保护平台经济领域的公平竞争,又要维护这些主体的合法权益。同时,加强反垄断执法与行业监管的统筹协调,确保全社会共享平台技术进步和经济发展的成果。

行业标准应明确规则、划清底线、加强监管、规范秩序,重点完善平台经济治理体系,营造公平竞争、规范有序的市场环境。现行《反垄断法》及有关配套法规、规章、指南确定的基本制度、规制原则和分析框架适用于平台经济领域所有市场主体,行业标准应进一步强化竞争分析和法律论证,不断加强和改进反垄断监管,增强反垄断执法的针对性和科学性。

为了更好规范平台经济的发展,行业标准还应引导和激励平台经营者将更多资源用于技术革新、质量改进、服务提升和模式创新,防止和制止排除、限制竞争行为抑制平台经济创新发展和经济活力,有效激发全社会创新创造动力。行业标准需要引导平台企业合理确定支付结算、平台佣金等服务费用,给予优质小微商户一定的流量扶持。平台服务收费应质价相符、公平合理,应与平台内经营者平等协商、充分沟通,不得损害公平竞争秩序。

在实践中,行业标准应推动部门协同,坚持"线上线下一体化监管"原则,实现审批、主管与监管权责统一。同时,推动行业自律,督促平台企业依法合规经营,鼓励行业协会牵头制定团体标准、行业自律公约。此外,行业标准应推动平台企业间合作,构建兼容开放的生态圈,激发平台企业活力,培育平台经济发展新动能。平台应依法依规有序推进生态开放,按照统一规则公平对外提供服务,不得恶意不兼容,或设置不合理的程序要求,构建一个健康、有序、高效的市场环境。

在平台经济社会责任标准方面,其制定旨在鼓励平台企业在追求经济效益的同时,也要考虑社会福祉。从社会层面,行业标准应首先厘清平台责任边界,强化超大型互联网平台在数据安全、用户隐私保护、内容监管等方面责任。平台企业作为连接多方利益相关者的中心节点,其责任边界不仅涉及平台内部的商户和消费者,也扩展至社会公共利益,行业标准需确保平台经济的健康发展。其次,行业标准应推动平台企业实施社会责任实践,通过平台价值主张聚合与包络用户,生成网络效应,创造链接价值、互动价值与个性化服务价值。这要求平台企业在商业生态圈中发挥社会责任公共治理角色,激发平台内各类组织成员履行社会责任的意愿与动力,实现基于经济、社会与环境的综合价值与共享价值的最大化。从个体层面,行业标准则应落实主体责任,完善监管机制。平台企业应对其平台的参与企业及上下游企业设置准入门槛,并进行严格的审核,阻止缺乏资质且具有潜在风险的企业或用户进入平台。同时,建立完善的投诉反馈和纠纷解决机制,对平台内发生的违法行为应追究企业连带责任。

（三）道德规范的内化

道德是人类社会文明发展的产物,其产生于人类社会的交往与活动,经历了一个内心自证到外在约束的过程,谈及道德首先想到的是对一个人品行的认定或对事物的判断,但该认定或判断无需繁复的程序,伴随着直觉便可直达非好即坏的终点,是一个尤为鲜明的评价标准。随着其体系化的建立,在如今的社会评价体系下,道德规范是社会公认的行为准则,是平台经济规范发展的内在要求。道德规范它们虽然不像法律法规那样具有强制性,但对于平台企业的长期发展和社会形象同样重要。但在商事活动领域,自由竞争是商事活动的基本表现形态,若给市场竞争中的经营主体戴上过度严肃的道德规范枷锁,商事活动将无法有效的开展,也不利于市场经济形态的完善与发展。基于此,本书认为平台企业应承担最低限度的社会责任,尊重用户隐私,保护知识产权,公平对待合作伙伴,这些都是平台经济可持续发展的重要保障。

首先,平台企业应诚信经营。诚信是我国伦理道德之中最被提倡的价值观念,诚信经营是指平台企业在商业活动中坚持诚实守信的原则,遵守法律法规,尊重合同,履行承诺。对于平台企业而言,诚信经营不仅是一种道德规范,更是企业规范发展的重要保障。它要求平台企业在提供服务的过程中,确保信息的真实性、交易的公正性以及用户数据的安全。其一,平台企业通过诚信经营,能够提供更加可靠和高质量的服务,从而提升用户体验,增加用户黏性。其二,在社区团购等新兴零售模式中,诚信经营是构建和维护消费者信任的关键。企业需要通过保证产品质量、价格透明、服务承诺和数据安全等方面来构建信任。其三,诚信经营有助于营造一个公平、透明的市场环境,促进平台企业之间的健康竞争,避免不正当竞争行为,如虚假宣传、价格欺诈等。尤其是在市场波动或负面事件中,诚信经营还能够帮助企业减少负面影响,提高企业的抗风险能力。因此,平台企业需要建立健全的质量诚信监控体系,加强对平台上商家的监管,确保商品和服务的质量,不进行欺诈、误导等不道德行为。同时,应加强与政府、行业协会的合作,共同推动行业标准的制定和执行,提升整个行业的诚信水平。

其次,平台企业应充分尊重用户隐私。梅特卡夫定律表明:网络的价值与联网的用户数的平方成正比,即一个网络的用户数目越多,那么整个网络和该网络内的每台计算机的价值也就越大。[①] 这印证了在互联网技术快速革新的当下,海量的用户数据作为平台企业开发商品和服务、革新商业模式、升级服务体验的基础,不断创造新的经济增长机会和社会价值,成为企业间的关键竞争资源。这里的用户不仅仅是作为受到高度重视的普通用户的个体消费者,

---

① Zhang X Z, Liu J J, Xu Z W., "Tecnt and Facebook Data Validate Metcalfe's Law", *Journal of Computer Science and Technology*, Vol.30, No.2, 2015, pp.246-251.

还包括当前研究中较为忽视的作为商户用户的个体或其他组织经营者。从现有用户隐私保护的效果看,忽略了平台经济场景下数据多属性与私权保护理路间的不协同的现实,尚未充分关照到数据保护在平台与用户,包括企业用户和个人用户之间的多元价值动态平衡之需求。故此,亟待澄清互联网时代数据保护问题的基本理路,从表象步入本相,解析互联网多场景下数据的定位及保护方式的演化,重视"场景化保护规则"在互联网多场景变换中的重要价值,厘清与数据相关行为发展过程中各数据主体间多重权益的交合,动态平衡各类数据主体在数据收集、存储、分析、流通及使用全周期中的保护和共享的关系,尽快构建科学合理的多元共治的数据保护理路,在收集和使用用户数据时,充分尊重用户的隐私权。

再次,平台企业应公平对待其合作伙伴。互联网平台通过集合数据、算法等新技术,助力企业实现经营与创新的良性循环,从而容易培养出具有强大市场影响力的企业。借助技术手段与平台特性,企业能更轻松地优化经营策略,并通过深入挖掘信息来满足创新开发的需求。因此,平台的经营优势得以持续巩固,平台经济也常形成"赢者通吃"的局面。随着市场经济的深入发展,市场竞争主体日益增多,互联网平台企业之间的竞争也越发激烈。其中,互联网平台企业经营者滥用市场支配地位的现象尤为突出,已成为限制或排除竞争的主要方式。互联网平台摆脱了物理限制,便于企业整合线上与线下产业链条,实现纵向与横向的跨界融合。由于平台系统庞大复杂,滥用市场支配地位的行为常以新形式出现。互联网平台能够整合分析线上收集的数据,以此拓展新业务。相较于传统线下企业,平台在不同业态之间转换的成本较小,其竞争行为也可能以多种形式出现。因此,平台企业应更加注重商业逐利本质与竞争合规之间的平衡,防止滥用市场支配地位,挤压合作伙伴的生存空间。

最后,平台企业应承担社会责任。随着平台商业模式的日益普遍化和平台链接日益深入社会的每个触角,平台系统不再仅仅是商业利益的实现载体,而是会受到社会建构并正推动社会重构,平台系统成为商业生态系统与社会生态系统的耦合系统。因此,平台企业社会责任治理就耦合了平台商业生态系统下的责任型平台领导方式和平台社会生态系统下的社会责任共同体模式。① 随着平台企业的社会公共责任不断加大,平台企业的发展模式面临转型升级。平台的经济效益和社会效益优势,一般都源于它们所依托的平台本身的技术特性,如数字化、开放性等及其所带来的跨区域性、网络效应、破除行业垄断、去中介化、低边际成本等特征。但平台企业的社会化属性往往要求超大型平台适当让渡部分优势给中小微企业,这实际上对平台的技术性提出了更高的要求。在此形势下,大型平台企业应不断提高科技水平,实现从量变到质变,从以数据为红利、以流量为王转换成以核心技术升级、创新驱动为战略重点,聚焦高精尖领域,走高水平竞争之路。大型平台企业发展应向数字治理发展,不断提高大数据、云计算、人工智能、区块链等新技术,重点关注核心算法、芯片以及云计算等领域,以资源合理优化与劳动力价值化为基础,驱动新兴技术融于数字经济,形成新产品、新服务、新渠道,充分激发中小微企业的发展动能,促进就业、稳定经济,实现共同富裕。

二、持续发展的内涵

持续发展是指在满足当前需求的同时,不损害未来世代满足自身需求的能力。在平台经济中,持续发展具有经济、社会和环境三个维度的含义。其中,经济维度的持续发展强调平台经济的长期盈利能力和市场竞争力,平台企业需要通过创新和效率提升,实现经济效益的最大化,同时保持对市场的敏感性和适应性;社会维度的持续发展关注平台经济对社会福利的贡献,平台企业应通过创造就业、提高生活质量、促进社会公平等方式,实现社会价值的最大化;环境维度的持续发展则强调平台经济对环境的影响,平台企业需要采取环保措施,减少资源消耗和污染排放。平台经济的持续发展应在经济、社会和环境三个维度之间找到平衡点,实现三者的和谐统一。

(一) 经济维度

平台经济是我国经济发展的重要引擎。自 2020 年新冠疫情暴发以来,经济运行线上化的步伐显著加快。在线办公、网络教育、共享经济、零工经济、宅经济、社区团购、非接触服务模式等新兴产业、新业态、新模式迅速发展。频率

---

① 肖红军、阳镇:《平台企业社会责任:逻辑起点与实践范式》,《经济管理》2020 年第 4 期。

高、影响大且覆盖范围广的创新，不仅为创业和就业带来了新机遇，也为地区和企业提供了"换道超车"的可能。

在此背景下，平台经济乘势而起，展现出强大实力。平台具有显著的网络效应、"赢家通吃"与跨界特征，能够打破传统企业的资源约束，成长速度远超传统企业。平台本身并不生产产品，而是为产品或服务的供需双方提供信息沟通、交易对接和品牌共建的场所，以促进多方交易。平台上的交易主体越多，平台企业的盈利能力就越强。巨型平台企业普遍采用了有效的四方平台模式，即平台提供商汇聚海量用户、低付费厂商和适量广告商，形成四方市场。平台经济发展呈现出一定的规律性特征，一是业态日益丰富，平台经济的网络效应与外部效应不断提升；二是主体更为多元，平台运行规则的公共品属性日益凸显；三是数据价值显著，围绕数据的价值创造与增值正在形成全新的数据价值链理论，并不断深化。

关于"平台经济的应用会给经济带来哪些改变"这一问题，有学者将其简单概括为"三升三降"。"三升"就是提升规模、提升效率和提升用户体验。"三降"就是降低成本、降低风险、降低接触。据此，我们不难得出结论，上述六方面应用的确可以给经济活动带来一些巨大变化。然而，若要维持平台经济的长期盈利能力和市场竞争力，使平台经济持续发展也仍应着重在"三升""三降"方面持续发力。

在"三升"方面，第一，平台经济应持续扩大规模，提升效率，引领产业升级。平台将多种数字化技术与服务嵌入全产业链发展之中。平台引领产业结构升级的路径主要有两条：一是优化产业内的资源配置效率与水平、优化产业布局与结构，促进传统产业向高附加值产业转变。二是减少产业间信息不对称、打破时间和空间壁垒，将原本分散的产业融合在一起，实现产业间跨界融合、关联协作。如互联网将原材料、生产厂商、配送物流、终端消费者链接起来，助力产业链横向延长，形成多产业融合创新平台，催生出规模化定制等新业态。平台经济"去中介化"特征使生产与消费趋向扁平化，将生产企业与消费用户直接关联进行交易。互联网平台企业没有库存、店面维护费用较低，且具有长尾效应，即在平台完成固定成本投入之后，进一步扩大经营规模的边际成本较低，基本为零。通过发挥长尾效应，平台可以服务无数的客户，拥有千亿级客户,增强了经济活动的普惠性。平台还能以低成本扩大销售品种,满足个性化需求,"小众"需求的市场份额总和可以与那些热销产品所占市场份额相匹敌,传统的生产模式正在向按需生产和精益制造的模式过渡升级。

第二,平台应引领科技创新,孵化新业态。我国目前多数头部平台企业具有科技创新属性,拥有丰富的知识产权与专利技术,是数字时代科技创新的主力军,可以依靠新技术孵化新业态,为引领发展注入新动能。一些头部平台企业建立了基础研发机构,开始探索基础科学领域,进行原始创新,它们已经孵化出具有世界先进水平的原创科技成果。头部平台的核心软件架构与算法具有对外开源特征,使平台具有开放共享、汇集众智、增强合力、演化迭代的特性,能引领带动同行业中的中小企业共同攻关创新。平台能够进行分布式创新与研发网络构建,例如,数字研发平台接到研发项目后,会从分散在全球各地的工程师与合作企业中选择最合适的团队进行分包。平台会将项目设计的产品研发工序分解为更小的模块单元,分配给合适的工程师,这些工程师可能来自国内研发中心,也可能来自海外研发中心。各个研发主体依托平台协同合作、并联推进,提高了研发创新的效率与专业化水平,加快了产品与技术的更新迭代速度。

第三,平台还需持续引领消费增长,促进消费升级。根据国际经验,头部平台企业多集中在消费互联网领域。消费平台是链接消费服务供需双方的关键设施,能够挖掘消费潜力、促进消费升级、降低信息搜寻成本。平台通过集聚大量买卖双方用户群,积累大量有关需求方特点与供给方能力的鲜活数据,形成可动态调整的资源数据库,通过提升服务供需匹配效率扩大交易范围,通过创造的新业态与新服务满足消费者的多样化需求。实体企业利用平台,从潜在需求发现到新产品上架销售只需短短数日。平台经济还丰富了民众的生活,创新了服务业新业态,通过平台,日常生活所需的点餐、购物、约车等服务都可以实现线上定制,培育了消费者数字化的消费习惯,实现了终端需求数字化。平台经济不仅能为消费者节省时间与花费,而且能提升商品和服务的质量。平台消费端的搜索与推送功能将用户的数据搜索记录与地理定位技术结合,可以为消费者推荐附近或可能感兴趣的产品和服务。平台的"透明度"为许多服务行业解决了信息不对称带来的交易信任问题。如电子商务平台的用

户评价与商户评级机制,能协助消费者作出最优抉择。开放互联的平台突破
了物理时空限制,企业与消费者只需通过认证登录即可访问平台的海量资源,
促进了全国乃至全球的商贸交流,平台已成为扩大内需消费的重要渠道。此
外,支付平台的发展,使交易数据具有了易验证、高频实时、颗粒度细等特征,
降低了信用风险,促进了规范交易。

在"三降"方面,第一,平台要实现降本增效。平台使生产端能够精准预
测消费者需求,改变了实体企业盲目生产造成的原材料损耗、生产资料浪费和
库存积压等局面,使以销定产成为可能,以数据驱动的柔性制造更能高效反馈
消费者需求。平台经济具有规模效应,随着平台用户规模的扩大,单位产品价
格下降,企业生产规模扩大,产品供应增加。平台企业同时生产多种产品的总
成本低于分别生产各种产品的成本之和,生产多种产品的平台企业比单一产
品平台企业效率更高。平台经济与数字技术的发展,降低了生产成本、贸易成
本以及搜索、运输与追踪成本等。世界贸易组织发布的报告显示:数字技术及
在线平台和搜索引擎服务对贸易成本的降低发挥了重要作用,2000—2017 年
全球服务贸易成本下降了9%。同时,平台还具有范围经济特征,数字平台可
以在一定区域范围内,通过联结企业、生产线、仓储、物流等形成产能巨大的
"云工厂",构成一种协同制造业供应链体系、众包服务平台、生产物联网的分
布式生产模式。平台承接订单并按照制造过程拆解分派给不同的制造企业,
根据订单及时按需调配平台上的小微工厂,组建个性化"云生产线",生产后
统一进行物流配送,并实时监控各生产设备指标,既提高了生产效率,又保证
了产品质量。

第二,平台企业应降低风险,建立有效的风险管理体系,以应对市场变
化和不确定性。平台经济以其分布式网络结构,提升了市场主体间利益关
系的交互性和复杂性。这种结构不仅增加了风险点的数量,而且由于市场
主体的高度自主性,缺乏统一的强制约束,使得风险管理变得更加困难。此
外,平台经济的"三网叠加"特征,即社会网、经济网、互联网的叠加,加速了
风险的传播和转化,使得风险管理的难度进一步增加。而平台经济的风险
管理是一个复杂而多维的问题,需要从全局的角度出发,构建全面的风险管
理体系。通过增强灵活性和适应能力、拥抱技术革新、市场多元化、加强风

险管理、科学预测预警以及坚持底线思维,平台经济可以在不断变化的市场环境中稳健前行,有效应对各种风险和不确定性。这不仅有助于保护企业和消费者的利益,也是维护整个经济体系稳定的重要一环,应从"共建共治共享"的理论逻辑出发,搭建政府与平台型企业之间"合作共建—协同共治—价值共享"的合作行动框架与"三元互动—双层耦合"的风险分析框架。在追求经济效益的同时,也要考虑社会效益,如创造就业、提高生活质量等。

(二) 社会维度

社会维度的持续发展主要关注平台经济对社会福利的贡献。在传统企业履责范式下,企业面对的经营业务流程基于供应链条的单向责任传导。例如,制造企业从上游供应商获取零部件原材料,生产后将产品销售给经销批发商或零售商,最终由经销商和零售商传递给顾客。因此,从责任视角来看,传统履责范式下的企业主要关注如何服务好下游环节。在平台经济背景下,平台企业面临着平台内的买方与卖方两类用户群体,具有市场的双边性。与传统供应链传导型履责范式不同,平台企业不直接参与双边用户的交易行为。然而,平台企业的声誉受到平台内双边用户社会责任行为的影响。任意一方的社会责任缺失行为都可能对平台企业的整体社会责任形象与平台价值造成严重伤害。特别是,平台企业内的市场主体在平台界面中的网络节点大小、联结密度存在差异,导致他们的履责理念与行为方式各不相同。平台内成员基于各自的利益诉求,在价值创造过程中极易产生履责行为的冲突。因此,平台内各成员的履责水平具有异质性。[1] 在平台经济背景下,对企业社会责任异化行为的治理具有必然性。

在平台社会生态系统的背景下,平台企业的社会责任正悄然发生变化。由于社会资源配置的范围日益扩大,平台企业需要超越自身的资源能力和心智模式。因此,社会责任的实施方式已从传统的独立履行、合作履行以及价值链推动,转向平台化履行。此时,平台企业的社会责任主要依托平台化履行范式,致力于构建一个广泛、网络化、生态化且可持续的社会责任共同体。换言

---

① 阳镇:《平台型企业社会责任:边界、治理与评价》,《经济学家》2018 年第 5 期。

之,社会责任共同体已成为平台企业社会责任的核心形式。[①] 一方面,社会责任共同体要求平台企业在配置平台社会生态系统资源时,有效整合与治理广泛的多元社会主体的社会责任认知意愿及多主体间的互动结构。这旨在最大限度地激发多元社会主体的爱心资源、道德资源和社会资源,使这些资源通过履责平台动态融入平台社会生态系统,从而实现多元社会主体以多种形式共同参与解决社会问题。另一方面,平台社会生态系统往往会经历不同的演化阶段,而各阶段的主体参数、结构参数、资源参数和联结参数均呈现不同状态。这导致社会责任共同体的生成难度、作用方式和价值功能具有动态性。因此,平台企业的社会责任治理需基于平台社会生态系统的动态演化,适应性地构建和创新最能发挥功效的社会责任共同体。

就业创造。平台经济通过提供灵活的工作机会,有效解决就业问题。随着我国平台经济的迅速发展和壮大,平台非正规就业群体日益庞大,呈现出基数大、增速快、从业形式灵活等特点。同时,新就业形态的飞速发展也推动了我国新产业、新业态及新模式的快速发展,各种灵活就业模式吸引了大量新业态从业人员。在平台经济下,灵活就业的从业人员——非正规就业群体,已从过去的边缘群体转变为重要就业群体。由于身份和就业形式的特殊性,该群体的劳动权益问题备受关注,社会各界对此进行了大量研究。

然而,在积极推动平台经济发展的同时,非正规就业群体劳动权益保障进程中存在的问题日益凸显。具体表现为契约关系管理混乱、劳动薪资报酬发放不规范、劳动安全保障不足、社会保障制度执行不力及劳动争议解决机制不健全等。通过微观角度分析造成失范的原因主要有四个方面:一是平台经济发展速度快而导致的非正规就业行业混乱。二是平台经济非正规就业群体劳动权益保障意识观念障碍。非正规就业群体自身对权益的保障意识不足,使得他们对于不公正的待遇或是欠缺的权益保障制度忍气吞声,无法更好地维护自身合法利益。三是平台经济非正规就业群体的劳动关系模糊。当前我国对于非正规就业群体和非正规就业形式的界定是非常模糊的,如果仅从行业的特性保障这一群体的权益很难实现。四是平台经济非正规就业劳动权益保

---

① 肖红军、阳镇:《平台企业社会责任:逻辑起点与实践范式》,《经济管理》2020 年第 4 期。

障体系不完善。现行的法律制度中鲜有关于平台经济非正规就业群体权益保障的具体规定，使得这一群体的权益保障难度大大增加，即使是进入司法审判程序，也因为没有法律直接规定而影响平台经济非正规就业群体的劳动权益保障。

为促进平台经济持续发展，应规范非正规就业市场，引入新模式，制定相关法规制度。具体包括完善平台经济下非正规就业法律制度，确立其法律地位，健全现行劳动法律制度，明确平台法律责任，重视非正规就业群体的服务与管理，真正发挥平台经济在促进就业方面的社会作用。

提高生活质量。平台经济通过便捷的服务，显著提高了人们的生活质量。在现代社会，平台已成为推动可访问性和机会的强大力量，彻底变革了信息、服务和市场的获取与利用方式。平台在打破障碍和促进访问方面的作用，在各个领域都显而易见，展现了它们对经济和社会格局的深刻影响。数字平台民主化了信息访问，使知识更加易于获取和包容。在线平台提供了丰富的教育资源，让学习者能够掌握新技能，探索不同科目，并获得不受地理限制的学习机会。这种信息可访问性超越了传统教育的界限，推动了终身学习和个人发展。

第一，平台打破了信息和服务障碍。数字平台不仅使知识更加普及和包容，还通过在线教育资源，让学习者能够随时随地学习新技能，探索不同科目。这种信息获取方式的变革，促进了终身学习和个人成长。此外，平台也彻底改变了基本服务的获取方式，尤其是在医疗保健和金融领域。远程医疗平台缩小了患者与医疗保健提供者之间的距离，提供远程咨询和医疗服务，改善了医疗保健的可及性和效果。金融技术平台则提供包容性的金融服务，为传统金融机构服务不足的个人和企业提供银行、支付和投资解决方案。

第二，平台为小企业和企业家提供了进入市场的便利。作为虚拟市场，平台让小企业和企业家有机会向全球受众展示产品和服务。这些平台使市场准入更加民主化，让企业能够接触到本地市场以外的客户，并在公平的竞争环境中与大型企业竞争。市场范围的扩大促进了创新、创业和经济增长，推动了就业创造和经济韧性。同时，零工经济平台也为自由职业者和独立专业人士提供了向全球客户提供技能和服务的机会，增强了他们的权能。这些平台简化了交易流程,促进了联系,并赋予自由职业者建立可持续职业的能力,有助于提高劳动力灵活性和经济独立性。

本质上,平台在增强各个领域的可及性、扩大机会、推动经济赋权、创新和包容性增长方面发挥着关键作用。随着平台的不断发展和创新,它们对可及性和机会的影响将继续塑造社会经济格局,促进一个更加互联、包容和繁荣的社会。

促进社会公平,迈向共同富裕。平台经济凭借其连通性,能够有效推动城乡、区域及行业间的协调发展,缓解结构性矛盾带来的贫富差距,加速共同富裕的步伐。在中国特色社会主义新时代,我国社会的主要矛盾已转变为人民日益增长的美好生活需要与不平衡不充分的发展之间的矛盾。平台经济应积极拓展市场边界,通过构建城乡、区域及行业间生产要素自由流动的平台,促进商品、人才、技术等要素在更广泛范围内的高效流通与合理配置。这有助于缓解发展的不平衡与不充分,促进社会公平。

首先,平台经济应助力城乡融合发展,缩小城乡差距。其连接性使农村欠发达地区能够与城市建立紧密联系,获取更多机遇与信息。一方面,平台经济推动城乡间生产要素的双向流动,将人才、资本、土地等传统要素数字化,借助大数据与互联网平台形成新的数据要素和数字资产,促进数字技术与传统要素的深度融合,使乡村中原本难以流动的生产要素得以在城乡间自由流动,加速城乡融合。另一方面,平台经济推动新型城乡关系的形成,模糊城乡界限,形成城乡优势互补、互动共赢的新格局。产品设计、管理控制等环节向科技与人才资源集中的城市转移,生产制造、加工组装等环节则向乡村转移,实现资源互补、产业错位发展与要素合理流动的新型城乡分工。

其次,平台经济促进区域协调发展,缩小区域贫富差距。平台经济通过促进信息共享,使欠发达地区的低收入群体更易获取准确市场信息,从而作出正确决策,提高收入水平。

最后,平台经济促进行业跨界融合,缩小行业发展差距。传统产业间界限分明,资源与信息流通不畅导致行业贫富差距。平台经济打破了这一界限,促进资源共享与行业边界模糊化,跨界融合现象日益显著。例如,家电行业涉足餐饮,快递与电商融合,科技巨头如 M、H 从手机领域拓展至智能家居等。行业跨界融合缩小了行业差距,为共同富裕的实现提供了有力支撑。①

(三) 环境维度

环境维度的持续发展强调平台经济对环境的影响。自党的十八届五中全会首提新发展理念以来,"绿色"作为该理念的重要组成部分,也是国家治理体系和治理能力现代化建设的方针指引和关键命题。当前,政府治理、市场整理、社会治理等过程中对生态文明的环境主线均予以高度关注,尤其在政府公共政策和工业经济结构中得到了较好体现,环境维度的内涵在逐渐明晰之余不可避免地侧重于清洁能源生产与消费模式转变等层面。然而,随着数字经济及社会数字化进程不断加快,平台经济对经济结构的更新令环境维度的发展内涵不断扩围。如今,推进平台经济发展是一项庞大复杂的系统工程,对整体规划与生态布局要求较高,需要重视制度设计、供需对接、跨界合作、节能增效、科技创新与人才培养并举。对于我国而言,我国工业体系完备,应用场景与需求更为复杂,更需要重视顶层制度同绿色产业生态建设的对接。

第一,树立工业互联网绿色发展新标准。在工业互联网领域,工业互联网平台是产业竞争的核心所在。T、X 等工业巨头利用自身的高端装备与产品,建立了具有工业设备链接、工业大数据分析、工业应用服务等多种功能的工业互联网平台,意欲在全球工业互联网产业竞争中掌握更多主动权。与此同时,一些信息通信巨头利用自身在软硬件系统及解决方案方面的强势地位,也在积极发力工业互联网平台。可见,包含绿色健康可持续在内的标准竞争是市场竞争的重要组成部分,直接影响产业的技术体系、产业体系等。当前,推动工业互联网标准化受到了世界各国的高度重视。例如,美国主导的工业互联网联盟(Industrial Internet Consortium,IIC)长期致力于打造全球统一的工业互联网技术标准,并与国际标准化组织(International Organization for Standardization,ISO)、国际电工委员会(International Electrotechnical Commission,IEC)、开

---

① 唐任伍、马志栋:《平台经济助力共同富裕实现的内在机理、实施路径与对策建议》,《治理现代化研究》2023 年第 4 期。

源组织及区域标准研制部门进行深度交流合作,有效加快了相关标准的研究制定进程。① 德国"工业4.0平台"建立了标准化机构(Labs Network Industrie 4.0),全面负责制造业网络化与智能化领域的标准研究制定工作,而且工业互联网联盟与工业4.0实验室网络已经就"标准与互操作"达成合作关系,共同推进相关标准的研究制定。除了推进工业互联网平台建设以及标准研究制定外,制造企业、信息通信企业、产业联盟及各国政府在建立标准化的工业互联网商业解决方案、培育工业互联网生态体系、加强工业互联网应用安全等方面也投入了海量资源。② 因此,我国加快包括绿色发展在内的国内工业互联网新标准制定,积极对接当前国际工业互联网技术标准体系已是大势所趋、迫在眉睫。

第二,搭建云平台加速绿色发展。近年来,我国工业化进程日渐提速,人力成本与生产制造原料成本不断攀升,消费者越发重视产品工艺与品质,企业发展方式逐渐从要素驱动、大规模生产转变为创新驱动、质量提升、绿色环保。故制造企业必须积极拥抱新变化、新技术、新趋势,搭上工业互联网云平台建设的"快车"。在工业和信息化部指导下,工业互联网产业联盟对工业互联网术语与定义进行了汇总,编制了《工业互联网术语和定义(1.0版本)》报告。在报告中,工业互联网被定义为"满足工业智能化发展需求,具有低时延、高可靠、广覆盖特点的关键网络基础设施,是新一代信息通信技术与先进制造业深度融合所形成的新兴业态与应用模式"。值得注意的是,报告将工业互联网云平台定义为"面向制造业数字化、网络化、智能化需求,构建基于海量数据采集、汇聚、分析的服务体系,支撑制造资源泛在连接、弹性供给、高效配置的工业云平台"。工业互联网云平台可以广泛采集数据、支持海量工业数据的深度处理与分析,从而帮助企业沉淀和复用知识,令原材料、产品、机械设备、控制单元、信息系统以及人实现互联互通,借助专业化平台对工业数据进行全面深度感知、实时传输交换、高效建模分析,有效推动运营控制、运营优化

---

① 杜传忠、金文瀚:《美国工业互联网发展经验及其对中国的借鉴》,《太平洋学报》2020年第7期。

② 肖洋:《西方科技霸权与中国标准国际化——工业革命4.0的视角》,《社会科学》2017年第7期。

等生产组织方式革新。①

需要强调的是,打造完善的工业互联网云平台,需要政府部门与产业协会做好协调统筹工作,加快研究制定制造企业工业互联战略规划及相关制度规范。其中积极引导制造企业与设备和零部组件供应商、外协生产商、设备制造商、平台供应商、软件开发商、系统集成商等各方达成统一行业标准,建立支撑工业互联网实现可持续发展的绿色云端生态应是重中之重。在绿色发展理念下,云平台秉持节能环保、高效安全的宗旨培育并发展智能生产、网络协同、服务延伸、个性定制等新兴业态,全面助推制造业的转型升级。相关企业也应该积极配合政府部门工作,持续推进自身的云基础设施与设备智能改造,增强自身对工业数据的搜集与应用能力,特别是加强数据规范使用,实现数据在企业设备、车间、部门、岗位及合作伙伴间的无障碍实时流动,在提高自身市场竞争力的同时,减少能耗需求、提升产品附加值,为我国制造业向高科技、低消耗、全智能转型升级贡献能量。以此满足全社会对绿色生产生活方式的需求,夯实平台经济持续发展的新一代绿色基石。②

第三节　平台经济规范持续发展的法治需求

平台经济与传统工业经济相比,具有显著特征,对基于后者建立的现代市场经济法治体系构成了挑战。首先,平台信息传播速度快、范围广,极大便利了民众生活,促进了社会生产,提升了资源效率。然而,监管不力可能导致负面、虚假信息混入,对社会秩序造成不良影响。其次,平台具有双边或多边市场特征,常向消费者提供免费或低价商品或服务,换取海量用户数据。平台利用这些数据提供个性化服务、推送广告,实现盈利,用户则从中降低搜索成本,获得实际利益。但此类个性化服务可能损害用户的知情权、选择权,甚至交易安全,导致用户福利转移至平台。最后,平台通常以格式合同与用户缔约,一

①　徐宪平主编:《新基建:数字时代的新结构性力量》,人民出版社2020年版,第79—84页。
②　陈兵、程前:《新基建下加快数据绿色发展的必要及法治实现》,《兰州学刊》2021年第6期。

键式准入极大节约了缔约成本,但暗藏用户合同权益保障隐患。平台经济的深入发展呼唤全方位、立体化的配套法治建设。平台经济的规范持续发展对法治的需求全面而深入,涉及监管原则、体系、能力等多个层面。构建科学、合理的法治监管框架,可有效促进平台经济健康发展,保护消费者权益,维护市场秩序。

一、法治监管原则的需求

法治原则是贯穿法治各环节的指导思想,它涵盖了对规律的尊重、对价值的追求以及法律自身的道德建设。法治监管原则指的是,在监管活动中,政府及相关部门依据法律、法规和规章等,对市场主体的行为进行监督和管理。其核心在于"法治",是现代国家治理体系和治理能力现代化的重要标志。该原则要求监管活动必须在法律框架内展开,确保监管的正当性和有效性。平台经济法治监管原则特指在平台经济领域,政府相关部门为维护市场秩序、促进健康发展及保护消费者权益等目的,制定并实施的一系列法律规范和监管措施。这些原则体现了对平台经济监管的基本理念和方法,是确保平台经济活动合法、合规、有序进行的重要保障。

（一）分类分级监管原则

分类分级监管原则是基于平台不同特征实施差异化监管的核心策略。近年来,互联网平台迅速发展的同时,也带来了侵犯用户隐私、滥用市场支配地位等问题,影响了数字经济的健康发展。由于平台经济涉及领域广泛,各平台在规模、影响力、业务模式等方面存在差异,因此,该原则要求监管部门根据平台的业务类型、规模、影响力等因素,将其分为不同类别和等级,并据此制定监管策略和措施。具体而言,可以根据平台的基础核心业务场景,如社交、搜索、支付、内容、电商等,进行分类;再根据用户规模、业务种类、市值等因素进行分级。平台分类是分级的前提,而分类方式主要有行业分类和市场分类两种。值得注意的是,行业监管基于行业分类,市场监管基于市场分类。由于行业≠市场,因而行业分类≠市场分类、行业监管≠市场监管。[①] 通过分类分级,有

---

① 于立:《平台分类分级两种思路的经济学逻辑——从行业≠市场说起》,《中国市场监管研究》2022 年第 2 期。

助于实现精准监管,确保监管措施的有效性和针对性。

一方面,分类分级有助于国家市场监督管理总局更深入地了解各类平台的特点,从而精准制定治理策略,提升平台治理的智能化、全球化、个性化、精细化水平,以及公共服务的均等化、普惠化、便捷化水平。例如,网络销售类平台连接人与商品,主要功能包括提供销售服务、促成交易、提高匹配效率等;社交娱乐类平台连接人与人,主要功能包括社交互动、游戏休闲、视听服务等;金融服务类平台连接人与资金,提供支付结算、网络贷款、金融理财等服务。

另一方面,分类分级指南从用户规模、业务种类、经济体量、限制能力四个方面出发,将我国互联网平台分为超级平台、大型平台和中小平台三级,是我国首次明确根据平台规模进行分类,并提出超级平台的概念。超级平台是指平台有超大用户规模、超广业务种类、超高经济体量和超强限制能力。具体标准是指在我国的上年度年活跃用户不低于 5 亿人,核心业务至少涉及两类平台业务,上年底市值(估值)不低于 1 万亿元人民币,具有超强的限制商户接触消费者(用户)的能力。大型平台则指在我国的上年度年活跃用户不低于5000 万人,具有表现突出的平台主营业务,上年底市值(估值)不低于 1000 亿元人民币,具有较强的限制商户接触消费者(用户)的能力。中小平台是指具有一定用户规模、有限业务种类、有限经济体量、有限限制能力的平台。

平台分类分级有助于深化对互联网平台的科学认知,形成针对性的监管指引,提升数字经济治理体系和治理能力。目前,世界各国都在完善数字经济和互联网平台的监管规范,分类分级正是基于我国数字经济发展现实,借鉴国际监管思路,科学界定平台类别、合理划分平台等级。其中,"超级平台"概念有助于深化对平台经济领域反垄断问题的认识,对反垄断法框架中的相关市场界定具有参考价值,有助于评估特定平台的市场力量,推动理论界关注平台经济发展不平衡、竞争不充分、资本无序扩张等问题,引导平台企业规范行为,明确其义务。通过分类分级监管,有助于精准施策,促进平台经济规范健康持续发展,对超大平台的监管更加注重公平竞争、开放、数据治理、风险等维度。

(二) 包容审慎监管原则

平台经济的快速发展带来了许多新业态和新模式,这些新现象往往超出了现有法律的覆盖范围。因此,需要坚持包容审慎的监管原则,允许一定程度的试错空间,以促进创新和发展。包容审慎监管原则强调在监管中既要保持开放的态度,又要审慎行事,以促进新业态的健康发展。包容性监管意味着监管部门应以开放的心态对待新兴业态,给予其必要的发展时间和试错空间。这有助于新业态在成长初期不受过多限制,能够自我调整和优化。审慎性监管则要求监管部门在包容的基础上,根据公共风险的大小进行适时适度的干预。这种干预不是简单的禁止或放任,而是在确保公共利益的前提下,引导和规范新业态的发展。包容审慎监管不是放任不管,而是在坚守底线思维的前提下,为市场主体提供成长和创新的空间。

我国关于平台经济包容审慎监管的政策导向和原则,可以追溯到 2015 年前后。国家层面大力推进"互联网+"在各领域的深化应用,明确提出"最大限度减少事前准入限制,加强事中事后监管"。2016 年出台的《"十三五"国家战略性新兴产业发展规划》对如何监管新业态新模式做了进一步的阐述,核心思想就是"区别对待",即量身定制监管模式。对那些暂时看不准其发展前景的业态和领域,可以给它一个"观察期",鼓励大胆创新,出台监管措施需要认真研究和论证,避免一上来就"管死";而对那些可能侵犯公众利益、造成严重社会不良后果和潜在风险巨大的,则采取果断措施加强监管;尤其是要坚决杜绝和取缔打着创新旗号从事非法经营的活动。这里实际上已经体现了"包容创新"和"审慎监管"的基本理念。2017 年 3 月,"鼓励创新、包容审慎"的新兴产业监管原则写入政府工作报告。同年 6 月的国务院常务会议上再次强调,要按照"鼓励创新、包容审慎"原则,审慎出台新的准入和监管政策。

毫无疑问,包容审慎监管理念对于推动以平台经济、共享经济为代表的新业态的快速发展发挥了重要作用,这也是我国顺应新一轮信息技术革命以及全球数字经济发展大趋势而采取的监管策略。经过中央的大力推动,这一原则被写入《国务院关于进一步扩大和升级信息消费持续释放内需潜力的指导意见》《中共中央　国务院关于完善促进消费体制机制进一步激发居民消费潜力的若干意见》《国务院关于加强和规范事中事后监管的指导意见》等一系列文件。2019 年 10 月,"包容审慎监管"原则被写入行政法规《优化营商环境条例》,成为中国特色社会主义法治体系的一部分。

坚持"包容审慎"的原则并不意味着不监管,与其密切相关的另一个监管理念是"底线监管"。"底线"是事物发生质变的度的临界点,是不能突破的临界点。一旦突破这些临界点或底线,事情就会发生质变,从"可以接受"变得"不可接受"。底线思维为创新探索提供空间、留有余地,底线之上应鼓励大胆探索与创新。坚持底线监管的原则,就是在监管实践中做到"有为"与"有畏"的统一。要对市场规律、法律与道德伦理红线等保持足够的敬畏,还要对可能出现的最坏情形有充分的预见和准备。

我国在一系列文件中都明确提出,要坚持底线思维、严守质量和安全底线,尤其是对于与人民生命财产安全、社会稳定、文化安全、金融风险等密切相关的业态和模式,严格规范准入条件,强化监管。如对于网络直播营销新业态,我国总体上是持鼓励和支持态度的,但同时也在不断压实包括网络平台、商品经营者、网络直播者在内的各方主体责任,依法严厉查处网络直播营销中存在的侵犯消费者合法权益、不正当竞争、侵犯知识产权、违反食品安全规定等违法违规行为。此外,包容审慎监管还强调政府、平台企业、行业协会以及资源提供者和消费者共同参与的多方协同治理机制。这种机制有助于形成监管合力,提高监管效能。

二、法治监管体系的需求

法治体系是指在一定社会历史条件下形成的,以法律规范体系为基础,包括法律制定和实施、监督、保障等各方面有机统一的整体。它不仅包括静态的法律规范体系,还包括动态的法律运行体系,涵盖了立法、执法、司法、守法等各个环节。法治体系强调法律规范在实际生活中的运用情况和实现程度,是中国特色社会主义法治国家建设的核心内容。法治监管体系是指在法治框架下,对特定领域或行业进行监督管理的制度和机制的总和。它包括了监管的法律规范、监管机构、监管程序和监管手段等,旨在确保监管活动的合法性、公正性、透明性和有效性。法治监管体系要求监管机构在法律授权的范围内行使权力,通过法律规范来约束和指导监管行为,以实现对市场的有序管理和对公共利益的保护。平台经济的法治监管体系则是指专门针对平台经济这一新兴领域的监管制度和机制。它包括了对平台经济的监管理念、监管政策和制度,旨在促进平台经济的持续健康发展。这个体系强调通过覆盖事前、事中、事后全链条的监管,结合多种监管方式,以科学、合理、高效的方式对平台经济进行监管。

（一）全链条监管体系

平台经济监管的根本目的是促进其规范持续发展。为了促进平台经济的健康发展,与过去更多采用事后追责和事后处罚不同的是,未来我国将加快建立健全覆盖事前事中事后全链条的监管体系,覆盖平台经济的各个环节。事前监管包括合规指导和规范化管理,旨在预防风险和违法行为的发生;事中监管涉及市场竞争状态评估和风险监测预警,以及时发现和处置问题;事后监管包括监管执法及问题处置,对违法行为进行惩处,并对监管措施进行评估和调整。通过加强"事前"的合规指导和规范化管理,结合对"事中"市场竞争状态评估和潜在风险监测预警,"事后"的监管执法及对相关问题的进一步处置和修正,使市场主体在更加科学完善的监管体系中运行,最大可能地减少不确定性,稳定市场预期。

从本质上讲,事前监管和事后规制都是应对市场失灵的手段,但两者有所不同。事后规制采取谦抑立场,而事前监管则更加果断。垄断企业的行为和结构复杂,常表现为竞争、垄断或两者的混合体,导致传统反垄断事后规制难以作出明确判断,常面临假阳性（误判促进竞争行为为反竞争）和假阴性（误判反竞争行为为促进竞争）错误。考虑到错误成本最小化,传统反垄断事后规制倾向于减少主动干预,更多依赖市场自我矫正。然而,现实并非总是如此,假阴性错误可能导致严重损失,特别是在数字市场中。网络效应、外部效应、规模经济和范围经济引发的市场失灵,市场自身难以在短时间内恢复竞争,且持续对中小企业和消费者造成不可逆的损害。放任其发展,假阴性错误成本将超过假阳性,优势企业滥用市场力量和支配地位的风险也会增加。

事前监管能预测平台经济可能的市场行为,提前设置竞争规则,并进行持续深入监督。尽管存在过度干预等风险,但在数字市场等特殊领域,事前监管的效率优势更明显,因为假阳性错误成本低于假阴性。事前监管与事后规制都旨在促进市场有效竞争,但不同市场的垄断风险、损害和执法难度各异,因此两者都有存在的必要。事前监管应作为传统反垄断法的补充,而非替代。

对于大多数市场,假阳性错误成本高,传统反垄断事后规制仍适用。只有在数字市场等具有网络外部效应和规模经济特性的领域,假阴性错误成本易累积,才需事前监管提前介入。

建立健全全链条监管体系意味着:一是将结合不同领域平台经济发展的阶段和特点,围绕市场准入、平台运营、数据管理、用户服务、用工管理等重点环节和方面,明确全链条监管的主要事项,细化和规范监管流程;二是持续优化服务流程,在严把行业准入关的同时,为各类主体进入相关市场提供便捷、高效的准入和营商服务;三是加快完善跨部门监管的协调机制,充分发挥部门联席会议制度的协调作用,凝聚和提升监管合力。全链条监管还意味着我国将采取多种监管方式相结合的综合性监管模式。从近年来的监管实践看,除监管执法外,开展合规经营行为指导、组织企业自查自纠、行政约谈、开展现场检查、督促整改等监管方式的作用越来越凸显。

一方面,以公平竞争审查作为事前预防和矫正措施,助力互联网经济可持续发展,破除制约数据市场要素流动的障碍。在新基建等大型数字化基础设施建设中嵌入公平竞争审查制度,营造公平自由的互联网行业竞争环境,保障市场主体平等准入,激发其积极性和创造性,助力产业升级和消费升级。

另一方面,以反垄断和反不正当竞争执法强化事中事后市场监管。简政放权改革和负面清单制度已普遍认可,市场准入审批大幅削减,市场活力得到释放。但新兴经济业态,特别是数字数据科技引发的新型商业模式,给监管带来挑战和风险。因此,应从市场经济规律出发,做好动态监管,提升效能。科学衔接事前审慎监管与事中事后精准监管,吸纳跨境互联网领域执法经验和司法案例,为维护互联网经济市场竞争秩序和保障国家数字主权提供法治依据。

(二) 跨部门协同监管

跨部门协同监管是指不同政府部门之间为了实现共同的监管目标,通过协调合作、信息共享、资源整合等方式,共同对某一领域或事项进行监督管理的机制。这种监管模式强调的是不同部门之间的协同联动和务实高效,目的是提高监管效能,实现事前事中事后全链条全领域的监管。平台经济跨部门协同监管则是针对平台经济这一特殊领域,由于其涉及网络安全、数据安全、隐私保护、公平竞争、消费者和劳动者权益保障等多个层面,需要不同政府部门之间进行更紧密的协作和联动。这种监管模式要求强化部门协同、部门联动、央地联动,加强监管行动和政策的统筹协调,以防范政策叠加导致非预期风险,并强调责任划分、评估考评与追责问责的有机统一。其目的是为企业营造稳定可预期的监管环境,同时推动平台经济规范持续发展。

平台经济的复杂性要求不同监管部门之间加强协同,形成跨部门的监管合力。首先,协同治理是跨部门监管的重要实施路径,应建立协同治理机制。监管部门可以利用平台企业在经营层面与能力层面的双重二元属性实现更佳的治理效果。其一,利用平台企业的自律动机,即平台企业由于其"企业—市场"的二元属性,拥有自律的动机,监管部门借此实现更有效的监管。其二,利用平台企业的信息优势,即平台企业掌握着经营环境的信息优势,监管部门可以通过设计相关政策激励平台企业发挥这些优势,提升市场效率。其三,利用平台企业的"数据—技术"优势,即监管部门可以通过政策激励平台企业利用其数据和技术优势,实现更好的协同治理。

其次,要强化部门协同与联动。平台经济具有跨界融合特征,涉及多个监管领域,因此需要强化部门协同、部门联动、央地联动。这包括加强监管行动和政策的统筹协调,防范政策叠加导致的非预期风险,并强调责任划分、评估考评与追责问责的有机统一。

最后,完善法规制度,加强沟通协作,要构建技术导向的创新环境。跨部门协同监管需有完善的法规制度支撑。应制定和完善相关法规,明确各部门职责和权力,确保监管顺畅。同时,各部门间要加强沟通协作,建立信息共享和联动机制,及时发现和解决监管问题。此外,还需修订调整现有法律法规,打造技术导向的创新环境,建立与新业态、新模式相适应的基础性制度,提升平台企业的公开度和透明度,强化社会监督,推动形成高效协同治理合力,为平台经济提供稳定、透明、可预期的市场环境。

按照国家治理体系和治理能力现代化的要求,应完善平台经济监管体制,调整治理理念和手段,加强信用监管,落实属地部门监管责任,探索建立分层分级监管机制,强化部门协同,坚持"线上线下一体化监管"原则,推动监管部门间抽查检验鉴定结果互认,避免重复检查,建立案件会商和联合执法、联合惩戒机制,实现全链条监管。同时,强化智慧监管,建立现代化智能化监管手段,形成五级贯通的协同共治系统,加强跨区域跨部门间的协同监管。此外,补足专业队伍人才短板,提升监管牵头部门层级,完善监管部门和地方政府间的联通互认机制,也是实现跨部门协同监管的关键。

三、法治监管能力的需求

法治监管能力是指政府在法治框架下对市场进行监管的能力,包括制定和执行法律法规、维护市场秩序、保护消费者权益、促进公平竞争等方面的能力。平台经济具有信息传播速度快、范围广、双边或多边市场的特征,对传统的市场经济法治体系带来了挑战。对于平台经济而言,法治监管能力尤为重要,监管部门需要提升自身的监管能力,包括数据安全治理监管能力、标准体系和信用体系建设与多工具协同监管体系完善等,实现对平台监管效率和效果的提高。

(一) 数据安全治理监管能力

在数字经济时代,数据无疑是关键生产要素。平台负责收集、整合、存储和处理大量个人用户、用工企业、政府部门的信息数据,具有较强的数据竞争优势。但在平台对接个人、企业、政府的过程中,其收集、使用、管理的个人隐私、商业秘密、国家安全类数据存在信息泄露和非法利用的风险。譬如,数据共享作为一种重要的数据流通与利用形态,影响着数据采集、深度开发及复次利用的效率,对未来数字经济的高质量可持续创新发展具有重大价值,但同时也可能引发诸多法律问题,因此需要提升数据安全治理的监管能力,促进数据的合规高效使用。

其一,平台与政府机构之间的数据共享可能加大数据泄露风险。其二,平台与第三方合作企业的数据共享可能引发数据泄露和滥用风险。在与第三方合作伙伴进行数据共享时,若未向个人信息主体告知共享个人信息的目的、数据接收方的类型,并事先征得个人信息主体的授权同意,则可能产生数据泄露和数据滥用风险。其三,平台与关联企业在业务往来中难免存在数据流通和共享的情况,而共享数据可能引发数据侵权后果。特别是母、子公司是各自独立的法人实体,它们之间的数据共享,与企业和独立的第三方之间进行数据共享在本质上是一致的。

近年来,我国一直致力于做好数字经济背景下数据保护、数据安全和数据高效流通的法治工作,力求平衡国家主权、个人权益和创新发展利益的关系。《民法典》重点明确了个人信息的人格权益属性及其保护内容,第一百二十七条对"数据、网络虚拟财产的保护"做了原则性规定,为今后探讨数据权益及其保护提供了空间。《个人信息保护法》确立了个人信息处理应遵循的原则,以及以"告知—同意"为核心的个人信息处理一系列规则,并设专节对处理敏感个人信息作出更严格的限制。2021 年 9 月 1 日,《数据安全法》正式施行。其旨在规范数据处理活动,保障数据安全,促进数据开发利用,保护个人、组织的合法权益,维护国家主权、安全和发展利益。该法多次提及鼓励企业在数据安全风险评估、防范、处置等方面开展协作,推动有关部门、行业组织、科研机构、企业、个人等共同参与数据安全保护工作。

当前,有必要将具体风险进行可视化呈现,并以现行法律和政策为依据,有效识别并把控数据安全与共享风险,针对风险类型制定合规方案,完善数据生命全周期合规制度,夯实数据收集、使用的合法合规性基础,并在此基础上进一步优化自身相关运营模式和底层信息技术架构。

(二) 标准体系与信用体系建设

加强平台经济的标准体系和信用体系建设也是法治监管的需求之一。标准体系和信用体系的建设为平台经济提供了明确的规则和标准,有助于法治监管的科学化和规范化,减少监管的随意性和不确定性。通过标准化的监管流程和信用评价机制,可以提高监管效率,减少监管成本,同时提高监管的针对性和有效性。信用体系的建设可以激励平台企业遵守法律法规,提高自我约束能力,从而减少违法行为的发生。

在标准体系建设方面,首先,要制定一系列针对平台经济的国家标准、行业标准和企业标准,涵盖数据安全、用户隐私保护、公平竞争等方面。其次,要加强标准的实施和监督,确保标准得到有效实施,对违反标准的平台企业进行处罚,以确保标准的实际效果。最后,还要加强与国际标准的对接,促进平台经济的国际化发展,提高我国平台企业的国际竞争力。

在信用体系建设方面,首先,应建立平台企业信用档案,为每个平台企业建立信用档案,记录其经营行为和信用状况,作为监管和评价的依据。其次,应实施信用评价和分类监管,即根据平台企业的信用状况,实施差异化的监管措施,对信用良好的企业给予激励,对信用不良的企业加强监管。最后,需要推动信用信息的共享和应用,建立信用信息共享平台,促进政府部门、金融机构、消费者等之间的信用信息共享,提高信用信息的应用价值。

标准体系和信用体系建设的结合也显得尤为必要。一方面,要以标准为基础构建信用体系,将标准体系作为信用体系的基石,通过标准化的监管流程和评价机制,构建科学、公正的信用体系。另一方面,应以信用体系促进标准的实施,利用信用体系的激励和约束机制,促进平台企业遵守标准,提高标准的实施效果。通过标准体系和信用体系的有机结合,形成从监管、评价到激励、约束的闭环监管机制,实现对平台经济的全方位、全过程监管,有效地提升平台经济的法治监管能力,促进平台经济的健康发展。

(三)多工具协同监管体系完善

平台监管能力的提高还需要更好地衔接不同监管工具,搭建多工具协同的监管体系。正如2023年2月,国务院办公厅发布《关于深入推进跨部门综合监管的指导意见》所指出的,要加强跨部门综合监管支撑能力建设,提升监管信息化建设水平,做好监管工具的信息化、智能化建设,开发业务协同、资源共享的跨部门综合监管应用场景,完善监管事项清单管理等。

一是平台经济监管要求形成公平有序的市场竞争秩序,以高水平竞争激发高水平创新。基于此,针对平台经济运行的特征需增强当前市场监管领域法律法规及相关政策规则的适用性,以规范监管保障公平竞争、促进创新发展。要坚持竞争政策基础地位,强化公平竞争审查制度的落实,保障平台经济各主体自主自由地进出相关市场,公平合理地使用各类要素资源,规制不正当干预其经营自由的行为。

二是强化《反垄断法》与《数据安全法》《个人信息保护法》等法律法规间的协调。《数据安全法》《个人信息保护法》更强调事前规制,对于数据处理者规定了较重的义务,要求其在合规建设、数据保护等方面更好地履行职责。《反垄断法》更多是从事后规制的角度出发,相较于对数据、算法、技术等要素的治理,更强调对市场公平竞争秩序的保护。在平台治理中,应当系统协调好

《数据安全法》《个人信息保护法》的事前规制手段与《反垄断法》的事后规制手段。这符合平台监管全过程、规范化的基本特点。①

第四节　平台经济规范持续发展的中国实践

作为世界上最大的发展中国家,中国在平台经济规范与持续发展方面进行了积极的探索与实践,形成了一系列具有中国特色的路径与经验。中国平台经济的崛起,得益于国家政策的支持与市场的开放。近年来,中国政府高度重视平台经济的发展,出台了一系列政策措施,推动平台经济发展。这些政策不仅为平台经济提供了良好的发展环境,也为其规范持续发展奠定了坚实的基础。本节将聚焦于平台经济规范持续发展的中国实践,深入分析中国在这一领域的实践探索,提炼出可借鉴的经验与启示。

一、我国平台经济发展现状概览

1994 年,我国实现了与国际互联网的全功能连接,互联网时代就此开启。三十多年来,中国互联网发展取得显著成就,从网络大国阔步迈向网络强国。平台经济作为诞生于互联网时代最具代表性的新经济形态,在优化社会资源配置、创新经济发展动能、畅通经济内外循环中发挥着重要作用。值此互联网 30 年之际,有必要以平台经济的昨天、今天和明天为主线,回顾我国平台经济从萌芽起步、成长壮大、高速增长再到转型发展的阶段历程,重新总结和认识我国平台经济从 PC 互联网、移动互联网一路走来的发展逻辑,理解和展望人工智能时代平台经济的新动能、新图景。

（一）平台经济的总体发展态势

我国平台经济自 20 世纪末起步,经过二十多年的发展,已经成为数字经济的重要组成部分。平台经济以其独特的商业模式和技术创新,对我国经济社会发展产生了深远影响。根据中国信息通信研究院发布的《平台经济发展观察(2024 年)》报告,在多重挑战交织叠加影响下,全球经济增长动力持续回

---

① 陈兵、夏迪旸:《平台经济常态化监管的路径研究》,《中国市场监管研究》2023 年第 3 期。

落,但在人工智能热潮带动下,全球平台经济价值规模逆势反弹,给重振全球经济注入一剂强心剂。截至 2023 年年底,全球市场价值超百亿美元互联网平台企业共 59 家,价值规模共计 12.9 万亿美元,同比增长 42.0%。其中,头部 5 家平台企业市值同比上涨 73.6%,对全球平台经济市值规模增长贡献率达 102%,在全球平台经济的绝对主导地位进一步巩固。同时,在资本加持下,人工智能独角兽快速崛起,数量超越电子商务位列前三,金融科技、软件服务等科技企业数量则稳居前二。从我国情况来看,2023 年国民经济回升向好,消费市场持续回暖。头部平台企业经营情况明显好转,市值排名前十的上市平台企业总营收为 3.6 万亿元,同比增长 12.7%,增速由降转升;总净利润达 3854.4 亿元人民币,同比增长 42.4%,增速较 2022 年增长 22.8 个百分点。同时,平台企业在国际化、产业互联网转型等方面取得亮眼成绩,推动经济复苏、培育发展新质生产力的引擎作用进一步凸显。但资本市场表现仍不乐观,平台企业市值规模和数量呈下降态势,市场信心仍有待提升。

《国家发展改革委等部门发布的关于推动平台经济规范健康持续发展的若干意见》中提到,要优化发展环境,降低平台经济参与者经营成本,建立有序开放的平台生态,并加强新就业形态劳动者权益保障。《中共中央关于进一步全面深化改革　推进中国式现代化的决定》也提出促进平台经济创新发展,健全平台经济常态化监管制度。这表明我国平台经济正在逐步进入规范健康持续发展的新阶段。

首先,平台经济的高质量发展,技术创新是关键。我国平台经济已经由规模驱动转向创新发展驱动阶段,持续推进基础创新和应用创新。在基础创新方面,加快关键核心技术、前沿技术、原始技术创新;在应用创新方面,通过不断拓宽应用场景,进一步发挥创新溢出效应。平台企业在金融科技、人工智能、云服务等领域取得了显著成效,如腾讯、百度、阿里巴巴等企业在面向企业或商业客户的业务(ToB)中业务收入占比提高,业务结构从消费互联网向产业互联网优化调整。

其次,平台经济在创造就业、拓展消费、参与国际竞争等方面发挥了重要作用。平台企业吸纳了超过 2 亿灵活就业人员,截至 2023 年 6 月底,市场价值超过 10 亿美元、超过 100 亿美元的平台企业分别有 148 家、26 家,总市值规模达到 1.93 万亿美元。平台经济的就业"蓄水池"作用持续显现,不断拓宽优化灵活就业渠道。

最后,我国平台经济与数字经济深度融合,推动了新业态新模式的发展。2020 年,我国数字经济核心产业增加值占 GDP 比重达到 7.8%,数字经济为经济社会持续健康发展提供了强大动力。平台经济在数实融合、赋能实体企业方面大有可为,响应新基建、数字经济等国家战略,推动平台经济健康发展。

（二）平台经济发展机遇与挑战并存

我国平台经济在国家政策的引导和支持下,正朝着规范健康持续发展的新阶段迈进。技术层面,人工智能技术的创新迭代、商业化应用显著提升各领域的运营效率,推动平台商业模式创新。数据层面,全球数据要素市场建设进一步提速,平台企业作为数据要素价值释放的关键主体,其数据价值在大模型研发、数实融合发展中得到进一步挖掘。资本层面,平台型企业融资吸引力处于历史低位,其中,中国资本市场结构发生改变,美元资本加速退出,人民币基金占主导地位。监管层面,全球互联网平台监管规则持续完善,人工智能成为数字市场竞争监管新焦点。技术创新、产业升级、就业创造、数字经济融合等方面均取得了显著成效,但也面临着流量红利、全球化红利消退等外部环境变化的挑战。

一是流量红利和全球化红利的消退。我国平台经济在过去十几年中得益于人口红利和全球化红利,迅速崛起成为全球第二大平台经济体。然而,当前这两大红利正在消退。线上流量已趋于天花板,我国网民总体规模约为 10.51 亿,增长主体逐渐向未成年人和老年人群体转化,互联网公司获得新用户的难度增加。同时,全球化趋势受到地缘动荡、大国博弈等因素的影响,海外市场监管不确定性增强,部分头部企业投资的项目遭受重重审查。

二是监管环境的变化。我国平台经济正处于转型发展的关键时期,必须坚持规范和发展并重,完善治理规则和制度,优化公平有序的发展环境,推动平台经济持续健康发展。监管环境的变化对平台经济提出了新的要求,平台企业需要在规范中发展、在发展中规范,全面释放平台经济赋能经济社会的应有价值。

三是就业创造与社会责任。平台经济在创造就业、拓展消费、参与国际竞争等方面发挥了重要作用。平台企业吸纳了超过 2 亿灵活就业人员,但同时也面临着就业形态的深刻调整,如"机器换人"持续深化,新老业态交替加速岗位淘汰。平台经济需要在推动高质量发展中强化就业优先导向,加快释放数字经济就业的巨大潜力,充分激活创造效应、防范化解替代冲击,实现更加充分更高质量就业。

展望未来,人工智能技术的飞速发展将引领经济社会加快迈向全方位、深层次的智能化,给平台经济带来新的技术变革和模式变革。平台经济的长效发展关键在于技术突破、服务实体经济、助力传统产业升级,更多创造社会价值。平台经济需要积极融入全球竞争格局,上半场中,平台经济在模式创新、资源融通等方面积极发挥效能,积累了海量数据和先进算法,获得了市场竞争优势;下半场平台经济的长效发展关键在于技术突破、服务实体经济、助力传统产业升级,更多创造社会价值。当前,掌握着大数据、大算力和优秀人才的互联网平台企业已经成为人工智能创新的重要推动力量和前沿引领者,在向高质量发展转型的关键当口,更需要紧紧抓住技术变革机遇,利用好政策窗口期,不断突破创新。在新时代新征程上,平台经济大有可为。

二、我国关于平台经济相关政策及立法的阶段性分析

平台经济规范健康持续发展离不开依法规范、科学有效、公开透明的监管,在监管模式上我国经历了由"宽松监管"到"包容审慎"监管再到强化平台企业在重点领域监管进行"专项整改",随后步入"常态化监管"阶段的过程。总体时间背景区分如下:"宽松监管"阶段(过去至 2016 年);"包容审慎"阶段(2017—2019 年);"专项整改"阶段(2020—2021 年);"常态化监管"阶段(2022 年至今)。

(一)"宽松监管"阶段(过去至 2016 年):鼓励创新发展

2017 年前,平台经济等新经济、新业态刚刚兴起,政府监管方面采取了较为宽松的监管态度,主要目的在于鼓励企业能够实现创新和发展,相关规范和约束较少。在 2015 年 7 月,国务院印发《关于积极推进"互联网+"行动的指导意见》,其中在"保障支撑"部分明确指出"营造宽松环境",提出要"贯彻落实《中共中央 国务院关于深化体制机制改革加快实施创新驱动发展

战略的若干意见》，放宽融合性产品和服务的市场准入限制，制定实施各行业互联网准入负面清单，允许各类主体依法平等进入未纳入负面清单管理的领域"。

这也反映出在 2017 年前，当时互联网平台经济还处于萌芽和成长的阶段，相关市场竞争格局还没有固化，相关平台企业还未过度利用市场力量从事垄断行为，也没有引发太多的社会问题和风险。因此，这个阶段政府采取"宽松监管"，主要是为了激发市场活力，鼓励创新和发展，而不是过度干预和限制，希望能够促进互联网与各行业深度融合，培育新的业态和模式，提高经济效率，给市场主体更大的自主权和发展空间，而不是过多的设定限制和规则，只要不违反法律法规，就可以依法平等进入市场。其间，我国政府也提出了一系列的支持和保障措施，包括营造宽松环境、放宽市场准入、制定负面清单等。

基于此，本研究认为在 2017 年及以前行政监管对于新经济、新业态采取较为宽松的监管态度，故称之为"宽松监管"阶段，旨在鼓励创新。

（二）"包容审慎"阶段（2017—2019 年）：建设发展与管理管控相结合

2017 年 1 月，国务院办公厅印发了《关于创新管理优化服务培育壮大经济发展新动能加快新旧动能接续转换的意见》，提出"探索动态包容审慎监管制度"，意见表明要在新兴经济领域贯彻更加包容和鼓励创新的治理理念，建立公平开放的市场准入制度，健全信用约束机制，完善风险管控体系，构建多方参与的治理体系。

到 2019 年 8 月，国务院办公厅印发《关于促进平台经济规范健康发展的指导意见》，明确提出"创新监管理念和方式，实行包容审慎监管"，并通过"探索适应新业态特点、有利于公平竞争的公正监管办法""科学合理界定平台责任""维护公平竞争市场秩序""建立健全协同监管机制""积极推进'互联网+监管'"五个方面，对平台经济"包容审慎"监管提出了较为系统的阐释。

在这一阶段采取"包容审慎"监管的核心理念，是对互联网平台经济这一新业态采取包容态度，只要不触碰法治底线，应给予必要的发展时间和空间，鼓励创新和试错,同时对可能引发的风险和问题采取审慎的有效干预,同时要运用互联网、大数据、人工智能等技术手段推动监管创新,实现监管效能最大化、监管成本最优化、对市场主体干扰最小化。这反映了我国对新业态、新技术发展的高度重视和支持,同时也对新业态可能带来的风险和问题进行了有效防范,体现了对平台经济为代表的数字经济创新采取包容审慎态度,为数字经济的高质量发展提供了重要保障。

基于此,本研究认为从 2017 年国务院办公厅提出"探索动态包容审慎监管制度"直到 2020 年中共中央政治局提出"强化反垄断和防止资本无序扩张"期间以来,行政监管采取"包容"态度,既要鼓励创新发展,也要"审慎"防止发展中触碰法治底线,故称之为"包容审慎"阶段,为平台经济领域等新兴经济提供充分的探索空间。

(三)"专项整改"阶段(2020—2021 年):强化反垄断和防止资本无序扩张

随着数字经济的不断发展,平台经济领域新业态持续迭代更新,其内容呈现多元化,同时平台经济领域垄断现象频现,故对平台经济领域监管也提出了更高要求。

2020 年 12 月 11 日,中共中央政治局召开会议,分析研究 2021 年经济工作,会议要求"强化反垄断和防止资本无序扩张"。随后,2020 年 12 月 16 日至 18 日,中央经济工作会议在北京举行,会议确定 2021 年要抓好重点任务之一是"强化反垄断与防止资本无序扩张",会议指出,"反垄断、反不正当竞争,是完善社会主义市场经济体制、推动高质量发展的内在要求""要加强规制,提升监管能力,坚决反对垄断和不正当竞争行为"。2021 年 1 月 9 日,中央政法工作会议也提出"加强反垄断和反不正当竞争执法司法"。反垄断工作在我国引起了前所未有的重视。

总体来看,"强化反垄断和防止资本无序扩张"是坚持发展和规范并重,把握平台经济发展规律,建立健全平台经济治理体系的具体体现。随着数字经济的快速发展,平台经济等新业态、新模式、新技术在满足消费者需求、提高经济效率、增强国际竞争力等方面发挥了积极作用,但也出现了一些限制竞争、抑制创新、损害消费者利益、增加系统性风险等问题,需要加强监管规范,维护市场秩序,激发市场活力,推动产业转型升级。平台经济发展涉及多个领域、多个部门、多个层级,需要加强协调配合,形成监管合力,打破区域分割和行业壁垒,畅通市场经济循环。

基于此,本研究认为从 2020 年中共中央政治局提出"强化反垄断和防止资本无序扩张",到 2022 年中共中央政治局提出要完成平台经济专项整改、对平台经济实施常态化监管期间,监管部门对平台经济领域开展了专项整改工作,采取了系列监管措施,故称之为"专项整改"阶段,针对典型违法违规行为进行有效治理。

(四)"常态化监管"阶段(2022 年至今):促进平台经济规范健康持续发展

在落实强化反垄断和防止资本无序扩张重点任务过程中,我国政府各部门积极开展监管执法行动,在有效整治平台经济领域乱象的同时,也面临着陷入"硬监管"的困难。政府监管执法行动,也可能造成一些负面影响,如抑制市场活力和效率,损害平台企业的竞争力和发展潜力。

与此同时,在平台经济领域监管过程中所出现的"失准、失度、失衡"风险也引起中央高度关注,在 2022 年 4 月 29 日中共中央政治局会议上,明确提出"要促进平台经济健康发展,完成平台经济专项整改,实施常态化监管,出台支持平台经济规范健康发展的具体措施"。2022 年 7 月 28 日中共中央政治局会议再次指出"要推动平台经济规范健康持续发展,完成平台经济专项整改,对平台经济实施常态化监管,集中推出一批'绿灯'投资案例"。两次中共中央政治局会议先后召开,相关重要指示标志着我国对平台经济要实施常态化监管。

2023 年 2 月,中共中央、国务院印发《数字中国建设整体布局规划》,明确指出要"支持数字企业发展壮大,健全大中小企业融通创新工作机制,发挥'绿灯'投资案例引导作用,推动平台企业规范健康发展"。2023 年全国两会政府工作报告中首次提出"大力发展数字经济,提升常态化监管水平,支持平台经济发展",我国数字经济发展正式步入常态化监管阶段。在 2023 年全国两会期间,国家市场监督管理总局局长在"部长通道"接受采访时强调,提升常态化监管水平。在数字经济、民生保障等重点领域,我们要加强市场竞争状况评估,强化预防性监管,尤其是要综合运用行政指导、行政约谈、行政处罚等手段,帮助企业提高合规管理水平,及时纠治竞争违法行为,严格规范公平文明执法。

综上所述,2022年以来,中央不仅多次提出"支持平台企业健康持续发展",同时要"健全数字规则",释放了支持与规范并重的监管思路,在平台经济常态化监管执法方面更需要厘清正常竞争行为与非法垄断行为之间的界限,提高反垄断监管的精准化、科学化水平,在有效制止垄断行为、恢复市场竞争秩序的基础上,维护和激发企业的创新动力和活力,促进平台经济更好、更健康地发展。

基于此,本研究认为从2022年中共中央政治局提出要完成平台经济专项整改、对平台经济实施常态化监管以来,监管部门完成了对平台经济领域专项整改工作,开始实施常态化监管,以促进平台企业健康发展,促进平台经济领域规范、健康、持续发展。故称2022年至今为"常态化监管"阶段。

表1-1 规范支持平台经济发展法律规范及政策

重要规范文件	时间	内容	牵头部门
《国务院办公厅关于促进平台经济规范健康发展的指导意见》	2019年8月1日	为促进平台经济规范健康发展,经国务院同意,现提出以下意见	国务院办公厅
《国务院反垄断委员会关于平台经济领域的反垄断指南》	2021年2月7日	为了预防和制止平台经济领域垄断行为,保护市场公平竞争,促进平台经济规范有序创新健康发展,维护消费者利益和社会公共利益	国务院原反垄断委员会
《中华人民共和国国民经济和社会发展第十四个五年规划和2035年远景目标纲要》	2021年3月11日	构建与数字经济发展相适应的政策法规体系。健全共享经济、平台经济和新个体经济管理规范,清理不合理的行政许可、资质资格事项,支持平台企业创新发展,增强国际竞争力。依法依规加强互联网平台经济监管,明确平台企业定位和监管规则,完善垄断认定法律规范,打击垄断和不正当竞争行为。促进共享经济、平台经济健康发展	第十三届全国人民代表大会

续表

重要规范文件	时间	内容	牵头部门
《国务院关于印发"十四五"市场监管现代化规划的通知》	2021年12月14日	优化适应新经济发展的监管机制。探索创新符合平台经济、产业数字化、新个体、微经济、共享经济等新经济特点的监管模式,促进新经济健康有序发展。 提高竞争执法水平。加强平台经济、科技创新、信息安全、民生保障等重点领域反垄断和反不正当竞争执法,防止资本无序扩张。 引导平台经济有序竞争。完善平台经济相关市场界定、市场支配地位认定等分析框架	国务院
《国家发展改革委等部门关于推动平台经济规范健康持续发展的若干意见》	2021年12月24日	适应平台经济发展规律,建立健全规则制度,优化平台经济发展环境。进一步推动平台经济规范健康持续发展	国家发展改革委等部门
《国务院关于加强数字政府建设的指导意见》	2022年6月6日	强化以网管网,加强平台经济等重点领域监管执法,全面提升对新技术、新产业、新业态、新模式的监管能力	国务院
《最高人民法院关于为加快建设全国统一大市场提供司法服务和保障的意见》	2022年7月14日	加强对平台企业垄断的司法规制,及时制止利用数据、算法、技术手段等方式排除、限制竞争行为,依法严惩强制"二选一"、大数据杀熟、低价倾销、强制搭售等破坏公平竞争、扰乱市场秩序行为,防止平台垄断和资本无序扩张	最高人民法院
《中华人民共和国反垄断法(2022年修订版)》	2022年6月24日	经营者不得利用数据和算法、技术、资本优势以及平台规则等从事本法禁止的垄断行为	全国人民代表大会常务委员会
《国务院关于数字经济发展情况的报告》	2022年10月28日	支持和引导平台经济规范健康持续发展,完成平台经济专项整改,实施常态化监管,集中推出一批"绿灯"投资案例。 适应数字经济发展的规则制度体系有待健全,数据要素基础制度体系尚在建设,既能激发活力又能保障安全的平台经济治理体系需要完善,与相关法律法规配套的各类实施细则亟待出台,数字经济国际治理参与度需进一步提升。跨部门协同、多方参与的治理机制还需完善,治理能力仍需持续提高	国务院

续表

重要规范文件	时间	内容	牵头部门
《中共中央 国务院关于构建数据基础制度更好发挥数据要素作用的意见》	2022年12月2日	发挥国有企业带头作用,引导行业龙头企业、互联网平台企业发挥带动作用,促进与中小微企业双向公平授权,共同合理使用数据,赋能中小微企业数字化转型	中共中央、国务院
《最高人民法院关于为促进消费提供司法服务和保障的意见》	2022年12月27日	保障平台经济健康有序发展。把握好平台经济发展中的"红绿灯",稳定发展预期,激发投资活力,助力构建电子商务平台经营者、平台内经营者、消费者等各方权益均得到有效保护、各方积极性均得到充分激发的平台发展环境,让资本在促消费、稳增长、惠民生方面发挥更大更好的作用	最高人民法院
《国务院办公厅转发国家发展改革委关于恢复和扩大消费措施的通知》	2023年7月28日	推动平台经济规范健康持续发展,持续推动创新突破,开辟更多新领域新赛道,进一步完善相关领域服务标准	国务院办公厅、国家发展改革委
《国家发展改革委等部门关于实施促进民营经济发展近期若干举措的通知》	2023年7月28日	推动平台经济健康发展,持续推出平台企业"绿灯"投资案例。(责任单位:国家发展改革委、工业和信息部、商务部、市场监管总局、中国人民银行)	国家发展改革委、工业和信息化部、财政部、科技部、中国人民银行、税务总局、市场监管总局、金融监管总局

　　自2019年起,国家已经制定出台了一系列法律法规和政策措施,以促进平台经济规范健康持续发展,实现平台经济常态化监管,旨在保护市场公平竞争,维护消费者利益和社会公共利益,相关政策措施体现了国家对平台经济的高度重视和积极支持。

表 1-2 规范支持平台经济发展的重要会议

重要会议	时间	内容	牵头部门
2020 年中央经济工作会议	2020 年 12 月 16—18 日	提出强化反垄断和防止资本无序扩张	中共中央政治局
2021 年中央经济工作会议	2021 年 12 月 8—10 日	提出要为资本设置"红绿灯",依法加强对资本的有效监管,防止资本野蛮生长	中共中央政治局
国务院金融稳定发展委员会专题会议	2022 年 3 月 16 日	通过规范、透明、可预期的监管,稳妥推进并尽快完成大型平台公司整改工作,红灯、绿灯都要设置好,促进平台经济平稳健康发展	国务院
中共中央政治局会议	2022 年 4 月 29 日	要促进平台经济健康发展,完成平台经济专项整改,实施常态化监管,出台支持平台经济规范健康发展的具体措施	中共中央政治局
国务院常务会议	2022 年 5 月 5 日	指出尽快出台支持平台经济规范健康发展的具体措施	国务院
"推动数字经济持续健康发展"专题协商会	2022 年 5 月 17 日	要支持平台经济、民营经济持续健康发展,研究支持平台经济规范健康发展具体措施,鼓励平台企业参与国家重大科技创新项目	全国政协
中共中央政治局会议	2022 年 7 月 28 日	完成平台经济专项整改,对平台经济实施常态化监管,集中推出一批"绿灯"投资案例	中共中央政治局
2022 年中央经济工作会议	2022 年 12 月 15—16 日	支持平台企业在引领发展、创造就业、国际竞争中大显身手	中共中央政治局

与此同时,自 2020 年年底起,中央还召开了一系列重要工作会议,释放出国家支持平台经济规范健康发展的强烈意志和积极信号,对今后平台经济持续向好发展塑造了积极利好的基本面,为平台企业提供了良好的政策环境和发展机遇。

平台经济领域监管目的在于为平台经济规范健康持续发展提供市场化、法治化、国际化营商环境,以及为消费者合法权益提供有力保障;也是为了防止资本借由平台垄断地位及其跨界传导限制竞争,致使公平自由的市场竞争秩序受到威胁。需要在监管和发展之间寻找平衡点,实现动态包容审慎监管,建立长效监管机制,形成监管与发展的良性互动。

　　回溯了平台经济领域监管脉络，能够看出在下一步支持平台经济发展的工作中须着力提升常态化监管水平，加强和改进平台经济反垄断监管执法，明晰监管与执法的目的与主线，支持平台经济发展，以此促进数字经济高质量发展。为此，应坚持分类分级监管，以数据和算法、技术、资本优势以及平台规则等要素为抓手，统筹好安全与发展的关系，充分发挥数字经济在推动经济发展、助力技术进步、稳定社会就业中的作用。

第二章　平台经济公平竞争的法治维度

　　法治是市场经济健康运行的基础,对于平台经济而言,更是确保其公平竞争、防止市场失灵的关键所在。平台经济的快速发展也伴随着一系列公平竞争问题,如市场垄断、数据滥用、算法歧视等,这些问题不仅损害了消费者权益,也阻碍了市场经济的健康发展。因此,从法治出发,构建和维护平台公平竞争的法律框架,成为当前亟待解决的重要课题。应深入探讨平台公平竞争的法治维度,通过分析现有法律体系对平台竞争行为的规制现状,提出完善平台公平竞争法律环境的建议。

第一节　强化竞争政策基础地位的落实与推进

　　公平自由的竞争是现代市场经济运行的基本特征之一,也是社会主义市场经济的应有之义,更是彰显中国特色社会主义法治经济的关键要旨,其中,竞争政策作为指引和规范竞争行为的基本制度指南和主要实践工具,始终与建立和发展社会主义市场经济相生相伴、同步同频。从广义上来讲,竞争政策是指保护和促进市场竞争的法律、政策、规章、制度等的总和。纵观我国社会主义市场经济的发展历程,从改革开放之初到现阶段全面深化市场经济体制机制改革,市场在资源配置中的作用越来越凸显,竞争意识、竞争观念、竞争制度、竞争规范、竞争法治等一系列体现且作用于竞争政策建立与完善的要素都不断得以充盈和完备。特别是自 2013 年 11 月党的十八届三中全会明确提出完善竞争政策的顶层设计以来,社会各界对公平自由竞争的认知和实践达到了前所未有的高度,竞争政策的制定、推进及落实成为"使市场在资源配置中起决定性作用和更好发挥政府作用"的聚焦点和着力点。基此，从新时代我国经济高质量发展的现实需求和客观基础出发，从顶层设计和底层建设两方面，充分发挥公平竞争审查制度与反垄断、反不正当竞争执法两大制度工具的作用，有效落实和强化竞争政策基础地位已成为时代任务。

一、落实和推进竞争政策基础地位的重要性与必要性

党的二十届三中全会明确了进一步全面深化改革的总目标，坚持推进经济高质量发展，营造法治化的市场营商环境是关键要义。以强化竞争政策的基础地位为抓手，推进国家在经济领域治理体系和治理能力的现代化成为党和国家当前和未来工作的重中之重。

（一）继续深化供给侧结构性改革需要强化竞争政策基础地位

第一，落实和强化竞争政策基础地位与深化供给侧结构性改革具有目的上的一致性。落实和强化竞争政策基础地位的目的在于规范市场主体参与公平自由竞争，保障市场经济高质量增长，提升社会整体福利。当前，继续深化供给侧结构性改革旨在科学合理调整经济产业结构，实现各类经济要素的配置优化，整体上提高经济增长的质量和总量。为此，亟须改善供需结构，寻求经济发展新动力的途径。在实现动态供需平衡的市场化运营过程中，必须充分发挥市场调节的力量，通过竞争实现优胜劣汰加强竞争。简言之，落实和强化竞争政策基础地位是为了更高效、更科学地建立现代市场经济体制，继续深化供给侧结构性改革，亦是为了实现市场在资源配置中的决定性作用和更好发挥政府作用，两者在目的上具有高度一致性。

第二，强化竞争政策基础地位与继续深化供给侧结构性改革具有实现进路上的统合性。深化供给侧结构性改革需要处理好政府与市场之间的关系，这也是落实和推进竞争政策基础地位需要关注的重点。建立公平自由和开放透明的市场竞争规则体系，主要包括但不限于各项关乎市场经济运行的法律法规及其他规范性文件，还涉及市场竞争观念、市场竞争机制、市场竞争实施等涵盖市场经济认知和实践的全方位、立体化的软硬件市场竞争要素，甚至涉及产业政策、消费政策等经济政策中与建立和完善现代化市场经济秩序相关的政策内容和规范体系。简言之，强化竞争政策基础地位就是要实现国家治

理体系和治理能力在市场经济领域中的现代化和法治化,这与当下和未来持续深化供给侧结构性改革的重点高度契合,其实现进路都落脚于处理好市场与政府在资源配置中的关系。

落实和推进竞争政策基础地位有利于充分发挥市场在资源配置中的决定性作用,预防、规制及救济政府和市场的失灵,促进法治化营商环境的建立,把政府主要精力解放出来,用于解决市场"管不了"和"管不好"的事情,更有效地推动供给侧结构性改革。

（二）加快建设创新型国家需要强化竞争政策基础地位

自党的十八届三中全会以来,全面深化改革成为实现中华民族伟大复兴目标的着力点,其中,创新构成了全面深化改革的核心动力。在党的十九届四中全会通过的《中共中央关于坚持和完善中国特色社会主义制度　推进国家治理体系和治理能力现代化若干重大问题的决定》中,着重强调了完善科技创新体制机制的重要性,把建设创新型国家的时代任务提升到战略高度。在党的二十届三中全会通过的《中共中央关于进一步全面深化改革　推进中国式现代化的决定》中,也强调要坚持守正创新。当下,必须清醒地认识到单纯依靠引进外来技术提升产业附加值的空间变得越来越小的劣势,尽快突破在关键核心技术上的自主创新,尤其是在新一轮科技革命和产业变革蓬勃兴起之际,科技创新能力成为国家间综合国力竞争的关键要素甚至是决胜力量。可以说,谁抢占了科技竞争的制高点,谁就赢得了未来世界发展的主导权。

当前,虽然我国在互联网、物联网以及数字数据技术的商用和民用领域取得了一定的成绩,但是,由于拥有独立自主知识产权的核心技术的总量和质量仍然不高,致使我国在关键领域核心技术的使用和创新上依然受发达国家先进技术的限制,因此,加快和提升我国具有国际领先水平的原创技术的研发就显得格外重要。

然而,现实中我国市场上以"企业为主体、市场为导向"的创新机制在一定程度上并未完全通畅起来,大中小企业及其他主体的创新能力在很大程度上受整体市场营商环境的影响。譬如,某些属于长期自然垄断或政府特许准入的,存在于管制性行业的企业不愿创新,创新动能不足,同时,也有一些期待积极创新的企业因资源利用的瓶颈而无法创新，即缺乏压力动力，缺少创新支持。市场竞争的优势主要通过创新来实现，因此，在当前情势下有必要利用公平竞争、充分竞争、有效竞争，倒逼市场主体积极主动改革创新。这就需要不断强化竞争政策基础地位，引导市场主体公平自由参与市场竞争，让资源流向创新能力更强、生产力更优、生产效率更高的企业，促使市场经济发展越来越开放。

（三）科学构筑法治化市场竞争秩序需强化竞争政策基础地位

竞争并不能有效地自我维持恒久运行，会因竞争过程的相互角逐和竞争结果的优胜劣汰而产生"马太效应"，最终可能导致竞争的消亡。[1] 故此，制定和实施竞争政策的核心是维护竞争，保障市场经济公平自由的竞争秩序，其本质是对市场缺陷的必要修复，以使竞争规则有效发挥市场调节作用。

在传统经济领域，诸如电力、石油、燃气、热力等行业以及其他公共商品和服务的供给上长期处于自然垄断和行政垄断相交织的状态。垄断对经济效率带来的负面影响，不仅会降低资源配置的效率，还会降低垄断企业运用资源的效率。基于此，自党的十八届三中全会以来，简政放权，建立负面清单、权力清单及责任清单成为各级党委和政府的工作重心。[2] 在这一过程中，防治垄断，特别是破除行政垄断，成为改革的重点。

近年来，随着互联网新经济业态的不断涌现和快速演进，共享经济、平台经济等得到了飞速发展，市场竞争行为失范的现象有所增加，加上数字数据技术及其商业模式极具复杂性和隐蔽性，给市场监管带来严峻挑战，致使某些行为愈演愈烈，引发广大消费者用户及商家用户的强烈不满，涉嫌严重扰乱正常的市场竞争秩序，破坏市场竞争法治。

面对这些问题，迫切需要提升竞争政策的基础地位和关键作用，从上至下努力营造充分竞争的发展环境、公平竞争的政策环境、有序竞争的市场环境，促进市场经济健康发展。"竞争政策源于对市场机制的依循，对个体自由、私

---

[1] 金善明：《〈反垄断法〉文本的优化及其路径选择——以〈反垄断法〉修订为背景》，《法商研究》2019年第2期。

[2] 陈兵：《简政放权下政府管制改革的法治进路——以实行负面清单模式为突破口》，《法学》2016年第2期。

权保障、意思自治等基础法治原则的尊重和对公权力的警惕与约束,受制度内在驱动力所致,市场经济和现代法治也就顺理成章成为竞争政策制度运行体系化、成熟化的自然状态。"①故此,必须依托竞争政策基础性地位的落实和实施鼓励并保护以法治为核心的公平竞争的市场环境,促进国家经济高质量健康发展。

二、落实与推进竞争政策基础地位的总体安排

《中共中央关于坚持和完善中国特色社会主义制度　推进国家治理体系和治理能力现代化若干重大问题的决定》着重强调"强化竞争政策基础地位,落实公平竞争审查制度,加强和改进反垄断和反不正当竞争执法",其目的和目标是为了坚持和完善中国特色社会主义制度、推进国家治理体系和治理能力现代化。具体到经济改革和治理领域,主要表现在实现市场公平自由竞争,凸显法治化、科学化的市场竞争秩序和制度的价值与作用。为此,落实和推进强化竞争政策基础地位成为当下和未来国家治理体系和治理能力现代化的应有之义,必须做好强化竞争政策基础地位的定位、定向及定则的总体安排。

（一）以加快建设现代化经济体系为强化竞争政策基础地位定位

梳理党的十八届三中全会到党的二十届三中全会的主要政策文件,可以看到一直被提及的关键点就是强调如何处理好市场和政府的关系。诚如有学者明确提及,竞争政策的制定和实施是连接"市场在配置资源中起决定性作用"和"更好发挥政府作用"的纽带。② 进言之,强化竞争政策基础地位有利于处理市场与政府之间的关系,有利于加快建设现代化经济体系和提高治理能力。

法治是释放市场机制动能、焕发市场主体活力、激活市场要素配置、检验市场行为正当性的重要制度设计和实践方法,并由此确立了"社会主义市场经济本质上是法治经济"的基本定位。市场发展的经验表明,只有法治化的

---

① 孙晋:《新时代确立竞争政策基础性地位的现实意义及其法律实现——兼议〈反垄断法〉的修改》,《政法论坛》2019 年第 2 期。

② 徐士英:《竞争政策视野下行政性垄断行为规制路径新探》,《华东政法大学学报》2015 年第 4 期。

市场环境，才能使竞争政策及机制的效用最优。然而，市场经济作为竞争经济，其本身并不具备维护市场公平自由竞争的内在机理，恰恰相反，处于竞争压力下的经营者为了摆脱竞争，总是想通过联合或其他外部行为的方式谋取垄断地位，以达到限制、排除竞争或不正当竞争的目的。故此，只有维护和实现公平自由的市场竞争，落实和强化竞争政策基础地位的时代任务，才能打造良好的法治化营商环境，实现供给和需求在新经济场景下的动态均衡。

（二）以营造创新竞争的法治化营商环境为强化竞争政策基础地位定向

数字时代悄然而至，信息通信技术和数字数据技术的广泛适用对市场主体间传统的生产、经营及消费关系产生了颠覆性的影响。特别是5G的正式上线和人工智能算法的广泛使用，为数据的高速传输和深度挖掘提供了核心基础设施和关键计算方法，极大推进了市场的数字数据化发展和数字数据的市场化进程。当前，基于数据收集、分析、加工、分享等与数据相关行为而产生的数据权属确认和数据权益分配问题，尚未有明确的法律规范，呈现相关制度供给不足和实施乏力的弊端。如何营造数字场景下利于创新激励和公平竞争的法治化营商环境，成为当下亟待回应的问题。

当前我国经济发展从高速增长转入中高速增长，改革模式从帕累托改进转向卡尔多—希克斯改进①，经济利益的分配机制发生了重大变化，降低各类制度性和非制度性市场交易成本，构建和完善全国统一的法治化市场营商环境成为现实需求。从长远发展和对未来市场竞争的研判，全球经济发展越来越依赖于创新，现代科技的发展实现了"加法效应"到"乘法效应"的跃升，科技越创新，市场越发展，竞争越充分，对国家经济社会发展的贡献就越大。

然而，从当前市场的即期效果来看，对创新保护的绝对化甚至是过度化，容易引发滥用创新机制，导致对市场公平自由开放竞争秩序的扭曲甚或破坏。在激励和保护创新的同时，亦不能忽视甚至无视公平自由的市场竞争秩序，实现创新与竞争之间的动态平衡。譬如，当前全球主要国家和地区已对某些知

---

① 杨茂林：《从帕累托改进到卡尔多改进谈起》，《前进》2014年第1期。

识产权巨头公司、超级平台企业展开反垄断调查。故此,在落实和强化竞争政策基础地位的基本方向的选择和确定上,需以法治为基本框架,协同创新与竞争的动态平衡,以推动国家治理体系和治理能力在市场经济领域的现代化建设。

（三）以事前审查与事中事后监管相结合为强化竞争政策基础地位定则

强化竞争政策基础地位的提出,源自党中央和国务院对当前国内外经济运行态势的准确研判,从顶层设计和顶层推动的层面为落实与推进强化竞争政策基础地位指明了前进方向。《中共中央关于坚持和完善中国特色社会主义制度　推进国家治理体系和治理能力现代化若干重大问题的决定》中提出"落实公平竞争审查制度,加强和改进反垄断和反不正当竞争执法"。具体而言,主要体现在以下两方面。

一是以公平竞争审查作为事前预防和矫正措施,助力简政放权,降低各类不合理的制度性交易成本,为全面深化经济体制机制改革松绑解缚,破除制约市场要素合理流动和有效配置的各类障碍,从源头上防范反竞争行为和危害,特别是防治行政主体及其授权的社会公共组织以行政行为或准行政行为破坏市场机制的乱象。[1] 故此,建立和推动公平竞争审查制度,营造公平自由开放的市场竞争环境,实现各类市场主体依法平等准入,充分调动各类市场主体的积极性和创造性,为落实和推进竞争政策基础地位打下坚实基础。

二是以反垄断和反不正当竞争执法强化事中事后市场监管的力度与效度。当前,由于新兴经济业态的出现,特别是数字数据科技引发的新型商业模式,为现有市场监管制度与方式带来诸多挑战,引发了不少现实的或潜在的监管风险和危害。故此,应从市场经济运行规律出发,做好动态监管,形成监管合力,提升监管效能。在推进简政放权的同时,平衡好"放"与"管"的比例,科学合理做好事前审慎监管与事中事后精准监管的衔接,为强化竞争政策基础地位设置基本的实施原则和适度的行动守则。

---

① 孙晋:《国际金融危机之应对与欧盟竞争政策——兼论后危机时代我国竞争政策和产业政策的冲突与协调》,《法学评论》2011 年第 1 期。

三、落实与推进竞争政策基础地位的具体方案

当前我国经济社会运行正处在历史发展的重大机遇期和关键转型期,党的十九届四中全会的胜利召开起到了关键性和历史性的作用,不仅从宏观层面进行了顶层设计,而且从中观和微观维度细化了具体实施方案。尤其是在落实与强化竞争政策基础地位的战略部署中,明确了具体制度工具和实施方法,细化了实施目标和行动方向。

(一) 推进公平竞争审查制度与竞争法的协同实施

从党的十九届四中全会公报中可以清晰地看到,强化竞争政策基础地位的两条进路,就在于"推进公平竞争审查制度"与"加强和改进反垄断和反不正当竞争执法",两者有机协同,共同构筑社会主义市场经济竞争政策基础地位强化的施行进路。

强化竞争政策在社会主义市场经济体制建设中的基础地位和核心价值,就在于为市场在资源配置中的决定性作用的发挥搭建平台,同时防止和纠正其他政策导致的资源错配或激励失当问题。一般来说,竞争政策既体现在立法原意中,也体现在法律执行中。申言之,落实和推进强化竞争政策基础地位大致可以体现在两方面:一方面,规范和审查有关市场经济发展的相关法律法规及政策文件的制定;另一方面,监管和治理有关限制、排除竞争和不正当竞争行为的实施,两者构成贯彻和强化竞争政策的根本主旨和基础作用。

当前,在我国加快完善社会主义市场经济体制的改革进程中,公平竞争审查制度与反垄断和反不正当竞争执法被提到了新时代市场经济改革和建设中从未有过的历史高度,成为继续深化供给侧结构性改革和营造创新竞争的法治化营商环境的关键抓手。

自2018年3月国家机构调整方案出台后,新组建的国家市场监督管理总局积极响应,认真作为,通过"三定方案"成立了专司反垄断和反不正当竞争执法的机构,前者由国家市场监督管理总局反垄断局负责,后者由国家市场监督管理总局价格监督检查和反不正当竞争局负责。2019年1月,国家市场监督管理总局正式授权地方竞争执法机构概括性执法权,同年6月,又公布了《禁止垄断协议暂行规定》《禁止滥用市场支配地位行为暂行规定》《制止滥用行政权力排除、限制竞争行为暂行规定》等规定,并就"双11"网络集中促销期

间市场监管问题,召开了多部门联合参加的现场办公会,加大了市场监管的力度与强度,从组织机构到制度建设以及相关竞争执法层面都展开了富有成效的工作,为进一步科学加强事中事后竞争执法工作的展开,提供了坚实保障和可行路径。

客观上来讲,无论是公平竞争审查制度的落地落实,还是市场竞争过程中的反垄断与反不正当竞争执法,都是为了预防和制止妨碍、限制、排除竞争及其他不公平不正当竞争行为,只是两者的启动时机和具体施行方式有所区别,由此引发了两者所调整和规范的主体和对象不尽相同。正是因为这种差异性,形成了两者之间的互补,并体现为彼此间的一种不可替代性,使两者能够紧密结合形成一个有机体。可以认为,公平竞争审查制度作为全面深化社会主义市场经济体制机制改革的一项重要举措,是我国确立竞争政策基础地位这一战略部署的逻辑延续,其侧重事前预防,将各类主体制定的涉及市场经济活动的政策文件都纳入竞争审查范围,解决好公平准入和自由竞争的前提性问题。反垄断和反不正当竞争执法则侧重于加强事中事后监管,通过保护竞争过程和维护竞争秩序来实现和发挥竞争政策基础地位在社会主义市场经济体制现代化建设和完善中的价值和作用,注重市场主体参与市场竞争环节中的各个具体行为的实时监管,与公平竞争审查制度一同构筑了落实与强化竞争政策基础地位的全周期、全链条、一体化实施架构。

(二)　建立与施行事前审查与事中事后监管相融合的全周期竞争评估机制

如前所述,公平竞争审查制度的落实落地与反垄断和反不正当竞争执法之间具有互补性和不可替代性。客观上来讲,特别是从我国社会主义市场经济体制改革和发展的历程来看,两者之间较好地分配了各自承担的"竞争预防、竞争推进、竞争监管及竞争矫正"的任务,有利于在现实环境下尽快搭建对市场经济活动和经济秩序的全周期竞争评估机制。这不仅是从竞争政策、制度及规范上提供了完整的文本供给,更是从市场经济运行规律出发,将市场作为一个有机的整体,注重动态的竞争评估机制的构建与实施,更加贴近市场经济的本质。如果说竞争政策、制度及规范的供给倾向于市场经济的静态描述,那么事前审查与事中事后监管则更倾向于市场活动的动态回应。换言之,在强化竞争政策基础地位的过程中,不仅需要构建科学可行的制度供给和实施机制,而且更需要构筑符合市场经济运行规律的动态性和立体性的竞争评估机制,切实有效地把制度优势付诸实践环节。为此,需要设计和整合以公平竞争审查为主体的事前审查机制与以反垄断和反不正当竞争执法为主要内容的事中事后监管机制,打造事前审查与事中事后监管一体化立体性的竞争评估贯通机制。

为了顺利达成构建这一竞争评估贯通机制的目的,首先,必须清楚了解公平竞争审查制度作为主要的竞争评估事前审查机制的基本内涵与实施方式;其次,沟通从事前审查到事中事后监管的一致性与贯通性;最后,以落实和强化竞争政策基础地位为纲,统合公平竞争审查制度实施与反垄断和反不正当竞争执法,打造市场经济全周期场景下的全链条的动态性和立体性竞争评估机制。

在我国,公平竞争审查制度是政策制定部门或者竞争执法机构通过分析、评价拟制定中的或现行的公共政策可能或已经产生的竞争影响,提出不妨碍政策目标实现而对市场竞争损害最小的替代方案的制度①,其采取的是以事前审查(增量审查)与事后审查(存量审查)相结合,侧重事前审查的方式,目前主要以事前自审为主。在实施范围与施行方式上,公平竞争审查制度在很大程度上实现了现行竞争法制实施的有效拓展。公平竞争审查制度本质上是一种价值和利益权衡,是对经济政策体系内部不同政策目标进行比较,然后以竞争价值和利益为优先考虑,强调其他政策的制定与实施应服从竞争价值的要求。② 具体来说,凡新出台的法律法规及相关经济政策,就必须经过公平竞争审查,经审查认为不具有排除、限制竞争效果的,方可实施。审查结果应及时向社会公布,尽快清理和废除不必要的、由行政部门制定的、明令授权特定企业以特许经营权的文件,清理现有产业补贴或扶持项目,并将保留的优惠扶持政策透明化。同时,"建立针对公平竞争审查制度本身的回顾性纠正机制,灵活、及时完善公平竞争审查制度。落实和推进公平竞争审查制度,有助于厘

---

① 孟雁北:《论我国反垄断法在管制行业实施的特征》,《天津法学》2019 年第 3 期。
② 焦海涛:《公平竞争审查制度的实施激励》,《河北法学》2019 年第 10 期。

清政府与市场的关系,使两者在资源配置方面各司其职,推动政府和市场主体各自承担维护市场机制健康运行、保障公平竞争的职责和义务"①。

在落实公平竞争审查制度的同时,加上《国务院关于加强和规范事中事后监管的指导意见》(以下简称《指导意见》)的内容,两者相结合为沟通公平竞争审查制度作为事前审查与事中事后监管机制之间的贯通性体系安排奠定了权威、可靠的政策基础。同时,也可以清晰地看到,《指导意见》本身亦构成了落实和强化竞争政策基础地位的重要政策文件,成为新时代我国社会主义市场经济竞争政策的必要组成部分。在该《指导意见》中,反垄断和反不正当竞争执法作为市场经济发展中最重要和最具代表性的事中事后监管行为,其意义不言而喻,同公平竞争审查制度一道共同构成了"事前+事中事后"的全周期贯通式的社会主义市场经济竞争评估机制,进而科学合理、有力有效地落实与强化竞争政策基础地位。

(三) 搭建和优化与竞争评估机制实施相协同的政策制度运行环境

当前,我国正处在全面深化体制机制改革的攻坚期,特别是在市场经济领域,进行了大刀阔斧的改革,在取得不错成绩的同时,也面临着十分严峻的挑战。故此,在改革的过程中,具体到落实和强化竞争政策基础地位上,还必须将现实的市场竞争评估机制的建立和施行放置于当下国内外全局中予以考量,从整体上和系统上搭建和优化与竞争评估机制实施相协同的运行环境,尽可能弱化阻力,强化助力。具体而言,可考虑从以下几方面展开。

继续深化简政放权政策要求,科学实施负面清单管理制度。以负面清单管理制度的实施为切入点,深入推动我国政府管理体制改革,以市场准入审批制的改革为牵引,倒逼市场监管机构在市场运行环节强化事中事后监管等方面的管制模式和方法的升级与创新,构建科学化、法治化、制度化及规范化的市场监管系统。在这一系统工程建设过程中,放松管制是手段,优化管制是目标,"放管平衡"是关键,应警惕由于一段时期内强调放松管制,而导致管制脱序风险和危害的发生,避免"一放就乱",同时亦避免"一管就死"的现象。

---

① 张守文:《公平竞争审查制度的经济法解析》,《政治与法律》2017 年第 11 期。

建立竞争政策与产业政策协调机制,在破除行政垄断的同时,持续推进产业改革,支持优势产业做优做强。平衡竞争政策同其他经济政策,特别是产业政策之间的关系,是有效落实和推进竞争政策基础地位的关键之举。现阶段,在转变政府监管惯性行为对产业政策过度依赖的同时,也要考虑与产业政策制定和推进部门之间的充分沟通和有效协商。在落实和推进竞争政策基础地位,设置竞争政策评估制度、竞争政策实施巡视制度、竞争实施约谈制度等竞争政策系统推进制度的同时,也应定期组织召开竞争政策与产业政策制定协商的联席会议,建立联席协商制度,从激励和保障产业创新与市场竞争相融合的角度,做好竞争"加法"与产业"减法"的时代算法。特别是在面临全球激烈竞争的大背景下,对"竞争中性"的理解和实施应更多出于对本国整体经济实力增进的考量,竞争的国家性和民族性应与产业的国家性和民族性相一致、相融通。

协同中央与地方对竞争政策基础地位落实和强化的联动机制,在顶层设计与顶层推动的支持和要求下,做好竞争政策基础地位在地方层面的落地落实。改革地方政府政绩考核标准,将竞争政策基础地位的落实纳入地方政府绩效评估系统中,激励并要求地方层面对公平竞争审查制度与反垄断和反不正当竞争执法予以主动推进,就地方层面由于强化竞争政策基础地位可能造成的临时性经济增速下降,地方财政收支减少,给予一定比例的合理支持,共同负担地方竞争政策应用的现实成本。同时,对竞争政策基础地位落实和强化富有成效的地方,应给予及时有效的奖励,对懈怠的地方也应及时进行督查和通报。在这一联动过程中,适时引入第三方专业机构或(和)社会组织参与评估或(和)听证,建议将其评估结果及时反馈并公开其评估或(和)听证程序。

在新时代新形势下,落实和强化竞争政策基础地位被提升至前所未有的战略发展高度,必须着力解决好以下主要问题。首先,明确强化竞争政策基础地位的重要性与必要性,将其放置于国家当前和下一阶段发展战略重点的高度予以解读和推进;其次,找准落实和强化竞争政策基础地位的时代定位、行动定向及实施定则,并以法治化、制度化及规范化为纲,设置具体实施方案;最后,从公平竞争审查制度与反垄断和反不正当竞争执法两大制度工具相协同和融合的维度,丰富和扩展竞争政策基础地位的内涵与外延,构筑市场自治优先、政府监管有限、社会监督有力的市场经济共治格局,建立市场机制有效、政府监管有度、市场主体有活力的社会主义市场经济体制运行路向,将强化竞争政策基础地位工作落实落地,切实有效推进国家治理体系和治理能力在市场经济领域的现代化建设与完善。

第二节　反垄断法在平台经济发展中的应用

平台经济并非一种全新的商业模式,它在诸多熟悉的产业,如信用卡、购物中心、媒体广告、电力与通信等行业中,一直扮演着重要角色。它是一个现实或虚拟的空间,能够促成双方或多方客户之间的交易。近年来,"互联网+"行动计划的推动,使得信息通信技术和数字数据技术得以大量商用和广泛民用,将平台经济的发展推向了新的高潮。互联网让平台摆脱了物理条件的束缚,借助大数据、算法等新兴技术迅速发展。

当前,依托互联网、物联网及大数据技术和设施的各类平台,在全球主要国家和地区的发展已呈现高度聚集化。在互联网场景下,平台经济体,或称多边平台(Multi-side Platform),已初见端倪。这类平台聚合体(Platform Group)通过线上线下要素和资源的积聚,依凭数字数据技术和商业模式创新,自成生态竞争系统(Eco-competition System)。它们收集、整理、分析及运营用户海量数据,反哺自身发展,实现同行业与跨行业的联合或集中控制,以增强和巩固其市场力量。这些多边平台具有多边整体性、系统生态性、超算智能性等特征。

平台中心组织的运营规模和经济体量相对较小,呈现高度聚合样态。基于动态竞争的特征,其经营活动辐射面宽广,体现出去结构化与强组织化叠加的特点。这类平台使社会资源得以重新分配,弱化"科层化"和"集中化",但随着超级平台的逐渐成形,各类资源又呈现出更甚于以往的聚集,"强中心化"发展趋势已显现。

建立在数据流、资金流、物流等基础上的平台经济,呈现出有形与无形的双重特点。其经济体量、市场影响力及行为控制力始终处于浮动状态,所涉及的市场边界模糊,表现出强烈的动态竞争特质。这赋予了平台经营者不同于其他经营者的竞争优势,同时也使互联网市场竞争越发集中。这种过于集中的市场力量,无形中加剧了滥用市场支配地位的风险,极易放大"赢者通吃"的互联网竞争态势。若不加以适当监管,这种动态竞争状态可能会逐渐演变为一种僵化的市场结构,导致市场竞争机制受阻,创新活力被抑制,消费者利益受损。

更甚者,当前全球主要超级平台已突破虚拟网络界限,将触角延伸至实体经济领域。互联网场景下的混业跨界经营已成常态。2019年2月6日,德国联邦卡特尔局(FCO)对F公司滥用行为的裁定,在很大程度上是对现行反垄断规制理念及实施机制适用于超级平台时可能遇到问题的一次创新尝试,但尚未彻底回答超级平台给反垄断规制体系及实施带来的挑战。鉴于此,有必要结合我国现实需求,尽快建立包容审慎、适宜激励和规范超级平台发展的分级分类开放型生态竞争法治系统。

一、中国平台经济反垄断法规制研究亟待补强

从平台经营者整体营收规模及在互联网市场上的持续优势地位存续的时间观察,平台经济在我国已基本成形,市场格局和竞争形态渐趋固化。然而,现行国内法律规范最接近规范平台经济的法律仅有2019年1月1日起施行的《电子商务法》,其中规定的电子商务平台经营者的相关权利义务主要集中在"信息的收集管理、平台的服务协议和交易规则制定,知识产权保护、责任承担以及证据采集"等方面,可见该法重点规范的是基于平台而展开的各项活动,平台本身不是其重点规范对象,更未在市场竞争秩序层面作出规定。所以说,虽然该法涉及对现行反不正当竞争法和反垄断法规制内容的补充规制,甚至是出现了独立施行竞争规制的倾向,但是其总体定位仍属于商事法,更多遵循的是从行为到法益的私权逻辑,对于平台的准公共属性及由此可能引发的对创新、安全等社会公共利益的风险和危害,无法发挥反垄断法作为兼具公私法特征的具有社会法属性的、可提供及时有效的预防性和整体性规制的作用。

所以,调整平台经营者(特别是超级平台经营者)的竞争活动仍需依靠

《反垄断法》和《反不正当竞争法》。但是,平台经济的诸多特征决定了传统分析方法具有局限性,现行竞争法理路表现出对平台经济规制的乏力和无奈,亟须探索和创设新的应对方案。

整理近十年来我国学者公开发表的与规制平台经济或双(多)边市场垄断相关的主要文献可以发现,关注点相对分散化,尚未能将平台经济体视作整体来展开系统的规制研究。在既有的研究中,平台经济或双(多)边市场上的相关市场界定一直是关注焦点。2009 年"人人诉 B 公司案"拉开了互联网领域的反垄断大幕,双边市场下相关市场界定问题进入人们视野。有学者从剖析平台的特征入手,指出平台具有间接网络效应,平台各端的互补依赖性产生了交叉网络外部性,故在涉及平台经济相关市场界定时要充分考虑平台双边或多边市场联动的特殊性。① 特别是 2013 年的"3Q 案",由于部分学者对法院两审判决均持意见,再次引发对平台经济相关市场界定问题持续深入的讨论。学者们意识到传统的需求替代分析方法和供给替代分析方法已无法充分反映双边或多边市场的特点,应该拓展相关市场界定的新思路。例如,有学者认为,应先确定平台的盈利模式,从利润来源的角度界定相关市场;② 有学者主张,应以产品界定为出发点,依据供给特征选定独立产品作为相关市场界定的起点;③ 有学者认为,依据双边市场的特征,传统相关市场界定和市场份额分析方法存在局限性,需要正确对待可证明反竞争行为的直接证据。④ 也有学者坚持传统的分析方法依然适用,需求替代性分析仍可作为标准,只不过在双边市场情形下需要同时界定三个市场,需要考虑以网络效应、锁定效果形成的用户转移成本来替代传统分析思路中考察市场份额

---

① 赵莉莉:《反垄断法相关市场界定中的双边性理论适用的挑战和分化》,《中外法学》2018 年第 2 期。

② 蒋岩波:《互联网产业中相关市场界定的司法困境与出路——基于双边市场条件》,《法学家》2016 年第 6 期;孙晋、钟瑛嫦:《互联网平台型产业相关产品市场界定新解》,《现代法学》2015 年第 6 期。

③ 张江莉:《多边平台的产品市场界定——兼论搜索引擎的产品市场》,《竞争政策研究》2018 年第 1 期;张江莉:《论相关产品市场界定中的"产品界定"——多边平台反垄断案件的新难题》,《法学评论》2019 年第 1 期。

④ 宁立志、王少南:《双边市场条件下相关市场界定的困境和出路》,《政法丛论》2016 年第 6 期。

的方法。①

　　除此之外,围绕超级平台市场结构和商业模式也出现了如下热议。(1)重点关注价格垄断行为的讨论。其一,针对平台通常对用户端提供免费服务,存在掠夺性定价之嫌问题,普遍观点认为,平台不构成掠夺性定价,因其受到网络外部性制约,单边定价需参考另一端的经营情况,故两端市场的定价均不能反映边际成本。② 其二,对平台可能存在的价格垄断嫌疑进行讨论,比如电商平台对销售商设定转售价格维持的限制,或者对不同用户群采取差别待遇(如网约车平台或者旅行软件的定价"杀熟"等)。(2)针对平台经营者勒令销售商统一销售策略这种类似于行业协会决定性质的协同行为,当前我国反垄断法对平台经营者尚无有效回应。(3)滥用市场支配地位的行为可能以"二选一"的方式出现,比如,2018 年 D 公司外卖在无锡推出后,一些商家因在 D 公司外卖上线,而被 E 公司和 M 公司强制在自身平台下线;又如,J 公司与 T 公司在"双 11"电商促销期间的"二选一"之战,自 2013 年一直持续到 2017 年。③ (4)除平台本身外,作为平台发展的要素,如数据相关问题也需要得到重视④,数据(特别是大数据)在运行过程中也具有巨大的商业价值,部分地区已经出现了将数据作为商品直接交易的情形。近些年,以数据作为驱动力的经营者集中行为逐渐增加,数据聚集在带来规模效益的同时也产生了限制竞争的效果。⑤

　　在平台经济(特别是超级平台)反垄断法规制研究的不断推进中,有学者明确提出平台本身作为一个整体——既作为市场,又作为产品,平台经济体既作为平台市场的管理者,又作为平台产品的提供者——也存在诸多需要规制

　　① 许光耀:《互联网产业中双边市场情形下支配地位滥用行为的反垄断法调整——兼评奇虎诉腾讯案》,《法学评论》2018 年第 1 期。
　　② 黄勇、杨利华:《第三方支付平台企业掠夺性定价的反垄断法分析》,《河北法学》2016 年第 4 期。
　　③ 焦海涛:《"二选一"行为的反垄断法分析》,《财经法学》2018 年第 5 期。
　　④ 陈兵:《数字经济发展对市场监管的挑战与应对——以"与数据相关行为"为核心的讨论》,《东北大学学报(社会科学版)》2019 年第 4 期。
　　⑤ 曾雄:《数据垄断相关问题的反垄断法分析思路》,《竞争政策研究》2017 年第 6 期;韩春霖:《反垄断审查中数据聚集的竞争影响评估——以微软并购领英案为例》,《财经问题研究》2018 年第 6 期。

的问题。① 以网约车平台为例,平台与注册司机之间,包括平台自营模式下的注册司机与开放模式下的注册司机之间的关系如何厘清,给予不同类型的注册司机及广大用户公平自由的交易权利,形成公平、公开、透明的平台经济运营秩序等问题亟待回应。进言之,此时的平台既是网约车业务开展的线上市场,也构成了网约车业务运营的产品要素,如何区分平台滥用市场力限制注册司机最低服务价格行为,即实质上的单方面限定最低服务价格,与平台和注册司机之间共谋形成的最低服务价格之间的差异性,则是一个十分棘手的问题,其证据获取和违法性认定基准的厘清十分困难。

尽管当前我国以平台经济为核心的互联网经济发展走在了世界前列,但相关竞争法规制的理论研究却未能跟上实践的需求,目前的研究主要集中在相关市场界定、价格垄断行为等传统的基础问题上,尽管也有部分学者注意到平台的传导效应或辐射作用。但对超级平台是否需要反垄断法规制,即规制的正当性和必要性,以及如何规制,即规制的可行性与可操作性的基础理论研究和实践模式设计亟待理论深耕。

二、重读反垄断法的目标:从单一评价走向多元融合

以平台经济为核心的互联网经济在带来新经济高速增长和新科技快速创新的同时,其模糊传统竞争边界、呈现为大规模跨界动态竞争的态势也给反垄断法规制体系带来了新挑战。传统的反垄断法定位及价值目标正在受到质疑,互联网使得作为用户的消费者利益遭受更为直接的冲击,互联网场景下的消费者保护,尤其是消费者隐私(信息)保护问题引起了更多关注。同时,超级平台的虹吸效应显著,其发展所伴随的角色转变使平台从起初作为一种产品(或服务)兼具了产品与市场的两重属性,使平台经营者或提供者与经由平台进行交易的(其他)经营者逐渐演变为与之对立的竞争者,其他经营者对平台(特别是超级平台)产生了强烈的依附关系,导致了竞争能力被平台削弱或抑制的风险。

针对平台(特别是超级平台)垄断问题进行竞争立法或制定相关配套规

---

①　陈永伟:《平台经济的竞争与治理问题:挑战与思考》,《产业组织评论》2017 年第 3 期。

范时,理应回归反垄断法的本源,厘清平台经济体从事市场竞争的本相与实质。超级平台高度的市场集中度和极具动态的竞争特点冲击了反垄断法的谦抑理念,面对可能存在的垄断行为,竞争执法或司法活动应以更加灵敏的触觉来回应数字经济下的平台经济竞争,在遵循包容审慎规制原则的大前提下,适当前移规制链条,设立保护性预防规制阈值和安全区。应该看到,现行的以价格和产出为分析框架的评价模式在平台经济场景下并不足以反映平台经营者的综合竞争能力,所以对平台经济运行中垄断行为的认定标准不应拘泥于传统的衡量标准,而应探索多元的评判标准。

随着平台经济的出现和快速成长,经济发展中规模效益已然实现,从经济活动的去中心化到竞争的趋中心化,从动态竞争到显现竞争固化端倪,这一时间过程越来越短,促使人们开始警惕规模效益或以此为基础的消费者福利价值作为反垄断法实施唯一价值目标的正当性和合理性。反垄断法应回归其根本,在此基础上探索当前社会经济发展下应侧重于何种价值的维护。以超级平台为例,由于兼具产品经营者和市场提供者(准规制者)双重身份,对平台上存在的终端消费者、经营者等多元主体的利益都存在直接的实质性影响,仅凭单一适用《反垄断法》、《反不正当竞争法》或《消费者权益保护法》皆难起到有效规制和救济的作用。尽管超级平台所具有的强大虹吸效应使得相关产业链上的各行业都能享受到平台红利,一定程度地提高了经济效率,但其同时又在不断挤占竞争对手的发展空间,时刻存在限制或削弱竞争者竞争能力之可能。故此,亟须结合平台经济发展的现实,调整反垄断法适用的价值选择,从有利于消费者利益和创新激励的角度审视反垄断法的实施。进言之,消费者利益应成为反垄断法保护的直接利益,在其实施中必须重新审视市场结构中中小经营者存在的必要性和现实性,而非仅仅以效率或产出最大化下的单一价值目标为标准。

(一) 实现对消费者利益的直接保护

反垄断法旨在促进市场经济效率的提升,维护市场公平自由的竞争秩序,对消费者福利的保障处在间接或终极的层面,并不赞成将消费者利益作为反垄断法直接保护的法益,更多情况下反垄断法对消费者利益的保护是一种反射保护。然而,在经济社会发展从"生产者主导型社会"向"消费者主导型社会"转向的过程中,数字经济的发展使得以消费者需求为中心的市场结构和产消格局逐步形成,在交易中消费者扮演着越来越重要甚至是支配者的角色。消费者自由选择权与公平交易权的有效实现日益凸显,正成为对市场资源配置起决定性作用的市场机制法治化运行中最基本和最重要的权利束,是沟通从消费端到生产端,实现以消费引导生产,深化供给侧结构性改革的关键所在。因此,高度重视消费者利益保护的竞争法逻辑的证成与确立,特别是肯定反垄断法对消费者利益直接保护的价值,是回应互联网经济深度发展的时代要求。必须认识到,在平台经济的高速发展中,作为消费者的用户更易遭到平台经营者(尤其是超级平台)的直接侵害。

在互联网场景下,消费者可能遭受的直接侵害首先体现在隐私保护服务上。互联网经济中数据成为一种重要的消费和生产要素,围绕其采集、储存、计算、分析、使用及分享形成了一系列与数据相关的要素市场上的竞争与反竞争行为,其中某些行为或者某种商业模式对用户隐私的影响带来了难以用现行私法系统予以回应的痛点。由此引发了全球范围内呼吁使用竞争法保护用户数据利益,将数据时代隐私问题作为一种竞争法调整对象的浪潮,其正当性和论证逻辑都选择了从消费者利益的直接保护展开。在实践中,超级平台呈现集中化趋势,消费者数据由单纯的平台收集发展为平台间授权分享和(或)附条件交易。较为典型的是近些年数据驱动型经营者集中案件的增多,如在一些并购案中,收购、整合、利用、挖掘用户数据构成了合并的核心动议,有利于收购企业通过大数据预测市场上的竞争动向,提早着手进行竞争优势的培养和提升,并在很大程度上规避了当前反垄断法对经营者集中可能实施的限制。现行反垄断法对大数据能否形成一个单独的相关市场,以及如何界定在大数据相关市场上的支配地位等问题尚无清晰的答案。在此过程中,超级平台利用既有竞争优势在持续获取数据,且在运用大数据技术不断挖掘和计算的过程中会放大"赢者通吃"的效果,即数据会不断向超级平台归集,其后果会使超级平台拥有更强大的数据抓取和挖掘能力,循环往复地强化消费端和其他端上用户对平台的黏性,致使用户(消费者)的转向成为不可能或是成本过高,从而深层次巩固了超级平台对用户的锁定效应。

如此一来,相对于超级平台而言,用户的自由选择权、知情权、公平交易权,乃至于被平等对待的权利都将受到挑战和侵害。比如,超级平台的"二选一"行为就存在滥用市场支配地位侵害用户自由选择权和公平交易权的可能。又如,平台间基于算法共谋导致的价格协同最终可能使价格上涨,侵犯消费者的知情权和公平交易权。以 J 公司、T 公司为例,同一产品代理方所销售的商品定价往往是相同的,多次尝试比对不同平台以确定同一商品的最优价格,最终发现即使定价略有不同,定价高的一方平台也会通过提供优惠券或"满减"活动使得价格与其他平台持平,对这类定价行为及效果该如何认定,是否构成价格协议或是协同行为,是否存在协商一致的意思表示,还是仅仅是基于算法协同而出现的客观上价格趋同,这在互联网平台定价过程中已经显现,主要的超级平台通过大数据和算法优势拥有协同定价的能力,存在实施共同涨价行为的潜在可能。消费者对于此类情形无法选择也无力应对,甚至基于对主要超级平台的依赖,以及与线下实体商店定价信息的脱节,其很难意识到平台定价行为的不公平性。

(二) 加强对市场结构的关注

在"互联网"向"物联网"进阶过程中,全球经济社会深刻且真实地实现了"万物相联"基础上的"去中心化"和"去结构化"转向,而超级平台的出现又使得经济社会结构和行为模式以另一种方式呈现"聚中心化"和"强组织化"趋势。在平台经济发展的初期,平台所具有的开放性、透明性及扁平化特征给平台及其用户都带来了发展红利。

随着市场力量围绕平台的不断聚集,超级平台展现出了强大的虹吸效应。平台利用网络外部性积累用户,以此吸引广告商或销售商,而广告商和销售商的增长又带来了新的用户,在用户数量积累到一定程度时超级平台对广告商或销售商的依赖会相对降低,相较于为他人服务,超级平台开始自己扮演起销售商的角色,平台上广告商或销售者所享受到的服务质量大不如前。以超级电商平台为例,一方面,通过长期积累,几大电商平台借助用户黏性固定了属于自己的用户群,而外部交叉网络效应和数字锁定效应的存在,大幅降低了用户转换平台购买商品的可能性,平台以此当作挟制其他作为销售者的用户的筹码,如在"双 11"等促销中,作为销售者的用户就面临着在几大平台间"二选一"的不公平条款,平台为了增强自身竞争优势而挤压用户,用户本有权选择对自身最优的平台进行交易,最终却要为平台间的竞争承受压力。另一方面,受到利益驱动,超级平台自身也具有销售需求,其他作为销售者的用户通常需要向平台支付一定的对价以换取销售席位,殊不知,作为销售者的用户需为此付出的代价远不止于此,通过攫取作为销售者的用户的销售数据,平台能够分析市场需求从而有针对性地进行生产销售,已有很多平台陆续推出了自营商品。在此过程中超级平台不断增强的虹吸效应还导致各种优质资源都流向平台,致使在平台上与之有竞争关系的其他用户的竞争能力被不断削弱,长此以往将会恶化相应的各相关市场上的市场结构,最终扭曲和破坏自由公平的竞争秩序。

平台表象上为各类用户提供交易机会和交易场景,保障交易安全,提高交易效率,单纯从经济学原理上讲是有效率的,能够增进社会总剩余,然实质上看,平台(尤其是超级平台)构成了对用户最强有力的竞争对手,也构成了对用户长期可持续发展的最大威胁。此际,超级平台已从单纯经济学意义上的一种市场要素演变为一种具有经济和社会意义双重性的要素市场及其管理者。换言之,超级平台的发展最终会使其成为具有准管制主体身份和权力的要素经营者和管理者,这对其用户来说,无疑是在市场结构上设置了竞争妨碍。虽然这种结构性和制度性的竞争机制在很大程度上具有效率性和便宜性,但是会损害除了经济效率价值外的其他社会价值。现今主要的超级平台兼具市场和社会的结构性特征,如同在竞技场上运动员和裁判员的身份混同,对自由公平的市场竞争秩序及激励创新都可能产生极大威胁。从长远看,甚至会损害现代文明社会之多元结构和多元价值的保有和实现,出现经济社会的独寡占结构,影响整个经济社会的和谐与稳定。

反垄断法实施目标的多元化在世界主要国家和地区的反垄断法或竞争法制定和实施中是一种常态。我国现行《反垄断法》第一条规定"为了预防和制止垄断行为,保护市场公平竞争,鼓励创新,提高经济运行效率,维护消费者利益和社会公共利益,促进社会主义市场经济健康发展,制定本法",明确了反垄断法实施在我国的多元价值和多元目标。

三、重塑反垄断法的规制逻辑:从事中事后到全周期联动

（一）"数据竞争"加剧"动态竞争" 推动规制理念更新

随着数字经济进阶至平台经济,数据成了重要的生产要素和竞争要素,数据资源尤其是大数据资源和技术在很大程度上已成为决胜的关键。近几年出现了不少数据驱动型经营者集中案件,以"F公司收购W软件案"为例,按当时的反垄断审查规则判断,该收购尚未达到触发经营者集中审查的标准,被收购的瓦次艾普其时只是一个初生的创新型企业,所占市场份额小,两者的合并未能引起竞争执法机构的警惕。客观上,这种以数据整合和挖掘为目标和内容的收购极大地增强了超级平台的竞争力和控制力。

在实践中,数据是任何平台企业(尤其是超级平台)巩固和维持其市场力量的核心要素和重要基础。然依现行反垄断法的规制逻辑,很难在数据规模、质量与企业规模间建立起周延的正相关关系——缺乏评价数据力量与企业市场力量之关联的有效工具,这就导致了竞争主管机构很难及时、精准地审查和规制数据驱动型经营者集中,以及其他以数据为基础和媒质的可能存在限制、排除竞争和直接损害作为消费者的用户的正当利益的现象。故当前面对平台(特别是超级平台)的竞争规制,不能只一味地关注所涉及的经营者的规模和已发生的行为效果,还应多维度考察和评估动态竞争发生的可能性和其他经营者在未来市场上创新的空间和效能,以及消费者的体验感、获得感及安全感等多元价值。换言之,在数据竞争的推动下,数据的瞬时性和复用性加剧了互联网市场动态竞争的特征,改变了对市场竞争静态认知的惯性,市场结构和效果之于竞争行为正当性的意义需要被重新认识,即通过两维空间定格竞争行为的做法有待改进,需从结构到效果,或从效果到结构的过程维度来判断竞争行为的正当性,实际上就是引入了动态竞争的观察视角。

动态竞争下的竞争主管机构倾向于事中事后规制,通过采取包容审慎的监管态度和原则,给新生事物更多的成长空间和时间,此举符合当下简政放权的市场化改革理念和市场监管战略。然而,平台经济的发展超乎了竞争主管机构的想象,特别是面对超级平台经营者损害结果一旦形成则难以通过事中事后监管予以矫正和恢复的危险,需要采取科学审慎的预防性监管,辅以长期的跟踪监管,尤其是对超级平台的商业模式和运营系统的可持续性和生态发

展予以实时监管,及时发现问题并予以矫正。

这使传统的基于静态竞争场景下的注重行为效果和市场结构的反垄断法规制理念受到了挑战,事中事后规制已难满足对超级平台的有效规制,反垄断法作为行为禁止法的谦抑性面临拷问,对可预知的明显难以恢复竞争秩序和对消费者利益造成严重损害的行为是等待其损害结果发生,还是及时和科学地采取预防性监管和持续性监管,以确保超级平台不至于作恶,如何调整竞争规制理念,强调对未来竞争秩序和潜在竞争损害的关注是一个待解难题。可以肯定的是,全球数字经济的深度发展已经深刻改变了传统的商业模式和竞争方式,对竞争理念、目标、行为及效果的认知和辨识带来了前所未有的改变,反垄断法规制理念和内涵正在发生演化,非竞争性多元价值评价标准的引入和预防性反垄断规制及持续性竞争监管模式的尝试,都预示着伴随超级平台的发展,传统的反垄断法规制理念和逻辑亟须更新。

(二)"跨多边市场竞争"和"未来竞争"呼吁规制链条前移

超级平台快速成长的一个显著特征是线上线下市场资源和要素的生态融合和自动增进。在此过程中,交易规模无限扩大,交易数据海量归集,数据计算和处理能力急剧提升,数据中央体越来越集中,不断维持和巩固以数据中央体为核心的市场力量,使之成为互联网场景下竞争的中心和基础。超级平台的多边市场特征使得不同市场的边界逐渐模糊甚至消失,由其引发的竞争(关系)无处不在,互联网市场正在成为一个以数据及计算能力为核心和基础的整体市场。特别是通过传导效应在纵向市场上甚至是在不相关市场上,超级平台的强大数据力量及预测反馈功能使其很容易拓展到之前从未涉足的竞争领域并迅速取得竞争优势,超级平台的市场竞争行为已步入一个随时随地被控以涉嫌反竞争之虞的高致敏期,现行的竞争规制理念正面临时代与科技的挑战。

在传统的线下场景下,相关市场通常包括商品市场和地理市场,受到物理因素的限制,经营者很难实现大跨度的不相关的市场进驻,其所在的相关市场相对固定,现存竞争规制模式和方法可以较好地预知并应对市场力量集中行为。从传统视角上看,纵向集中尽管是市场力量集中的一种形态,然而这种集中往往代表着一个新兴行业的出现和发展,通常被认为有助于提高效率,相应的监管态度一般较为宽松。但是,就互联网场景下的超级平台的兴起而言,平台体为纵向整合提供了便利桥梁,平台极易利用已有的优势实现纵向进驻。比如,G公司利用浏览器收集的信息开发出G地图,一举进驻导航市场,使原有导航企业T的市值从2007年的6.34亿欧元跌至2009年的2.13亿欧元,G公司在极短时间内一跃成为导航市场的巨头。可见,超级平台在任何市场上的进驻都是迅速、剧烈且全方位的,即便在此过程中存在巨大创新的可能或事实,但其所带来的对现有市场结构的颠覆性打击及可能导致的从长远看来对创新的抑制也是相当明显的,仅依靠事中、事后的反垄断规制对已遭受毁灭性破坏的市场结构和创新机能而言,其恢复和再塑可能为时已晚。

事实上,当前反垄断法基于行为禁止法的定位,强调事中、事后的规制逻辑本无可厚非。然而,实践中却显露出规制系统存在漏洞,产生了实际危害和潜在风险,为此有的地方竞争主管机构尝试设置预防性合规审查机制,虽然其具体效果还有待进一步观察,但是由竞争主管机构引导和推动事先规制的实践却颇值肯定,对积极因应超级平台的预测性和反馈性竞争行为有着重要意义。超级平台利用自身优势可以事先对存在竞争威胁的初创企业进行"竞争审查"和"风险评估",根据风险等级对其进行限制,或直接用丰厚的条件收购等,从源头上消除现实潜在或未来可能的竞争对手,这种行为存在扰乱竞争秩序和阻碍创新之风险,也不易被现行竞争主管机构觉察。

面对互联网科技巨头尤其是那些已经成长为超级平台的科技公司,需从其多边竞争的具体行为可能产生的反竞争危害或潜在风险入手,强调科技本身特别是已具有科技创新能力的超级平台运用科技进行反竞争的新形态。诸如部分平台会使用独特算法对搜索结果进行排序已是众所周知的事实,通过将与自身有利益关系的广告商或自家经营的商品搜索结果的排名展示在前列,而对与平台存在竞争关系的经营者通过算法人为调整搜索结果,把对手隐藏在无边无尽的网络信息中[1],此一做法,一方面剥夺了竞争对手的交易机会,是对平台(尤其是超级平台)双重属性的一种滥用,很可能构成滥用市场

---

① Maurice E. Stucke, Ariel Ezrachi, "When Competition Fails to Optimize Quality: A Look at Search Engines", *Yale Journal of Law&Technology*, Vol.18, No.1, 2016, pp.70-110.

支配地位行为;另一方面是对消费者知情权和自由选择权的一种损害,严重情况下甚至会构成欺诈。然而,导致这种结果的根因通常是算法技术所直接呈现的,是计算机直接运算之结果,其程序设计有可能因涉及商业秘密而不予公开,其算法行为因具有很强的隐蔽性,故而使得相关证据的获取和固定很难。

承前所述,超级平台所拥有的不断增强的大数据优势致使其在未来市场上通过人工智能算法从容应对竞争对手。竞争主管机构在监督和矫正这类科技巨头的竞争模式和行为的同时,也会基于效率和效果的维度,从这类巨头的积极作用、若采取长期调查可能会引起的激烈对抗和强烈反弹等方面加以考量,这很大程度上都源于超级平台的强大实力和巨大影响力。

类似利用科技手段排除、限制竞争的现象还发生在超级平台基于社会公共利益的考量,对与之有竞争关系的经营者采取看似合理的约束或限制。譬如,2019 年年初三款新推出的社交软件被 W 平台迅速禁止,T 公司称屏蔽这三款软件是出于安全的考量,根据《W 外部链接内容管理规范》,在 W 平台上禁止通过利益诱惑分享、传播外部链接,或提供匿名社交服务等行为,故将三款社交软件屏蔽的做法有一定的合理性。同时,三款社交软件借助 W 平台登陆市场的行为也存在"搭便车"之嫌,利用 W 已建立的平台推出自己的商品不仅可节省宣传费用,更能享受已有的用户基数福利,在此场景下 W 并无义务帮助现实和潜在的竞争对手开拓市场。然而问题的关键在于,W 平台自定管理规范及实施评价的行为是否为一个正当的商业行为或者是一个基于授权的准公共行为? 对既当裁判员又当运动员的 W 平台是放任其任性成长,还是需适当规制以给予更多的初创企业同台竞争的机会和发展空间? 从此维度讲,诸多超级平台所遇到的问题是相似的,各竞争主管机构所面临的挑战也是类似的,在面对激励创新发展与维护自由竞争之间应做怎样的选择,在何种情形下启动竞争规制才是恰当的,皆为亟待回应的难题。对此目前尚无令人信服的答案,但可以肯定的是,全球主要竞争主管机构正在以更加积极的态度面对超级平台引发的各类反竞争行为和现象,正在努力探索新型、有效的规制方法来因应超级平台奇点式发展所带来的挑战。①

---

① 杨虎涛:《人工智能、奇点时代与中国机遇》,《财经问题研究》2018 年第 12 期。

四、重建反垄断法的规制方法：从恪守经典到自主创新

在 20 世纪 70 年代中后期，美国反托拉斯法理论与实务界受芝加哥学派的影响，提出了对经营者具体行为的效果进行考察，建立了以消费者福利为基准的反托拉斯法适用框架。当互联网经济迅速发展之际，从双边市场结构的搭建到多边市场平台的运行历时不长，竞争法理论界和实务界还在考虑是适用传统的需求替代法还是适用假定垄断者测试方法（SSINP）去回应互联网经济双边市场特征时，多边市场平台或超级平台的出现着实让现行的反垄断规制方法遭遇巨大挑战。①

超级平台除了具备双边市场结构的所有特征外，还体现为强烈的多边性、闭合性及生态性，尤其是通过多边市场上的相对优势、交互传导，形成了一个封闭的市场竞争系统，放大了其具有市场要素和要素市场双重性的组织构造对互联网经济"赢者通吃"的强化作用，最终发展成为超越了多边市场之上的整体聚合型经济体。换言之，一旦平台企业成长为超级平台，其交叉网络外部性将转化为对多边市场力量的整体控制，超级平台开始摆脱对多边市场上各要素的依赖，相反，多边市场上的各要素会不断强化对超级平台作为要素市场的依赖。此际，交叉网络外部性对超级平台的影响渐趋减弱，随之而来的是超级平台对多边市场构造的整体的系统控制。如此一来，超级平台的闭合性和生态性便可不断地得到巩固和强化。

诚如莫西·吴教授所言，当前超级平台对作为一种生态系统的互联网市场经济的发展产生了一种持续的反竞争效果，是对创新的一种抑制。故此，主要竞争主管机构已着手对全球主要的超级平台展开调查，监督和督促其回归到正常的市场自由竞争和公平交易的轨道上来。但遗憾的是，近年来全球主要竞争执法区尚未就超级平台的反垄断规制作出清晰明了的方法设定，多数情况下仍是对现有反垄断法规制方法的一种改进或批判，难逃现有规制方法之窠臼。比如，对超级平台涉嫌滥用市场支配地位行为调查的前提必须先行界定相关市场；又如，对超级平台参与市场经营者集中审查时，仍会虑及市场份额和影响力问题，进而提出界定相关市场；再如，对超级平台反竞争违法性

---

① 王健、安政：《数字经济下 SSNIP 测试法的革新》，《经济法论丛》2018 年第 2 期。

的认定仍以其市场份额或市场价格等传统反垄断场景下的市场量化指标为主要考量因素,忽视了非价格因素,如用户数据安全、数据可携带、数据平等、数字科技创新等与数字经济发展相关的要素。当然,对方法的选择或更新很大程度上与对数字经济下超级平台反垄断法规制理念和规制逻辑的认识密切关联,所以如何改良和建构现行反垄断法规制方法,以及未来可能的反垄断法规制整体框架需着力讨论。

（一）重新审视超级平台反垄断法规制中相关市场界定的方法及现实意义

现行反垄断法规制超级平台的反竞争违法行为时通常遇到的问题之一是如何认定其构成滥用市场支配地位的行为。其中的困难,一方面源于互联网市场竞争中普遍存在的动态性和创新性,支配地位的形成和丧失在时间维度上存在瞬时性,主管机构对此类竞争更倾向于鼓励创新过程、保护创新利益,问题交由市场自身解决,换言之,在界定超级平台可能涉及的相关市场及地位时,更倾向于在动态中消解界定相关市场的尴尬;另一方面在于超级平台竞争中特殊存在的多边性和整体性现象,使传统的需求或(和)供给替代分析方法［侧重定性分析和假定垄断者(价格)测试法(SSNIP)］与临界损失分析法(CLA)(侧重根据价格变化进行定量分析)在超级平台相关市场的界定中出现失灵。① 究其原因主要有两方面:一是超级平台的多边市场构造和交叉传导特征使其具有要素市场的功能,从早期的差异化竞争最终走向同质化的聚合型竞争,传统的需求替代分析难以真正实现锁定相关市场之目的;二是超级平台的多边性通常包括多个免费端和收费端,且相互间交叉传导影响力,利用价格测试对免费端的相关市场无从界定,不考虑超级平台在免费端上的影响力,忽略其整体性和交互传导特征,仅对收费端采取假定垄断者(价格)测试法分析其结果并无实质意义,难以说明超级平台在收费端上的支配地位。故此,无论是从时间维度上还是在现行界定方法上,对超级平台相关市场的界定都出现了问题。

---

① 张晨颖:《平台相关市场界定方法再造》,《首都师范大学学报(社会科学版)》2017年第2期。

　　"3Q 案"的判决便是例证。2012 年 4 月 18 日被誉为我国互联网反垄断第一案的"3Q 案"在 G 省高级人民法院开庭。2013 年 3 月 28 日 G 省高级人民法院一审判决,原告 Q 公司的全部诉讼请求被驳回。法院认为,综合性即时通信产品及服务并不构成一个独立的相关商品市场,该案的相关地域市场为全球市场,认定 T 公司并不具有市场支配地位。原告不服一审判决,上诉至最高人民法院。2014 年 10 月 16 日终审判决维持一审判决。"3Q 案"虽已尘埃落定,但是相关争论并未停止,从中引发的问题更值得思考。其一,对相关商品市场的确定,确切地说是双边或多边市场结构下如何锁定对经营者竞争利益产生实质影响的关键的商品市场;[①]其二,对相关市场界定方法的选择,该问题很大程度上取决于对第一个问题的回答。有学者认为,"3Q 案"对相关商品市场的确定应划分为三个市场,一是即时通信服务及软件市场,二是杀毒软件及服务市场,三是互联网在线广告市场,这种根据相关商品的功能及供给替代可能对平台竞争中相关商品市场的细分,将有助于对真实的市场竞争秩序及经营者竞争利益予以近距离观察。可以想见,若法院在"3Q 案"中采取了细分相关商品市场的做法,该案的审理结果可能会出现翻转。

　　而更深层次的影响在于对相关市场界定方法的选择和使用上。"3Q 案"的二审法院引入了假定垄断者(质量)测试法(SSNDQ)分析法,"以服务质量部分下降是否导致用户转向或者是流失"的定性分析来划定"即时通信服务及软件"这一免费市场的边界,以及界定 T 公司在该相关市场上的地位的做法赢得了部分好评。[②] 假定垄断者(价格)测试法和临界损失分析法对免费端相关市场的认定过分依赖于价格数据和定量分析,存在明显不足,导致在处理免费市场和多边市场构造时无法准确划定相关市场边界,缺乏定量分析的说服力,而假定垄断者(质量)测试法则起到了很好的补充作用,其更多地关注用户体验,利于处理模糊市场下的经营者市场力的评估,但同时该方法也引起了诸多不确定性,甚至可能动摇现行反垄断法实施的基本原理与原则——容

---

　　① 张江莉:《论相关产品市场界定中的"产品界定"——多边平台反垄断案件的新难题》,《法学评论》2019 年第 1 期。

　　② Bing Chen, Hansim Kim, "Identification on DMP Under Internet Economy Focusing on 3Q Case", *Journal of Korean Competition Law*, Vol.33, No.3, 2016, pp.314-352.

易脱离对市场竞争秩序是否受到竞争行为影响的分析,过多关注用户体验这一非量化性指标,使反垄断法增加了不确定性和不稳定性。假设当时 Q 公司采取先细分相关商品市场的方法,将双方争议的焦点聚集于互联网在线广告市场,那么接下来划定相关市场的具体方法就较易确定了。譬如,传统的替代分析法、假定垄断者(价格)测试法及临界损失分析在一定程度上都可用来分析互联网在线广告市场这一细分商品市场以及经营者在相关市场上的实际地位。

然而,随着平台经营者的不断壮大,从双边市场结构发展为多边市场平台,此时虽然在外观上仍表现为多边市场构造,但是各市场之间的相关依存及超级平台对多边市场的控制,以及多边市场对超级平台的影响却出现了质的变化,动态性的跨界竞争成为超级平台不断扩展影响力和控制力的一种模式,其中维系该模式呈现"雪球效应"的不再是某一边市场上的具体商品或服务,而是融贯于整个超级平台上的数据和算法,此时的数据优势与算法优势已经不再专属于某一边或多边市场。换言之,超级平台所拥有的数据和算法是源自其平台的整体性、聚合性及生态性。譬如,Z 平台作为国内主要的超级支付平台之一,其所拥有的数据和算法并不完全来自其自身,还包括与之发生交易的其他电商平台、物流平台、生活平台等,多个平台的数据在经由共享和复次利用实现对数据的深度挖掘后,会产生巨大的数据价值,此时谁拥有数据,谁就拥有市场和未来竞争优势。在这种基于与数据相关行为而引发的对相关市场及支配地位的分析,已从本质上区别于某一边或多边市场上具体商品和(或)服务的界定,尤其是数据的复次利用特征,使数据价值的挖掘和创新更依赖于算法,特别是经由数据的机器自主学习发展的人工智能算法更是对数据生态系统的建设和扩展提供了无限可能。在此意义上,传统的替代分析、假定垄断者(价格)测试法、临界损失分析法都很难适用数据场景下超级平台反垄断法规制的要求。

那么,这是否意味传统的相关市场界定方法完全不适用于数据场景下超级平台相关市场的界定呢?答案是否定的。现在的问题是需要再次重申或再塑反垄断法在数据时代适用的基本目的和价值追求(前文已作讨论),即以消费者利益的直接保护为反垄断法实施的价值目标来考量对超级平台的反垄断法规制。如此不难发现,站在消费者利益直接实现的维度,保障消费者的交易安全权、自由选择权、公平交易权、知情权等传统权利,并在此传统权利上,基于数据时代新兴特征而衍生出来的消费者的数据可携带(转移)权、数据被遗忘权、数据平等权等的顺利实现,将是规制超级平台反竞争行为的主要目标,据此引入以关注消费者体验感和主体价值为主的假定垄断者(质量)测试法和假定垄断者(成本)测试法(SSNIC)则正当其时,有着充分的正当性和合理性。前者强调消费者的用户体验,注重服务质量的变化,后者关注消费者的转移成本,凸显消费者主体价值在超级平台经营中的核心定位,两者的结合集中体现了以"有助于消费者利益直接实现"为目标的反垄断价值的重塑。鉴于此,以有利于消费者利益的直接实现为分析的逻辑起点和终点,结合传统的替代分析、假定垄断者(价格)测试法及临界损失分析法等方法,通过细分超级平台多边市场上主要的盈利端及经营模式,锁定具有核心竞争力的市场边(主要体现为数据归集和运算能力轴心市场端),在此基础上导入消费者体验和主体价值实现的成本考量,综合性地衡量超级平台的市场影响力和控制力,实现对超级平台整体力量的评估,同时聚焦轴心市场端的数据能力,主要是对元数据的复次利用和深度挖掘力。

当前还有一种观点或者说比较激进的建议是放弃对相关市场的界定,弱化价格分析在经营者市场优势地位或支配地位认定上的作用,注重"黏性"体验,包括多边市场上的其他经营者与消费者之间的"黏性"通过平台予以强化,以及他们分别对平台本身的"黏性"不断强化的事实作为认定平台具有竞争优势,甚至是支配地位的重要依据。在此过程中,认为界定相关市场只是认定经营者是否存在反竞争行为的过程,仅是确定该经营者是否有能力损害竞争秩序和消费者利益的一个方面[1],是用来评估被指控的反竞争行为及可能产生的市场效果的一个主要组成部分,并不是能直接用来认定反竞争行为的结果。[2] 换言之,如果已经存在明确的事实和证据证明经营者的行为或(和)结构已构成了反竞争结果的事实,那么可跳过界定相关市场的这一环节也应

---

① Steven C.Salop,"The First Principles Approach to Antitrust,Kodak,and Antitrust at the Millennium",*Antitrust Law Journal*,Vol.68,No.1,2000,pp.187-202.

② Spencer Weber Waller, "Antitrust and Social Networking", *North Carolina Law Review*, Vol.90,No.5,2012,pp.1771-1806.

该不是问题。

不得不承认,遵循现行反垄断法原理和原则完成对相关市场的界定是认定反竞争行为是否具有反垄断法上可归责性的重要前提。然而,如果结论一开始就已展现在眼前,那么也就无必要恪守一个可能已不合时宜的僵化的反垄断信条,而是应积极创新、转换思维,祛除对相关市场界定之于市场支配地位或力量认定的盲目信奉,从多元主体价值和主体行为方式的角度看待数据场景下超级平台市场支配地位的表现形态,更多地从消费者体验和实现成本方面直面超级平台的市场地位及影响力和控制力。申言之,在超级平台呈现数据化跨界动态智能竞争的场景下,已出现独立于多边市场构造之上的区别于具体某一边市场所提供的商品,如果将前述消费者之于超级平台的"黏性"作为一种体验,将此"体验"认定为一种相关商品,那么这种商品应该是由超级平台这一整体所提供的。从此意义上而言,相关市场界定之于超级平台的意义是存在的,其界定方法需要引入假定垄断者(质量)测试法、假定垄断者(成本)测试法等注重消费者体验及实现成本的方法。如果再大胆一点,直接以结果为导向,即若明确存在对消费者权益损害的行为及效果,可以弱化甚至略去对相关市场的界定,特别是对相关商品市场的探寻,转向更直接、更具效率的参考标准,直接考察其行为的正当性。具体观察与之有竞争关系或潜在竞争可能的经营者,尤其是初生型经营者的生长空间和竞争能力,同时直接考察消费者体验及实现成本的变化——这里的消费者不仅可指作为用户的消费者,也可是作为商家的消费者,因为此时的超级平台既是一类不可或缺重要的市场要素,更是一个举足轻重的要素市场。

故此,对超级平台竞争行为的反垄断法规制应从大局入手,着眼于整体平台市场力量的评估,引入结果导向型的分析法,注重对消费者体验及实现路径、成本、方式的综合考量,弱化对价格因素及量化分析的依赖,考虑以新布兰代斯运动为肇始的多元利益和多元价值的再塑,推动对数据场景下整个反垄断法治的变革。

(二)构建适宜平台经济持续发展的分类治理的法治化生态竞争系统

超级平台的聚合诞生与裂变生长在带来营收巨额增长和科技跨越式创新

的同时,也对人类经济社会的组织形态和生产消费行为带来了颠覆性改变,尤其是超级平台对大数据、超级计算、人工智能算法等技术的需求适用与创新开发,引领人类经济社会步入下一个奇点式发展。毫不夸张地说,全球的各大超级平台正以一种不可预知的强度和力度拥抱整个人类社会,已然或正在成为人类社会组织结构中不可或缺的重要组成部分,已从一种市场要素发展为兼具市场要素与要素市场双重属性的综合体,也从原初关涉的经济领域扩展至社会发展与治理的诸方面,俨然对各国和地区当局的治理权威与管制行为发出了挑战。中国作为世界上主要的超级平台运营国家,紧跟其后顺应全球数字数据化发展及治理的大趋势,2019 年 8 月 8 日由国务院发布了《国务院办公厅关于促进平台经济规范健康发展的指导意见》(以下简称《指导意见》),充分体现了我国下决心治理平台经济,特别是规范超级平台高质量发展的重要性与紧迫性。

《指导意见》明确提出,"聚焦平台经济发展面临的突出问题,遵循规律、顺势而为,加大政策引导、支持和保障力度,创新监管理念和方式,落实和完善包容审慎监管要求……着力营造公平竞争市场环境""尊重消费者选择权,确保跨平台互联互通和互操作""依法查处互联网领域滥用市场支配地位限制交易、不正当竞争等违法行为,严禁平台单边签订排他性服务提供合同,保障平台经济相关市场主体公平参与市场竞争""建立健全协同监管机制""加强政府部门与平台数据共享""推动完善社会信用体系""保护平台、平台内经营者和平台从业人员等权益""加强平台经济领域消费者权益保护""完善平台经济相关法律法规"等。① 可以说,《指导意见》充分考虑了平台经济发展的现实,以问题为导向,从领域科学、系统科学及工程科学的维度为下一步明确有效规范平台经济,特别是超级平台高质量运营提供了全方位指导。

具体到超级平台对现行反垄断法规制的挑战,建议综合对超级平台多边市场构造及数字数据化运行的基本特征与竞争方式展开分析,搭建由政府主导规制、社会多元主体合作规制及超级平台自我规制相融合的多层级

---

① 参见《国务院办公厅关于促进平台经济规范健康发展的指导意见》,中国政府网,2019年 8 月 8 日发布。

的全面覆盖数字数据全周期运行的科学合理的反垄断法规制系统,实现超级平台的高质量创新发展及市场公平自由竞争环境的养成与维护之间的动态平衡。

超级平台之所以谓之"超级",关键在于其搭建了一个平台生态系统(Platform Ecosystem),且不断优化和强化这一系统,成为该系统的控制者和监管者,对参与该系统的所有主体及人员有着"生杀予夺"的绝对权力(利),如断流量、封端口、锁链接等。平台生态系统是"由平台及参与者构成的生态",这里的平台可以视作多主体的集合,共同参与到同一项生产活动中,且这些主体的选择和行为是相互依赖的。该生态系统具有高度协同性,系统中的每一个体相互扶持、共同服务于平台,特别是体现在平台所具有的强大的杠杆(传导)效应上。在同一平台生态系统下,A市场的优势地位可以传导到B市场或其他任何市场,其产出和供给能力趋于无限,因此平台并非与某一竞争者或某第三方在某一单独商品市场上展开竞争和交易,而使用其整个生态系统与现实的或潜在的竞争者或第三方展开竞争和交易,其竞争优势呈现在整个生态系统之中。为此,在对超级平台的反垄断法规制中应将其多边性和整体性构造视作一个生态系统,给予联动的一体化规制。

1.强化平台自我规制与准公共规制的联合

超级平台作为聚合线上线下交易场景的中台,在数据无限归集和使用上拥有其他经营者无法比拟的优势,具有强大的数据挖掘与超算能力,在大数据、人工智能算法等技术的应用和开发上具有相当超前性,在一定程度上甚至超越监管当局的信息控制能力。正如《指导意见》中所提及的"积极推进'互联网+监管'""实现以网管网,线上线下一体化监管""加强政府部门与平台数据共享"等,都在强调平台作为重要的互联网主体,一方面是经营者,另一方面也具有管理者属性和功能,故此应充分重视平台,尤其是超级平台的自我规制建设,鼓励平台根据自身特征建立自治章程,实现系统自治,合规竞争。在此过程中,加强与政府部门的合作,畅通政企双向合作交流机制,积极探索超级平台经政府核准授权的在一定程度上享有的平台内准规制权力,在实现平台自我规制的同时,担负起平台内监管责任。犹如《指导意见》中所提及的"科学合理界定平台责任。明确平台在经营者信息核验、产品和服务质量、平台(含 APP)索权、消费者权益保护、网络安全、数据安全、劳动者权益保护等方面的相应责任"。

2. 畅通社会多元主体共治渠道

积极推进"数据治理"建设,建立健全数据分类共享机制,抓住"数据治理"这一牛鼻子,实现"平台共治与善治",激励"平台竞争与创新"。平台尤其是超级平台,在数据场景下最为显著的竞争力来源于数据,这不仅是巩固和维持其市场地位和力量的基本原料,也是可能涉及其限制、排除竞争及损害消费者利益的重要工具。故此,理顺平台竞争秩序,规范平台竞争行为的逻辑起点应基于数据治理,由此推动和实现平台的共治和善治。依据数据来源、属性及功能等特征,科学、合理地对平台数据予以分级分类,在不涉及国家安全、商业秘密及用户隐私的前提下,平等开放平台数据。同时,建立与平台交易相关的第三方数据比对系统,确保数据的客观性、真实性、实时性及有效性,使公众、其他社会主体及政府监管机构合理、合规地分享和使用平台数据,实现平台数据的无限归集与有限分享间的利益平衡及有效保护与创新使用间的动态平衡。进言之,通过推动和实现数据领域的多元共治与善治,预防和规制超级平台基于数据不正当归集、原料封锁、拒绝交易、附加不正当理由交易等行为实施的限制、排除竞争及损害消费者利益的违法行为。

3. 坚持和完善政府主导的包容审慎监管

更新监管理念,创新监管方法,建新监管队伍,注重激励与约束的平衡,施行分级分类监管,推动平台经济高质量发展。当前对以超级平台为代表的新兴互联网平台经济的监管总趋势是"强监管、早监管、长监管",特别是通过反垄断法恢复和维护整个互联网市场的自由公平的竞争秩序和利于创新的市场环境。该竞争倡导在我国有着同样的期待和必要。然而,我国目前正处在经济社会高质量发展的转型升级期,既要保持足够战略定力,克服现实困难持续推进经济社会转型,也要保障经济社会平稳过渡,维持国民经济在合理区间的持续增长,这就需要一分为二地看待政府对以超级平台为代表的平台经济的市场监管的现实选择。在坚持包容审慎的大前提下,中央政府明确了我国现阶段"分类监管、强监管、早监管、持续监管"的总体思路,与前文主张的"强监管、早监管、长监管"规制模式不谋而合。

其一,作为互联网经济大国,我国正在历经从大到强的质量跃迁。在此过程中实现了从数字大国到数字强国的升级,实现党的十九大报告提出的"加快建设制造强国,加快发展先进制造业,推动互联网、大数据、人工智能和实体经济深度融合,在中高端消费、创新引领、绿色低碳、共享经济、现代供应链、人力资本服务等领域培育新增长点、形成新动能"的强国理念和战略部署需要激励和巩固强大的创新能力和竞争实力,对新兴的经济业态和经济组织持包容审慎的态度,防止"一管就死、一放就乱"的怪圈再次上演。故此,对超级平台的治理并不能完全跟随其他国家和地区的做法,还需充分考虑我国经济社会发展的现实,特别是当前国内外政经局势,保持稳定的市场竞争监管,施行分级分类分领域的有序监管,从国家、社会、平台、用户四维空间搭建动态利益平衡分析框架,做到多元利益的共存共赢。

其二,在坚持包容审慎监管的同时,应充分关注超级平台滥用市场力量损害互联网市场整体生态系统的现实危害和潜在风险,重塑反垄断法的基本价值目标,引入多元的反垄断法规制方法,聚焦超级平台限制、排除竞争和损害消费者利益的主要面向,积极主动发挥政府的规制权威及力量。在我国,政府作为市场经济改革的重要领导者和主要推动者具有不可替代的作用,这是一个不争的事实。当前我国正历经着经济社会组织和结构的高度的数字数据化,这集中体现为各类新兴的互联网平台的出现和发展。在此过程中,政府对其他新兴平台的态度必须是积极的,同时也是复杂的。

4.着重强调在对超级平台的反垄断法规制中,施以各种矫正措施

恢复市场自由公平的竞争秩序固然重要,但仍远远不够,还需考虑竞争规制作为一种重要的经济建设与发展机制在整个国家(地区)经济发展中的时代定位和基础作用。一国或地区竞争主管机构应在具体个案中权衡各方利益,究竟选择反垄断处罚还是和解,保护竞争抑或保护竞争者都应综合考量,还主张在维护竞争秩序的过程中不仅要注重竞争政策,也应考虑产业政策,两者如同车之两辕,相互促进,协同发展。换言之,通过完善竞争规制助力产业发展,以竞争政策的制定和实施推动产业结构的优化和升级,为面向市场化的经济体制改革提供科学合理的制度保障。特别是在涉及高新技术创新开发的领域,从规制科技到科技规制乃至科技治理,既要考虑对整个行业乃至整个市

场竞争生态秩序的维持,也要考虑对整个行业乃至未来整体经济的可持续创新动能的激励。超级平台作为当下和未来新兴科技产业与新兴经济业态的典型代表在引发诸多竞争规制问题的同时,也正在激励各类数字数据技术向纵深发展,揭开了人类经济社会奇点式发展的序幕。可以预见,未来人工智能技术和产业的发展离不开超级平台的高质量运营,事实上这一状况已然发生,故此,对超级平台的反垄断法规制必须从竞争治理与产业促进两个维度共同考量。

总之,超级平台作为科技巨头庞然大物在依循现行竞争法基本理论、逻辑及施行方法的场景下显得游刃有余、得心应手,一次次挑战各主要国家和地区的竞争主管机构及当地司法机关。缘何如此,是竞争主管机构杞人忧天还是超级平台本身无害,可能尚需假以时日,但可肯定的一点是,造成这种窘境——竞争主管机构不放心、超级平台不买账、广大用户不满意的根由则在于现行竞争法从理论到实践整体环节上出现了解释乏力和行动迟滞的症状。这在很大程度上都揭示出当下竞争法特别是反垄断法亟须因应以超级平台为代表的数据科技巨头的挑战而作出重大改变,包括对自身价值目标的重新审视,从单一评价走向多元融合,校准以反垄断法为基石的竞争法治的运行目标,更多地关注对消费者利益的直接保护,正视非竞争性价值目标的客观影响;对现行规制逻辑的重新建构,从注重事中、事后规制走向因应数字经济发展特征的全周期联动;对现有规制方法的重新构造,从严格恪守消费者福利主义的经济分析方法走向自主创新的吸收定量与定性评价方法在内的整体分析方法,建立因应超级平台特征的分类治理的生态化竞争法治系统,注重竞争规制与竞争促进在当前我国经济社会高质量转型升级阶段的特定时代意义,即对超级平台的反垄断法规制要遵循"虽坚持包容审视监管,但不等于放任不管,要合理设置观察期,防止一上来就管死"。也就是说,我国对超级平台的反垄断法规制需要做到动态平衡,实现科学规制、合法规制及创新规制的三融合。①

---

① 陈兵:《因应超级平台对反垄断法规制的挑战》,《法学》2020 年第 2 期。

第三节　反不正当竞争法在平台经济发展中的应用

随着信息通信技术和数字数据技术的深度融合与创新发展,以互联网、物联网、万维网为基础和媒质的"互联网+"行动计划得以蓬勃发展,推动了平台经济与各类产业的急速增长,在激励我国市场经济高质量发展,助推市场竞争高水平展开的同时,平台经济领域不断涌现的各类新型不正当竞争行为正引发社会各界的广泛关注,何去何从不仅仅是一个经济发展的问题,更关涉国家政策与法律的制定与实施,已经从日常生产生活的经济层面延伸至国家与社会诸多的治理领域。规制平台经济的新型不正当竞争行为需要多部门协同,司法监管作为其中的重要一环,在面对新型不正当竞争行为时,显现出种种不适应性。故此,亟须对新型不正当竞争行为进行全面分析,辨别其与传统不正当竞争行为之间的差异,爬梳其中涌现的各类问题。以问题为导向,有效应对新型不正当竞争行为,构建良好的平台经济市场竞争环境。

一、平台经济领域不正当竞争行为频发引发思考

2015年国务院颁布《关于积极推进"互联网+"行动的指导意见》,指出要进一步深化互联网与经济社会各领域的融合发展,使基于互联网的新业态成为新的经济增长动力。在"互联网+"政策的推动下,我国互联网产业迅速崛起,互联网市场日渐庞大。平台经济等一系列依托于互联网技术的新型经济模式正在加速引领我国经济社会步入新的奇点时代。但在我国互联网经济发展一片向好的同时,一系列以争夺流量和数据为目的的新型不正当竞争行为也应运而生,扰乱了我国平台经济的市场秩序,引发社会热议。层出不穷的新型不正当竞争纠纷表明加强对新型不正当竞争行为的监管力度已刻不容缓。

平台经济领域的新型不正当竞争行为涉及多方主体、多种利益,需要各部门的通力合作。司法机关作为监管市场不正当竞争行为的重要力量,在应对新型不正当竞争行为时却显得捉襟见肘。首先,当前我国日益增多的新型不正当竞争纠纷给司法审裁工作带来了巨大压力。由于缺乏成熟的司法案例

群,且纠纷中需要平衡多元价值,司法机关审理互联网新型不正当竞争纠纷的流程很烦琐,审理时间较一般案件更长,司法资源被大量浪费。其次,对于新型不正当竞争行为,我国《反不正当竞争法》专设了第十二条(以下简称"互联网专条")予以规制,但由于该条文本身的固有缺陷,在现实审判中的使用频率并不高。由于无法诉诸"互联网专条",司法机关转向适用《反不正当竞争法》的第二条(以下简称"一般条款"),但将案件审裁归宗于概括的一般条款,赋予了法官过大的自由裁量空间,无法保障司法审判的稳定性和确定性,导致互联网新型不正当竞争纠纷中同案不同判的现象普遍。

技术和商业模式不断创新迭代,新型的经济形态持续迸发,出现了各种新型案件,也引发了各种新问题。面对日益复杂多变的新局面,司法机关应如何应对?新型不正当竞争行为涉及知识产权法、反垄断法等多个法律部门,司法机关如何协调各个部分法之间的适用关系?平台经济汇聚多方利益,司法机关如何进行价值衡量和利益判断,如何认定竞争行为的正当性?面对新的挑战,迫切需要传统反不正当竞争审裁观念和模式的反思与转型。

二、平台经济领域新型不正当竞争的本质与特征

平台经济的新型不正当竞争行为是发生在平台经济领域,行为人借助网络技术、信息技术、数字技术等技术手段,对其他经营者合法提供的基于网络运行的商品或服务的正常使用产生妨碍、破坏效果,影响用户知情权、公平交易权、自由选择权等合法权益的破环平台经济领域市场竞争秩序的不正当竞争行为。2024年5月6日,国家市场监督管理总局发布《网络反不正当竞争暂行规定》,紧密配合了《反不正当竞争法》的修订趋势,根据网络竞争行为复杂多变的特点,对网络不正当竞争行为进行更为具体和精细的分类提炼梳理,明确认定标准。将互联网不正当竞争行为可大致分为三类:传统不正当竞争行为在互联网领域的延伸形态(利用网络手段实施的诋毁商誉等)、利用技术手段实施妨碍干扰等不正当竞争行为(恶意不兼容、流量劫持等)以及利用技术手段实施其他网络不正当竞争行为(刷单炒信、平台二选一等),本书研究的平台经济领域新型不正当竞争行为主要是指后两类行为。概言之,互联网新型不正当竞争行为以各类新技术应用为依托,行为与结果均与网络密切相

联,通常呈现出技术创新的外观,实际上以不正当损害其他经营者合法利益或(和)消费者合法利益为目的,具有隐蔽性强、技术性高、识别度低、损害性广等特征,严重扰乱互联网市场秩序,给司法审裁工作带来挑战。

许多学者尝试对新型不正当竞争行为进行分类。有学者根据行为的特点,将其分为不当评价行为、不当拦截行为、商业抄袭行为等。① 又有学者根据行为目的和应用技术不同将其划分为损害商誉、仿冒创意、利用网络技术搭他人便车等类型。② 然而,新型不正当竞争行为形态各异,变化频率快,在对其进行类型化处理时应同时考虑分类的具体性和概括性,过于概括的分类实用性不强,而过于具体的分类又无法涵盖各类不正当竞争行为。笔者比较赞同依据行为侵害的法益将新型不正当竞争行为分为侵害其他经营者利益的行为、侵害消费者利益的行为及侵害公众利益的行为。首先,侵害其他经营者利益的行为是指侵害他人商誉、窃取他人成果等行为,但若是为了维护公众利益而减损了其他经营者利益,不应被认定为互联网新型不正当竞争行为。其次,侵害消费者利益的行为,表现为误导消费者的行为和侵害消费者选择的行为。需要注意的是干扰消费者选择的行为本身是一个中性的,并不会直接影响消费者利益,并不必然等于侵害消费者利益。最后,侵害公众利益的行为,主要是指违法或者影响市场发展的行为。

相较于传统不正当竞争行为,平台经济领域新型不正当竞争行为更具特殊性。

第一,依托于互联网技术,技术性强。互联网技术的发展催生出了数字化产业,也助推新型不正当竞争行为的更新迭代。新型不正当竞争行为的表现形式由早期简单的域名抢注、刷流量、刷评论演变为数据爬取、流量劫持、数据引导、覆盖网页等一系列带有显著数字色彩的行为,竞争目的由抢夺客源演变为争夺数据、流量,司法机关的审裁工作需围绕数据、算法展开。作为底层技术的爬虫程序、协同过滤算法等代码程序算法逐渐成为案件的主导,而传统竞

---

① 吴莉娟:《互联网新型不正当竞争行为的类型化研究——兼论〈反不正当竞争法〉类型化条款之完善》,《竞争政策研究》2019 年第 6 期。

② 张冬梅:《互联网领域不正当竞争行为及法律监督问题研究》,《电子知识产权》2014 年第 12 期。

争理念和评价体系在这一场域下面临现实的应用困难。

第二,发源于互联网市场,场景复杂多变。互联网技术实现了互联网产业与传统产业对接,使得不同市场之间的关联度不断增加,彼此间的进入门槛不断降低。许多互联网公司开始向衣食住行等传统产业渗透,抑或开发互联网产业与传统产业的交叉领域,拓展商业版图。互联网市场逐步呈现多元经营、跨界竞争的特点,市场竞争行为由相关市场资源的争夺向不相关市场乃至未来市场过渡。新型不正当竞争行为开始向教育、医疗、交通等领域蔓延,样态也变得多种多样,对反不正当竞争立法调整对象的广度和宽度都提出了挑战。

第三,藏匿于技术创新之下,不易识别。互联网经济是创新经济,创新是其发展的源头活水,而创新常会对原有行业产生冲击。因此,新型不正当竞争行为常裹挟创新之名,行不正当竞争之实,隐蔽性极强。平台经济市场多表现为双边或多边市场,集合多方利益,竞争行为对各主体的影响,对市场竞争的影响都需要重新评估和分析。区分技术创新和不正当竞争行为的评判需要综合其他经营者、消费者、公众的利益、考量效能、秩序、公平等诸多价值,创新和不正当竞争行为往往一线之隔,司法机关稍有偏差便会得出错误判断。

三、平台经济领域新型不正当竞争行为审裁面临的困难

基于对平台经济领域新型不正当竞争行为的梳理,应清晰认识到传统审裁路径在应对新型不正当竞争行为时的不适应性。为改进新型不正当竞争纠纷的审裁工作,应从审裁理念到法律适用再到审裁模式,系统梳理传统审裁路径反映出的种种问题。

(一) 以私法逻辑为基础的传统审裁理念根深蒂固

反不正当竞争立法以维护市场秩序,鼓励市场竞争为目的,其首要保护的是正当的市场竞争利益,是市场的自由公平竞争秩序和消费者的权益,亦是大多数经营者的公平交易机会。实务中,平台经济领域的新型不正当竞争纠纷的审裁理念常以私法逻辑为基础,表现出浓厚的民事色彩,其将竞争利益限定为经营者利益,并且将这一利益进行权利化处理。然而,面对动态的市场竞争,灵活多变的新型不正当竞争行为,传统审裁理念显得十分落后。

首先,权利化的审裁理念不适于强调自由竞争的平台经济领域。传统审

裁理念将竞争利益提升至权利层面,采用强保护模式。但平台经济的发展得益于自由的市场竞争,只有依靠自由的竞争,创新、效率等价值才能实现,而权利化的审裁理念给市场竞争施加了过重的制度负担,束缚平台经济的市场竞争,也违背了《反不正当竞争法》鼓励自由竞争的立法目的。且"竞争权"的概念本就值得商榷。在理论上,有观点认为竞争利益广泛性、分散性的特点,使其权利化并不具有可行性。在立法上,竞争权益并未被我国法律明文规定为"竞争权",在比较法上也鲜有规定,其更多时候体现为一种法益,域外许多国家,如德国的竞争法实际上采用的是法益保护模式,是一种弱保护模式。①

　　其次,特定利益化的审裁理念不适于多元利益聚合的平台经济领域。传统审裁理念轻视消费者利益和公众利益。互联网产业线上线下交互式反应的跨界模式通常是以双边市场、多边市场为载体,以"平台"为核心,通过实现多种类型消费者之间的博弈获取利润。这一过程中,生产者、销售者、消费者还有平台经营者都会参与其中。平台经济作为眼球经济,各类竞争行为集中在屏幕的方寸之间,不正当竞争行为的开展均需以消费者为中介,消费者才是整个竞争活动中的弱势群体。扭曲的竞争环境在影响经营者和消费者的同时,也必然会影响公众利益。因此,新型不正当竞争行为会波及生产者、经营者、消费者等多主体,而上述众多主体的利益都值得被保护。

　　(二)　现行法律法规体系适用逻辑有待厘清

　　当前,我国不乏有关规制平台经济新型不正当竞争行为的立法,且已经形成了以《反不正当竞争法》为主,《反垄断法》《电子商务法》《著作权法》《商标法》等知识产权立法为辅的法律法规体系。2017年《反不正当竞争法》也新增"互联网专条"用以规制互联网新型不正当竞争行为。但司法实践中的常用条款却仍以《反不正当竞争法》的一般条款为主,这主要是由于整体法律法规体系适用逻辑不清,司法机关未能理顺各部门法之间的关系,加之未能协调适用《反不正当竞争法》的"互联网专条"与一般条款所导致。

　　未能理顺部门法间的适用关系。平台经济显现出跨界经营、多元经营的倾向,涉及多领域、多部门。这也意味着面对新型不正当竞争行为,司法机关

---

① 范长军:《德国反不正当竞争法研究》,法律出版社2010年版,第59—60页。

单纯依靠《反不正当竞争法》是不够的,还必须以场景为基准,灵活调用《反垄断法》、知识产权立法等,实现多部门法之间的协调联动。然而,由于司法机关协同能力不足,未能理顺各部门法之间的适用关系,只是简单将形态各异的互联网新型不正当竞争行为放置在《反不正当竞争法》的框架下进行分析,很难应对互联网新型不正当竞争行为在多重场景下显现出的多种形态。例如,经营者为了把持流量入口,常会开展恶意干扰,恶意不兼容等行为,在掌握流量优势后,其又可依靠其优势地位继续挤压其他经营者。再如,互联网新型不正当竞争行为往往也与知识产权侵权行为相互连接,被诉行为可能既构成知识产权侵权,也构成不正当竞争行为。

未能协调适用一般条款和"互联网专条"。2017 年《反不正当竞争法》新增"互联网专条"以回应新型不正当竞争行为。"互联网专条"作为具体条款,在审裁互联网新型不正当竞争纠纷时应被优先适用,但现实情况却恰恰相反。由于"互联网专条"前 3 款规定的情形既不周延也不互斥,第 4 款作为兜底条款,要件又过于宽泛,无法起到很好的补足作用。上述问题导致"互联网专条"的可操作性不强,司法机关在审理互联网新型不正当竞争纠纷时,往往跳过"互联网专条",直接将案件诉诸一般条款,颠倒了其和一般条款之间的适用顺序,导致一般条款被滥用,影响了法律适用谦抑性。实践中甚至还会出现法官借用"互联网专条"之名,实则适用一般条款的现象。

(三) 现有"私益优先"的审裁模式亟待改良

当前,司法机关在审理平台经济领域新型不正当竞争纠纷时多遵循"私益优先"的审裁模式。"私益优先"模式以当事人之间存在竞争关系为前提,着重分析其他经营者的利益是否被侵害,并以公认的商业秘密和诚实信用原则为裁判依据。这一以"民事审判思维"为逻辑的模式显然不可适用于平台经济领域新型不正当竞争纠纷的审裁。

首先,"私益优先"模式聚焦于特定利益是否受损。然而市场竞争有得必有失,并非造成利益受损的行为都应被认定为不正当竞争行为,合理竞争带来的损失应被接受。且《反不正当竞争法》是行为法,规制对象是竞争行为,审裁关注的重点应是行为本身。其次,"私益优先"模式聚焦于诉讼双方相对的竞争关系,而在平台经济的场域下,经营者频繁进行跨界和线上线下的联动,彼此之间的竞争关系变得宽泛和分散,认定困难。若在审理平台经济领域新型不正当竞争纠纷时,仍强调竞争关系的结构作用,将导致许多应被规制的行为逃脱法律制裁。再次,"私益优先"模式依赖的审裁依据呈现泛道德化趋势。公认的商业道德是认定平台经济领域新型不正当竞争行为的重要依据,然而不少法院在审理时直接援引社会公德作为裁判依据,简单地将"不劳而获""搭便车"等行为划归为不正当竞争行为。审裁过程依赖于法官的自由心证,主观色彩浓厚。最后,"私益优先"模式仅强调分析其他经营者权益的减损情况,对消费者权益,甚至是公众利益置若罔闻。但新型不正当行为的证成应是一个平衡多元利益的过程,单纯考虑行为对经营者利益的影响并不足以支撑起整个认定过程。

四、平台经济领域新型不正当行为审裁路径优化

新问题呼吁新模式。以私法逻辑为基础的审裁理念、适用逻辑不清的法律法规体系、"私益优先"的审裁模式已无法应对技术强、应用场景复杂、难以识别的新型不正当竞争行为,传统审裁路径面临现实转换的需要。因应这一需求,有必要以问题为导向,以场景为基准,形塑全新的审裁理念、优化条文适用、升级审裁模式。

（一）强化维护市场公平自由竞争秩序的审裁理念

平台经济形态更迭迅速,技术创新频繁,展现出蓬勃朝气,这些都得益于平台经济市场充分且自由的竞争。司法机关必须意识到平台经济市场自由、开放的特征,及时更新固化的审裁理念,从维护特定权益转向维护市场自由公平的竞争秩序。

首先,以公平自由竞争为核心,恪守审慎的审裁理念。创新是平台经济发展的立命之本,创新的质量和竞争的强度呈正相关性,越激烈充分的市场竞争越能激发企业的创新活力,但新技术、新模式、新生态的出现必然会影响现有市场。平台经济需要在法治的道路上进行,司法机关不应对新兴的平台经济施加过多的制度窠臼,"市场的事应交由市场去做",市场自身的调节功能就可解决大部分的竞争纠纷。司法机关应意识到竞争纠纷的市场可调节性,树立有限干预和鼓励竞争的观念。法官在处理不正当竞争纠纷应当恪守谦抑审

慎的审裁理念,通过评价竞争行为带来的正负效应,平衡多方利益,综合多种价值,判断行为是否正当,杜绝人为的错误判断,力求在不过度规制市场竞争的情况下,充分释放平台经济的创新活力,为平台经济留存适当的发展空间。

其次,以应用场景为基准,引入开放动态平衡的审裁理念。市场竞争是一个动态的过程,《反不正当竞争法》所规制的竞争现象始终处于变化之中,经济活动的规范要求也必然随之改变,不确定性或许才是《反不正当竞争法》最为确定的特点。平台经济市场中经营者涉足的领域众多,不正当竞争行为作用的场景也越来越多,在规制复杂多变的新型不正当竞争行为时,必须充分发挥司法的灵活性和前瞻性。平台经济市场是多种资源要素的组合,竞争方式、竞争关系、市场地位无时无刻不在变化,每一个相似的案件都会存在细微的差别,而细微差别就可能会导致案件的审判结果截然不同,先前不区分应用场景,简单固化的审裁理念很难适应平台经济市场竞争。司法机关应当充分考量技术的革新性,竞争的动态性和跨界性,对新型不正当竞争行为持开放态度。坚持以应用场景为依据,不断精细化《反不正当竞争法》的适用模式,形成一套能够适用于跨界且复杂场景的反不正当竞争行为的审裁机制。坚持个案分析原则,特别是在应用一般条款审理案件时,切勿陷入先入为主的误区,将复杂问题简单化,依靠直觉推定不正当竞争行为的存在。

（二）优化反不正当竞争法规体系与其他相关法规的联动

第一,实现部门法之间的协调联动。平台经济的经营范围日益扩张,涉及多个部门法,这要求司法机关要活用各部门法,依据具体场景,将《反不正当竞争法》与其他部门法进行搭配组合,厘清各部门法之间的适用关系,形成跨部门协同的法律合力。一方面,司法机关应当积极发挥其他部门法的补充作用。如当反垄断之诉和反不正当竞争之诉交织进行时,应充分发挥《反垄断法》的补充作用,被诉行为不构成不正当竞争行为的,不影响其是否构成垄断行为,两者需在独立框架内进行判断。另一方面,司法机关应理顺《反不正当竞争法》与其他部门法之间的适用顺位。若法律规定针对某些不正当竞争行为应优先适用的其他部门法,则此时《反不正当竞争法》应保持谦抑性。例如,针对不正当竞争行为与知识产权侵权交叉的情况应当优先适用《著作权法》《商标法》等知识产权立法。当出现知识产权立法上的解释困难时,还应借助于知识产权客体、权能、救济和主体等规范提供的法律评价信息,尽量将纠纷的解决思路纳入知识产权法的认知图式中。若查明确属法律漏洞,则应进一步考察适用《反不正当竞争法》是否与知识产权的立法目的冲突。只有在两者不冲突时,司法机关才可扩展适用《反不正当竞争法》。

第二,优化《反不正当竞争法》内部的条文适用。为扭转一般条款被滥用,"互联网专条"被束之高阁的局面,必须加强"互联网专条"的可操作性。在立法未作出回应前,应通过解释的方式,对《反不正当竞争法》第十二条第四款进行相应的补充,增加限定性要素以及更加具体的描述,提升实用性和可操作性。在面对法无明文规定的互联网新型不正当竞争纠纷时,更应严格遵循一般条款和"互联网专条"之间的适用顺序,避免法官随意向一般条款逃逸,应先依照"大前提—小前提—结论"的三段论的方式判断被诉行为是否可被第4款所涵摄。即使在第4款无法提供具体指引时,也应当仔细分析具体行为的构成要件,尽量找到可类比的规范和指导性案例。

(三) 完善平台经济领域新型不正当竞争案件的审裁模式

"私益优先"的审裁模式无法满足《反不正当竞争法》鼓励竞争的立法目的。因此,有必要更新传统的审裁模式,采用"行为正当性"的审裁模式,将审裁重心转移至行为正当性的识别上,强化对行为的观察,坚持法律评价的客观性,并采用多元利益平衡的分析框架。

审裁的核心思路——围绕行为正当性的识别。实务中,法官常依照审理民事侵权的思路来分析不正当竞争行为,只考量损害结果和侵权行为,而不讲求利益平衡。但《反不正当竞争法》维护的是动态的市场竞争,而非静态的市场利益。因此"私益优先"的审裁方式过度强调保护一方的特定权益,必定会导致另一方的同质利益受限,实际上并不适配于新型不正当竞争纠纷。平台经济领域新型不正当竞争纠纷的审裁思路应充分体现竞争法思维,以竞争行为为主导,围绕行为正当性的识别展开。以行为正当性作为审裁标准,并不意味着审裁中不再需要考量客观损害。竞争所引发的客观损害本身是中性的,不能成为直接证明行为不正当性的倾向性要件,但经营者的损害结果可以证明其是否具备原告资格,且通过对比损害结果与技术创新、效能提升之间的比例关系也可辅助行为正当性的证成。

审裁的逻辑前提——强化对竞争行为的观察。在先前的不正当竞争纠纷中,是否存在竞争关系是判定不正当竞争行为的前置条件。传统的竞争关系聚焦于经营者之间的身份关系,要求双方经营相同或相似的产品或服务或相互之间存在替代性,若一方的不正当竞争行为会直接侵害到另一方的利益,则认定双方存在竞争关系。但不同于传统工业时代"板块碰撞式"的竞争关系,互联网时代,市场竞争犬牙交错,非同业竞争增多,竞争关系变得越来越宽泛,呈现网状融合型的样态,不同的司法机关对非同业竞争者之间的竞争关系会得出不同的结论,导致竞争关系的认定缺乏内在逻辑性。且侵害消费者利益和侵害公众利益的行为本身就不要求竞争关系的存在,更无须受到同业竞争关系的限制。是否还应当将竞争关系作为案件审裁的前提要件是值得反思的问题。实践中,不少司法机关已经认识到狭义竞争关系的局限性,开始对竞争关系进行广义解释。在互联网经济时代,与其拘泥于究竟是广义还是狭义的竞争关系,直接消除竞争关系的结构性地位也未尝不可。在审理平台经济领域新型不正当竞争纠纷时,应当以是否存在竞争行为作为审判的逻辑起点,先确认被告是否实施了竞争行为,再判断其行为是否具有正当性。受先前狭义竞争关系的影响,竞争行为被限定为相对主体之间的市场利益或市场机会的争夺。因应现实情况的变化,我国也应对竞争行为做更广义的理解,将竞争行为认定为一切谋求市场优势或者争取市场交易机会的行为,不限于与特定竞争对手争夺特定的交易机会,而是泛泛地谋取竞争优势或者破坏竞争优势的行为。

审裁的基本主线——坚持行为正当性客观评价。法律评价应当是客观的,这不仅要求论证过程是客观的,还要求审裁依据也应是客观的。不正当竞争行为是违反商业道德和诚实信用原则的行为,实践中,司法机关常将商业道德视为诚实信用原则的具体化,作为认定平台经济领域新型不正当竞争行为的重要依据。当前,商业道德泛道德化的倾向是对商业道德做简单文意解释的结果。应当明确商业道德与社会公德不可等同,商业道德是商业领域的伦理,其以经济人理性为基石,讲求的是利己与利他的统一,允许主体通过合理的损他的手段实现利己,在道德水平上要低于社会公德。在平台经济领域新型不正当竞争纠纷中可以被作为审判依据的应当是理性具体的经济性分析，当事人的主观动机、行为本身的道德性等道德评价只能作为辅助性要素。北京市高级人民法院于2016年出台了《关于涉及网络知识产权案件审理指南》，其对公认的商业道德进行了定性和以及认定商业道德时应考量的要素进行了说明①，对法院在实践中认定商业道德、运用商业道德提供了指引。在审理平台经济领域的新型不正当竞争纠纷时，司法机关应先总体把握平台经济的行业惯例、自律公约、技术规范等，再根据具体场景，选取竞争领域相关的规范和准则等作为依据，坚持在个案中将商业道德予以具体化，保证商业道德的客观性。

审裁的关键进路——引入多元利益平衡框架。由于平台经济的多元复杂化、新型业态化，《反不正当竞争法》的保护对象不仅仅是针对经营者，还应辐射到消费者和公共秩序。例如，"X诉M一案"②表面上看似是一件不正当竞争案件，但本质上不仅涉及竞争利益，还涉及消费者的个人信息保护，因此仅单纯考虑其他经营者的利益根本无法实现公平审判，新型不正当竞争行为的认定过程应是利益衡量和价值判断的过程。虽然现实中已有法院开始采用"多益平衡"的审裁框架，但还多只是象征性地提及，并未真正落实。应落实多元利益权衡框架的运用，平衡好自由、公平、效率等价值之间的关系。秉持三元利益叠加的理念，综合评估行为对其他经营者、消费者以及社会公众带来的影响，通过保障经营者和消费者的利益，维护正常的竞争环境，并在此基础上保障公众利益。还要善用比例原则，将竞争行为带来的技术创新、效能提升等积极影响与其带来的损害结果进行对比，以考察被诉行为的适当性和必要性。平台经济竞争的动态性要求利益衡量和价值判断也应当是动态的，个案中的影响因素及权重应当根据具体场景进行重新配置。在具体个案中，消费者、竞争者和公众三方利益可能会同时兼顾，但大多数情况可能会有所侧重。

① 《关于涉及网络知识产权案件审理指南》第三十三条：在涉及网络不正当竞争纠纷中，公认的商业道德是指特定行业的经营者普遍认同的、符合消费者利益和社会公众利益的经营规范和道德准则。在对公认的商业道德进行认定时，应当以特定行业普遍认同和接受的经济人伦理标准为尺度，且应当符合反不正当竞争法第一条所规定的立法目的。
② 参见北京知识产权法院民事判决书(2016)京73民终588号。

在进行利益取舍时，要认识到消费者在整个竞争行为中的弱势地位，优先保护消费者利益。

平台经济领域新型不正当竞争行为的不断涌现是互联网经济发展的必然结果。要更好地规制平台经济领域新型不正当竞争行为，肃清市场竞争中的不正之风，还应当集结多方力量，建立共建共享共治机制。规制的权力也应该从政府独享，发展为政府主导下的多元共享。必须以法治为框架，引入多元主体的元素，调动多方力量，以社会共治的方式，从而构建全周期、智能化的规制框架，平衡并合法规制多元主体之间的合法利益。面对新型不正当竞争行为，司法应当保持审慎开放的态度，在精准打击的同时，为平台经济发展留有适当的发展空间。

第四节　公平竞争审查制度在平台经济发展中的应用

中国共产党第二十届中央委员会第三次全体会议公报指出，高水平社会主义市场经济体制是中国式现代化的重要保障。必须更好发挥市场机制作用，创造更加公平、更有活力的市场环境，实现资源配置效率最优化和效益最大化，既"放得活"又"管得住"，更好维护市场秩序、弥补市场失灵，畅通国民经济循环，激发全社会内生动力和创新活力。

公平竞争是市场经济的基本原则，是市场机制高效运行的重要基础，也是建设全国统一大市场的必然要求。公平竞争的市场环境不仅能够最大限度优化资源配置，充分调动市场经营者的积极性与创造性，而且还能降低制度性交易成本。党中央、国务院对营造公平竞争市场环境高度重视，对公平竞争制度相关规则不断完善。2024年6月，《公平竞争审查条例》公布，于2024年8月1日正式实施，这是我国社会主义市场经济法治化进程中的重要里程碑。《公平竞争审查条例》的出台，进一步细化和落实了《反垄断法》和国务院部署中关于公平竞争审查制度的规定，为推进全国统一大市场建设提供了坚实的制度支持。

一、我国公平竞争审查制度的内涵及其演进

（一）我国公平竞争审查制度的内涵

公平竞争审查是中国式现代化在竞争理论与制度领域的创新展现。公平竞争审查制度着眼于协调政府与市场的关系，是划定政府与市场边界的市场竞争制度。政府在市场自我调节失灵时发挥宏观调控作用，不能掣肘、干预市场的公平竞争。公平竞争审查制度作为顶层制度设计，在预防和制止行政性垄断中发挥着积极效用。具体而言，当政府制定涉及市场主体经济活动的法规、政策及措施时，必须进行公平竞争审查，以评估其对市场竞争的潜在影响，确保政府行为严格遵循竞争中性原则和竞争政策。

2022年修正的《反垄断法》第五条规定，"国家建立健全公平竞争审查制度"，正式确立了公平竞争审查法律制度，公平竞争审查是对行政性垄断的事前预防监管。由此可见，现行公平竞争审查制度建立在《反垄断法》基础之上，其目的是防止不当的行政行为对市场竞争造成不公平影响。

根据《公平竞争审查条例》第二条规定，公平竞争审查范围包括涉及经营者经济活动的法律、行政法规、地方性法规、规章、规范性文件及具体政策措施，相关起草单位都应对政策措施进行是否排除、限制竞争评估。公平竞争审查是行政机关和法律、法规授权的具有管理公共事务职能的组织对经济政策的内部性前置审查监督，旨在实现政策目标的同时，防止限制或排斥市场竞争，进而维护市场公平竞争秩序，保护消费者利益，以确保市场主体都能平等参与市场竞争，享有平等参与资源配置的机会，平等受到法律保护。

公平竞争审查制度涵盖审查主体、审查范围、审查标准、审查程序等要素。首先，公平竞争审查制度的审查主体主要分为两类：一是行政机关，包括中央政府、地方各级人民政府及其组成部门、直属机构等；二是法律、法规授权的具有管理公共事务职能的组织，非严格意义上的政府部门，但依据法律或法规的特别授权，具有管理社会公共事务权力的组织或机构，如行业协会、专业监管机构、公用事业运营单位等。凡是能够具有起草涉及经营活动、影响市场竞争的公主体都属于需要进行审查的主体，以保证审查的公正性和客观性。

其次，公平竞争审查制度的审查范围包括审查主体单位起草制定的与市场经营者经济活动相关的法律、法规、规范性文件及政策措施等文件，包括但

不限于市场准入、政府采购、补贴政策、行政垄断等,确保这些政策和措施不会对市场竞争产生不合理的限制。

最后,公平竞争审查制度的审查标准通常聚焦于是否限制市场准入、是否限制商品或服务的自由流通、是否对特定企业或行业给予不合理的优惠等。公平竞争审查制度明确了审查流程,涵盖发起、实施、反馈及后续监督等环节,其核心价值在于预防与纠正损害市场竞争的政策措施,保障和规范市场对资源的有效配置,促进经济健康发展。

此外,公平竞争审查制度还承担着事后监督清理的职能。在公平竞争审查制度出台前颁布的法律、法规及政策措施等文件尚未经过公平竞争审查,可能出现行政性垄断,破坏市场的有序公平竞争。因此,在公平竞争审查制度确立后,由市场监管总局组织召开公平竞争审查联席会议,并对存量政策措施展开清理工作,以期维护市场公平竞争秩序,破除行政性垄断。

公平竞争审查制度既有事前预防监管的效用,又有事后监督清理的作用。在法律法规及政策文件等出台前进行公平竞争审查,可以确保政策措施不会排除、限制市场竞争,具有"期后效力";对已出台的阻碍市场公平竞争的政策文件进行清理,具有"既往效力"。在建设全国统一大市场的背景下,公平竞争审查制度兼具事前预防与事后监督的双重作用。

(二) 我国公平竞争审查制度的演进

2016 年 6 月,《国务院关于在市场体系建设中建立公平竞争审查制度的意见》(以下简称"34 号文")公布,标志着我国开始探索在市场体系中建设公平竞争审查制度。这一制度旨在规范政府涉及市场经济的相关行为,防止政府对市场不当干预,确保各类市场主体在公平环境下参与竞争,是社会主义市场经济建设中的重要制度创新。2017 年 10 月,国家发展改革委、财政部、商务部、工商总局、国务院法制办会同有关部门研究制定《公平竞争审查制度实施细则(暂行)》;2021 年 6 月,国家市场监督管理总局、国家发展改革委、财政部、商务部、司法部会同有关部门修订《公平竞争审查制度实施细则》。其间,2019 年 2 月,国家市场监督管理总局研究制定《公平竞争审查第三方评估实施指南》,并于 2023 年 4 月进行修订。

在"34 号文"确定的公平竞争审查制度框架基础上,各级有关部门不断完善审查的原则、范围、标准和程序,并探索、细化公平竞争审查第三方评估制度,以提高审查的专业性和公正性。公平竞争审查制度循序渐进地融入政府决策流程,成为规范政府制定经济政策的重要制度保障。

2022 年 3 月,《中共中央　国务院关于加快建设全国统一大市场的意见》(以下简称《意见》)印发,指出要"加快建设高效规范、公平竞争、充分开放的全国统一大市场",其中明确要"完善公平竞争审查制度"。2022 年 8 月,《反垄断法》修正,将公平竞争审查制度纳入法律规定。这标志着公平竞争审查制度正式上升为法律,其权威性、约束力显著增强,不仅是对既有实践经验的总结和巩固,也是对市场经济法治化的有力推进和保障。

自公平竞争审查制度实施以来,有效规范了行政机关和相关组织的行为,预防了行政性垄断行为的出现,维护了市场公平竞争秩序及市场经营主体平等参与市场竞争的权利。然而,在公平竞争审查制度实施过程中,仍存在"形式化审查"甚或未真正进行公平竞争审查的问题。实际操作中,个别政策措施在起草制定时未能严格执行审查程序,在市场准入条件和财政补贴上采取了非统一标准,给予特定地区或企业不平等的待遇,形成了地方保护。这种做法加剧了不同区域间的市场分割,阻碍了全国统一大市场建设。

法治是法治国家依法治国的基本方式,有必要通过合理运用法治化手段,以推动公平竞争审查制度的落实。尽管 2022 年修正的《反垄断法》明确规定了"公平竞争审查制度",但仅是原则性规定,强调"国家建立健全公平竞争审查制度",公平竞争审查实效有待进一步提升。在此背景下,《公平竞争审查条例》公布实施是对《反垄断法》规定的具体落实。

我国公平竞争审查制度的发展反映了我国政府对市场规律的深刻认识和对法治经济的坚定追求,实现了由"软法"向"硬法"的转变,强化刚性约束,展现了制度创新与市场发展的动态平衡。

二、《公平竞争审查条例》的变化及亮点

《公平竞争审查条例》对公平竞争审查制度进行了全面升级,体现了对市场公平竞争的高度重视和维护。《公平竞争审查条例》与之前的《公平竞争审查制度实施细则》(以下简称《实施细则》)相比,在多个维度上进行了调整和

完善,重申了公平竞争审查的法律基础和政策背景,还进一步明确了制度对于维护市场秩序、激发市场活力的重要作用,体现了国家对于公平竞争审查制度定位的提升,对于实现经济高质量发展具有深远意义。

（一）《公平竞争审查条例》的变化

一是拓宽公平竞争审查的范围。《公平竞争审查条例》已将其审查范畴从原有的行政法规、规章等扩大至法律及地方性法规的起草初期阶段,确保了审查的全面性。此举旨在推动公平竞争审查制度向合宪性审查与合法性审查深入发展。遵循合法性与合宪性审查的严格标准,实现对法律、行政法规、地方性法规等政策措施的全面审查,从而有效避免公平竞争审查制度游离于我国法律体系之外,预防法律体系碎片化的风险。

二是完善公平竞争审查机制。《公平竞争审查条例》在审查流程上强化了国家与地方层面的协调,既明确了国务院需建立公平竞争审查协调机制,又深化了各级市场监管部门的具体职责。《公平竞争审查条例》要求国务院及县级以上地方人民政府要建立健全公平竞争审查体系,使审查工作的权责更加清晰明确,较《实施细则》更为系统和具体。

三是优化公平竞争审查标准。公平竞争审查标准是衡量政策措施是否排除或限制市场竞争的重要标尺,彰显了国家在处理市场调节与政府干预、经济效率与公平、竞争政策与经济政策间关系时的基本态度。相较于《实施细则》,《公平竞争审查条例》在审查标准的设定上更为精炼,从形式审查转向竞争法所倡导的实质审查方法,对政策措施的竞争效果评估更为细致入微。特别是在市场准入退出、商品与要素自由流动、生产经营成本和行为影响等方面的审查标准上进行了详尽的补充与优化,从而增强了标准的适用性、针对性和指导性,有助于政策制定机关在审查过程中更加精准地把握方向。

四是强化公平竞争审查监督保障。《公平竞争审查条例》第五条①与第七条②的规定不仅为公平竞争审查工作提供了稳定的资金支撑,有效预防了资

---

① 《公平竞争审查条例》第五条县级以上地方人民政府应当建立健全公平竞争审查工作机制,保障公平竞争审查工作力量,并将公平竞争审查工作经费纳入本级政府预算。
② 《公平竞争审查条例》第七条县级以上人民政府将公平竞争审查工作情况纳入法治政府建设、优化营商环境等考核评价内容。

金不足对审查质量与效率的潜在影响,更彰显了政府加强自我监督、提升行政效能的坚定决心。通过绩效考核这一机制,促使各级政府更加重视并有效执行公平竞争审查,从而规避政策制定中的反竞争倾向。

此外,《公平竞争审查条例》还设立了专门的章节,详细规定了包括抽查、举报处理、专项督查在内的监督保障措施,明确了对违规行为的追责问责机制。这些举措显著增强了制度的权威性和约束力。

五是细化公平竞争审查中的例外规定实施。对于某些可能具有排除、限制竞争效果的政策措施,若其目的与效果旨在达成其他重要价值目标,且为社会带来的整体利益显著超过可能对市场竞争造成的不利影响,则此类政策可获准实施。《公平竞争审查条例》在划定例外规定适用情形时,贯彻了最小化与必要性原则,设立了落日条款,旨在协调多元价值冲突的同时,巧妙运用立法技术明确例外条款的具体适用,从而有效限制为实现其他价值目标而对市场竞争造成的潜在影响,加大竞争政策与其他政策之间的统筹协调力度,确保影响范围最小化。

(二)《公平竞争审查条例》的亮点

一是强化政策措施的公平性,明确主体责任和追责机制。《公平竞争审查条例》凭借其全面的审查范围和严格的审查标准,有效确保政策措施不会造成对不同经营者的不公平待遇。《公平竞争审查条例》详细规定了市场监管部门的监督职责及对违规行为的追责机制,从而确保了制度的有效执行。此举不仅展现了政府部门在维护公平竞争市场秩序方面的自我约束与监督,更促进了政府带头践行合规的良好风尚。

二是促进市场资源配置效率,破除地方保护和市场分割。《公平竞争审查条例》通过保障公平竞争环境,有效优化资源配置,显著提升市场效率,从而为高质量发展注入强劲动力。此外,该条例还积极倡导具备条件的地区建立跨区域、跨部门的公平竞争审查协作机制,旨在加强地方政府间的协调与合作。譬如,探索实施跨行政区域、跨部门的公平竞争审查信息共享、协助审查、联合审查等举措。各行政区域、各部门对于典型的复杂案例应进行协商讨论,并就相关裁量标准进行探讨,促成统一的裁量标准,最大限度提升公平竞争审查工作的统一性,从而推动各行政区域市场竞争环境的优化。通过制度设计,进一步削弱地方保护主义,破除市场分割,加快全国统一大市场的形成与发展。

三是倡导多元审查机制,融入多元共治核心思想。《公平竞争审查条例》明确指出,在审查过程中"开展公平竞争审查,应当听取有关经营者、行业协会商会等利害关系人关于公平竞争影响的意见。涉及社会公众利益的,应当听取社会公众意见"。这一规定打破了传统单一治理格局,鼓励党委、政府、企业、社会组织及公众等多元主体参与公平竞争审查,充分发挥不同主体的优势,立足不同主体的角度,听取多方主体的声音,达成协商合作,以求最大限度实现公平,追求最佳的治理效果。

将多元社会力量纳入审查体系,不仅提升了审查效率与质量,而且提高了政策制定的科学性与民主性,确保政策措施严格遵循公平竞争原则。公平竞争多元审查机制通过整合政府、市场与社会三大领域内的政策制定部门、竞争主管机构、专业第三方机构、市场主体及社会公众等多方力量,依托协商、合作、共建、共享等机制,共同推动社会利益的最大化。

三、《公平竞争审查条例》对促进平台经济规范持续发展的意义

平台经济是市场发展到一定阶段的产物,其规范与持续发展涉及制度规则、市场监管、商贸流通、城乡区域发展及基础设施建设等多个领域。对实现我国经济的高质量发展而言,平台经济的规范持续发展意义重大。公平竞争是维护市场秩序、优化资源配置的关键。完善并有效执行公平竞争审查制度,不仅能消除地方保护主义和行政垄断,还能激发产业升级活力,增强经济的整体竞争力。《公平竞争审查条例》是该领域的核心行政法规,旨在构建制度化的公平审查机制,预防并纠正行政机关可能采取的妨碍市场竞争的政策措施,确保市场公平竞争环境,为平台经济的规范与持续发展提供坚实的制度支撑。

一是规范行政行为,强化市场监管。《公平竞争审查条例》通过明确审查标准和机制,规范了行政机关在制定涉及市场的政策措施时的行为,强化了对行政权力的制约和监督,以削弱行政垄断与地方保护主义,为平台经济规范持续发展奠定了坚实的法治基础。

二是促进公平竞争,优化营商环境。《公平竞争审查条例》确立了公平竞

争审查的目标和原则,明确政策措施的制定不得:(1)限制市场准入和退出;(2)限制商品、要素自由流动;(3)影响生产经营成本;(4)影响生产经营行为等。这要求政策制定单位在涉及市场经济的措施中,必须遵循公平竞争原则,以提高市场经济活动的公平性与透明度。此举与《反垄断法》关于"滥用行政权力排除、限制竞争"的规制相结合,形成了对行政垄断的整体性、全过程的治理架构,有效预防和制止了滥用行政权力对竞争的干扰,纠正了地方保护、行业壁垒等问题,积极推动了营商环境的优化,创造了稳定、公平、可预期的市场经济氛围。

三是强化竞争政策基础地位,保障权利平等,推动经济高质量发展。《公平竞争审查条例》强调保障各类经营者依法平等使用生产要素,公平参与市场竞争。《公平竞争审查条例》通过确保竞争政策的有效执行,激发市场活力,促进创新和技术进步,推动经济向更高质量、更有效率、更加公平、更可持续的方向发展。

从经济政策的角度看,竞争政策与产业政策、财政政策、货币政策等其他经济政策并行不悖,各有其侧重点,共同服务于国家经济发展。2022年《反垄断法》修正时,特别在第四条第二款新增了"国家坚持市场化、法治化原则,强化竞争政策基础地位,制定和实施与社会主义市场经济相适应的竞争规则,完善宏观调控,健全统一、开放、竞争、有序的市场体系"的表述。《反垄断法》的修正与《公平竞争审查条例》的公布实施,彰显了我国对竞争政策基础地位的深切重视。竞争政策的核心目标在于预防和制止市场上的反竞争行为,以减少市场扭曲,确保资源通过竞争机制实现高效配置。

四是增强市场预期,稳定投资信心,促进"有效市场"与"有为政府"更好结合。所谓"有效市场",即信息能迅速、精准地在市场各主体间流通,市场价格精准反映市场状况,资源配置高效,价格机制灵活调节供求,从而促进经济稳定增长。但现实中垄断、外部性、公共物品及不完全信息等因素常引发市场失灵,需"有为政府"介入,维护市场秩序,提供公共物品,解决市场失灵,并通过合理政策引导、规划与监管,推动平台经济长期发展。

但需注意的是,政府干预亦可能带来"政府失灵",故需探索市场与政府间的适当平衡。《公平竞争审查条例》通过细化公平竞争审查制度,实现了市场与政府的有效结合，展现了政府"双手并用"的智慧，既利用市场机制，又合理引导调控。《公平竞争审查条例》明确了政策措施的公平竞争标准，提升了市场参与者对政策走向的预见性，稳定了市场预期，增强了投资者信心，促进了资本流动与资源合理配置。同时，事前审查机制预防了经济政策对市场竞争的潜在干扰，确保了政府行为与市场机制的良性互动，推动了我国治理体系和治理能力现代化的进程。

当前，平台经济规范持续发展的重要着力点之一是"坚持问题导向，聚焦解决突出矛盾，加速清理废除阻碍统一市场和公平竞争的规定与做法，打破封闭小市场，消除自我小循环"。《公平竞争审查条例》的实施，有助于打破区域壁垒，构建开放、包容、普惠、平衡、共赢的开放型经济新体制，为国内外平台经济经营者营造更公平的竞争环境，促进国内外经济的深度融合，是我国建设高水平社会主义市场经济体制中不可或缺的重要组成，为平台经济的健康发展提供了法治保障。

第三章　平台经济要素治理的法治应对

　　平台经济已成为推动经济增长的新引擎。然而,随着平台经济规模的不断扩大和影响力的日益增强,其涉及的各类经济要素如数据、算法等也引发了一系列复杂而深刻的治理挑战。这些挑战不仅关乎市场公平竞争、消费者权益保护,更触及数据安全、隐私保护、劳动权益等社会公共利益的核心领域。平台经济要素的治理,本质上是对数字时代新兴经济活动的法律规制。因此,如何在法治的轨道上有效应对平台经济要素的治理挑战,构建适应数字时代发展的法律规制框架,成为当前法学研究和政策制定的重要课题。

　　围绕平台经济要素治理的法治应对展开深入探讨,旨在通过梳理当前平台经济要素治理面临的挑战和法律规制现状,分析现有法律体系的不足和缺陷,提出构建适应数字时代发展的法律规制框架的建议和路径,为推动平台经济规范持续发展,保障社会公共利益提供有益的参考和借鉴。

第一节　数据要素治理的法律框架

　　平台经济的蓬勃发展是推动经济社会高质量发展的重要引擎,其中以数据为基础的技术及产业开启了一系列颠覆式的信息、知识及智慧的(深度)合成生产与分发、创新及使用方式,使人类由过去主要依赖人工采集数据、提炼信息、分析问题,形成信息、知识及智慧,逐渐转变为依赖人工和智能机器学习的方式形成和供给人类信息、知识及智慧。基于此,人类社会高速步入数据时代,以数据驱动的新经济业态、产业、模式大量涌现,也由此引发了各国对数据要素市场化配置问题的高度关注。

数据要素市场化配置是将尚未完全由市场配置的数据要素转向由市场配置的动态过程,形成以市场为根本的数据资源体系,实现以数据流动促进生产、分配、流通、消费各个环节高效贯通。具体可提炼为让市场在数据要素配置中起决定性作用,以法治市场和市场法治来推动和规范数据要素的发展。申言之,让市场主体在法治的框架下充分运用市场经济法治规则与方法来保障和完善其对数据获取、定价及交易,数据使用、加工及经营,数据安全、共享及创新等不同环节、不同场景及不同过程的全周期治理,统筹数据安全和发展。

2022 年 12 月 19 日,《中共中央 国务院关于构建数据基础制度更好发挥数据要素作用的意见》(以下简称《数据二十条》)正式发布,标志着我国数据要素市场化发展及规范化治理进入了新阶段。《数据二十条》不仅对之前引发争议的数据权属问题予以了回应,创新性提出了数据权属分置安排,更明确了对数据予以公共数据和非公共数据的划分,且在数据流通、数据权益分配和数据安全保障等方面提出了相应意见、方案及措施,使数据要素市场化配置有了具体的行动路向和可及的方案抓手。2023 年 3 月 16 日,《新时代的中国网络法治建设》白皮书发布,重点强调了健全数字经济法治规则,构建数据基础制度,明晰数字市场运营制度,规范数字经济新业态新模式,数据市场化作为关键一节意义重大。2023 年 3 月 10 日,《第十四届全国人民代表大会第一次会议关于国务院机构改革方案的决定》通过,其中新组建的国家数据局主要负责协调推进数据基础制度建设,统筹数据资源整合共享和开发利用,统筹推进数字中国、数字经济、数字社会规划和建设等,彰显了对数据治理和利用的高度重视。

在加快网络强国、数字中国建设的过程中,如何深挖数据要素创新价值,加快建设数据要素市场化配置的相关法律制度,不断完善推动和顺畅数据要素市场化配置的相关体制机制,释放作为新的创新型生产要素的数据的价值,成为理论界和实务界面对的时代任务。据此,本书拟运用系统观念和法治思维进一步完善相关制度安排,落地落实具体建议、意见及举措,抓住数据权属制度待明晰规范、数据交易市场秩序及制度失范、数据市场竞争缺乏规制,以及数据安全保障制度及实效需提升等难点,不断具象化、精细化相关治理方案和措施,以服务和保障数据要素市场化的规范健康发展。

一、数据要素市场化配置全周期治理的理论检视

对于数据要素市场化配置的规范治理,有学者认为其前提是对数据要素进行私权逻辑上的权益配置,即"在当前数据资产化趋势下,一种数据新型财产权的构建迫在眉睫,赋予数据从业者数据经营权和数据资产权这两种新型财产化权利。该新型财产权近似于物权,应具有绝对性和排他性,绝对财产权地位的构建有利于保障数据从业者的利益和交易安全"[①]。"数据企业的数据权利是一种新型的财产权,不能仅仅通过反不正当竞争法,而应同时作为绝对权给予更系统的保护。"[②]随着各类数据实践行为的展开,也有"数据只有在不断流通与交换中才能最大化其利用价值,应以互联互通为抓手不断推进"的认识。[③] 然而,就如何优化数据要素的权益配置,目前尚无定论。

当下,对数据要素权益配置往往先着眼于"定分止争",其开展的逻辑前提是对市场上的数据要素进行确权。然而,由于数据要素与传统要素不同,其所蕴含的信息和价值会随着数据不同周期阶段发生变化,存在传统要素之上的物权理论所主张的相对静态的确权方式,往往难以适用于数据要素的权益样态变化的事实。数据权在数据的全生命周期中有不同的支配主体,有的数据产生之初由其提供者支配,有的数据产生之初便被数据收集人支配;在数据处理阶段则被各类数据主体所支配。而且,数据具有非竞争性和非排他性,若配置过多的私产权利,可能会导致"反公地悲剧",即使存在一个完整的数据权属方案,也难以充分解决市场化过程中数据的安全与竞争问题。为此,需要着眼于数据要素市场化配置过程的全周期,从数据要素的本身属性以及市场化的架构与要件入手,分析数据要素市场化配置全周期治理的逻辑基础与实践进路。

---

① 龙卫球:《数据新型财产权构建及其体系研究》,《政法论坛》2017 年第 4 期。

② 程啸:《论大数据时代的个人数据权利》,《中国社会科学》2018 年第 3 期。

③ 陈兵、林思宇:《数字经济领域数据要素优化配置的法治进路——以推进平台互联互通为抓手》,《上海财经大学学报》2022 年第 3 期。

（一）数据要素市场化配置的内涵与范畴

探索数据要素市场化的具体展开依赖于对数据要素特征的深刻把握。通常意义上,数据是指社会经济活动以数字形式反映出来的数量汇集,是统计分析的依据和结果。作为现代信息技术应用于国民经济的生产要素,数据现已具有了全新含义,是指人们借助于现代计算机和互联网技术进行捕捉、管理和处理的数据集合,是借助于云计算手段处理的信息资产。数据资源更多地指向互联网活动所产生的记录,体现了海量、异构、多样、分布、快速生成、动态变化等特点,同时,数据在社会生产过程中逐步融入社会生产的各个方面和各个过程,逐步体现为独立的生产要素价值。简言之,数据要素作为劳动要素,蕴含着劳动价值,而又异于传统生产要素,具有形式虚拟性、非排他性、非竞争性等特征。相较于传统的劳动要素,数据要素的劳动价值在交换中呈指数倍扩张,交换的畅通与否对其价值挖掘具有重大影响。市场化配置是指以市场需求为导向,以竞争机制为手段,合理分配稀缺资源的手段和方式,属于交换的高级模式。进言之,市场化是数据价值挖掘和增值的有效方式,数据要素的市场化配置具有客观依据和必要性。

平台经济的持续发展离不开市场竞争下优胜劣汰的选择效应和市场监管下奖惩分明的激励效应,需要打破数据流通的物理空间界限,使数据供给者自主决定生产什么、怎么生产、为谁生产,需求者自由选择最需要的数据产品和服务,推动数据的跨部门、跨行业、跨企业流通。基于此,数据要素市场化配置就是要充分发挥市场配置的决定性作用,推动同一利益主体内部以计划为主导的数据流通向不同利益主体间以市场为主导的配置方式转型,这是数据要素配置效率趋向最优的重要实现形式。

推动数据要素在不同利益主体间的利益分配,需要以数据要素自无到有的生命周期以及数据要素的价值生产过程为依据,结合市场化应用的必要方式以及在此过程中的法律权利应用逻辑进行深入把握和理解。数据要素的生产劳动及价值产生过程大致可分为五个过程:(1)数据挖掘与数据整理,即将文字、声音、图像等信息转化成计算机语言,通过大数据企业的计算、分类整理成多种格式的可用资料,初步形成有效的"数据资源";(2)数据结构化与规范化,即将初步整理的原料通过信息抽取、分类,借助相应的算法方式,按照属性、名称、实体联系等内在逻辑进行排列组合,形成可查询、可修改的可用工具;(3)数据联通与数据集成,即在数据初步收集整理完毕后,将相对独立、封闭的"信息岛屿"互相联通,扩大样本容量,提高决策精准度;(4)数据存储与数据处理,即对收集整理的大样本进行刻录和留存,并在此基础上识别真伪、降重去错,以需求为导向重新组合、分类、归档,为数据产品的推出奠定基础;(5)形成数据库与数据服务软件,即数据经加工处理后,最终生成具有价值的数据产品。推动数据要素市场化,就是要从数据要素生产过程的各个环节探索市场化的可能性,参考传统产品的交易过程,以及当前大数据平台的基本流程。

综上所述,我们可将数据要素劳动价值产生过程的市场化归纳为如下几个阶段:其一,数据挖掘与数据整理阶段。这是市场化的初始阶段,需要赋予数据价值,推动数据真正作为生产要素参加市场交易和(或)交换,借助市场机制促进数据要素的配置。其二,数据结构化和规范化阶段。数据主体在数据收集和整理,并在结构化和规范化之后提供相应的数据服务,形成数据工具,在此阶段应构建规范化、标准化、专业化的相关市场,形成相应的市场规则和市场惯例,确定监管主体。其三,数据联通与数据集成阶段。数据产品市场形成,数据需求稳步上升,数据产品的生产主体展开竞争,并通过竞争的方式分配数据资源。其四,数据存储与数据处理阶段以及形成数据库与数据服务软件阶段。数据要素最终转化为数据资产,通过第三方估值、市场价值实现等方式计入市场主体的资产负债表,充分参与市场运转。数据要素的生产、分析、处理、使用及管理过程构成了数据要素全周期运行的过程,在此过程中借助市场机制实现生产、分配、定价、流通、交易或交换,并得以循环发展,从而促进数据价值"实现—挖掘—再实现—再挖掘"的循环。

鉴于数据要素自身的特性,其市场化过程还需关注不同于传统生产要素的新问题。譬如,数据挖掘与整理中数据的无形化和主体多元化使得其进入市场存在在市场架构和定价机制设计上的困难、数据联通与数据集成方面的私法保护逻辑失效等难题。对此,需要因应数据市场发展的新特点,创新治理方法,提高治理质量。

（二）数据要素市场化配置全周期治理的意义与价值

全周期治理(亦可称"全生命周期治理")借鉴了全周期管理的提法，是一种现代化管理理念和管理模式，它强调对管理对象进行全过程、全方位和全要素的整合，优化组织结构、业务流程和资源配置。[①] 此概念早先提出于城市管理，后被广泛应用于多领域的治理。

如前所述，数据要素具有不同于传统要素的特征，其市场化配置涉及多主体和多领域，只有通过综合治理才能有效回应相关问题，这与城市管理有着相似之处。然而，数据市场治理不能完全依赖政府管理，将"管理"替换为"治理"更能体现市场机制和公权力机制共同发力、协同治理的属性。所以，数据要素市场化全周期治理，顾名思义就是综合数据要素的生产周期和其市场化全过程进行综合施治。具体包括以下层面：第一，全周期治理是指基于数据要素市场化配置全过程所进行的系统、完整的治理。通过对数据要素市场化过程中各环节之间所关联的法律关系及逻辑展开所做的考察，精准、全面地分析数据要素市场化尚未能全面发展的原因与痛点，从结构化的角度提出治理方法。第二，全周期治理是兼顾安全与发展的治理。全周期治理的底层逻辑是在保证数字经济的安全底线之上，最大化数字经济的发展效益，实现数字经济的规范、健康和可持续发展。目前，我国仍处于经济社会发展的快车道，发展仍是第一大目标，根据经济基础决定上层建筑理论，我们仍应推动治理服务于发展最大化，同时也需以维护国家安全、经济安全、社会安全为底线，重视底线思维。第三，全周期治理是依法治国要求下的治理。依法治国是新时代推进国家治理体系和治理能力现代化的有力保障，数据要素市场化配置的全周期治理是我国在推进国家治理体系和治理能力现代化进程中必须高度重视的全局性问题，即治理数据要素市场化的过程也是法治水平不断提升的过程。法治是治国之重器，只有将法治的理念贯彻于数据治理的全周期，才能提出规范化、标准化、体系化的治理措施，实现法律价值，维护法律的公平与正义。

落实到实践层面，全周期治理具有清晰而丰富的层次，充分因应数据要素

---

① 毛子骏、黄膺旭：《数字孪生城市：赋能城市"全周期管理"的新思路》，《电子政务》2021年第8期。

市场化的不同环节、不同场景、不同过程,秉持全面、整体、系统的理念,合法、合理地提出具体可操作的对策。基于全周期治理的理念,需要将数据要素市场化的全过程与法治理念深度结合,借助法律逻辑,发现法律漏洞,提出法制措施。具体而言,可将数据权益的生成与应用阶段大致划分为权益生成与认定、权益行使与实现、权益共享与限制、权益实现与转化四个阶段,且四个阶段不具有互斥性,主要表现为在不同阶段数据权益的主要样态,即更加倾向于哪一种权益的样态,实际上在各自阶段也存在数据权益的其他样态,即各阶段之间的数据权益存在延续和共存的事实,这在很大程度上也反映了不同阶段的多元主体对数据权益的不同主张及现实需求。譬如,第一阶段通常系数据权益的生成与认定过程,数据作为生产要素进入市场,需要以法律或规则的形式对其权属进行确认,以界定数据的概念和利用的限度,防止“公地悲剧”的出现,同时在确认相应主体相关数据权益状态时,在后续阶段中依然存在此阶段对数据权益的生成、认定及保有的状态。第二阶段的权益行使与实现,在数据要素形成数据产品的过程中,亦包括其不断市场化的过程,在此过程中数据要素上的各类主体所享有的权益通过不同方式予以行使并实现,同时,其行权及实现是否顺利在一定程度上与数据市场的完善程度及周期治理的衔接度密切相关。第三阶段系数据权属更多呈现为在市场场景下如何共享以及可能受到何方面限制的样态,类似于科斯所主张的权利互斥性理论,支持一种权利的同时也是侵犯另一种权利[①],这种矛盾在数据市场竞争中尤其容易被放大,然而,实际上这种权利互斥性在数据要素领域是不完全正确的,甚至容易产生误导。为此,必须高度关注数据要素市场流通价值明显有别于传统要素市场流通价值的特殊之处,必须明确数据各类权益主体的行权边界,对其权益进行必要限制。第四阶段系数据权益的进一步实现与转化循环过程,在该阶段数据要素权益的归属及分配逐渐趋于明晰,并且呈现循环的状态,为此,需要有效建立相应的市场制度对源源不断生成的数据资源及权益予以保护,确保数据各类主体权益的实现,推动数据要素市场安全有序的发展。

[①]　冯玉军:《权利相互性理论概说——法经济学的本体性阐释》,《法学杂志》2010年第9期。

二、我国数据要素市场化全周期治理面临的主要障碍

承前所述,数据要素异于传统生产要素,具有虚拟性、非排他性、非竞争性等特征,并因此产生了数据使用的共享性,这使得数据要素市场化配置面临巨大挑战。将其劳动生产、价值产生的全周期纳入法理逻辑进行考察,可以发现数据要素市场化的关键点和市场化改革的痛点、难点。申言之,在权利赋予阶段,数据权属制度的缺失直接影响了数据权益的合理分配,阻断了其流通的合法性和规范性;在权利使用阶段,场内交易也即数据交易所制度建设进度的停滞阻塞了数据要素市场化流通的主要渠道;在权利限制阶段,基于赋权和用权两个阶段的缺位,数据竞争陷入无序发展的困难,竞争规则存在隐性漏洞甚或面临失效,底层价值逻辑模糊导致与数据发展的理念不符;在权利保护阶段,数据安全制度的落实不到位、可操作性较弱以及滞后性,直接影响到对新兴数据要素总体秩序的维护和数据市场制度的信用。

(一) 数据权属制度的缺失

根据科斯第二定理,在交易成本大于零的现实世界中(TC>0),由于交易成本的存在,产权初始分配状态不可能通过无成本的交易向最优状态变化。[①]基于此,产权的初始界定必然对经济产生影响。对数据要素市场而言,"清楚界定产权是市场前提"的判断依然成立。尽管数字数据在产生后对其进行复制、传输、使用的边际成本趋近于零,但数据基础设施的建设和运行以及数据的采集、储存、清洗、分析、应用、销毁等环节仍需要投入大量的成本。故此,对数据相关权益的界定与分配,将直接影响数据要素的配置效率、交易成本、使用方式与保护范式等,这是在多元的数据权益主体之间展开公平自由交易与竞争的制度前提。

作为一种虚拟物品,数据权属不同于传统物权可以被直接排他性支配或使用,在数据全周期中会有不同的支配或使用主体,故其所有权并不一定完全属于某个经济主体。放眼全球,数据确权问题一直都是一个巨大挑战。目前,我国数据要素市场化配置发展尚处于起步阶段,规模小、成长慢、制约多,尤其在数据要素的确权方面,数据要素权属的不确定将导致数据要素的流通不畅、

---

① 冯玉军:《法经济学范式》,清华大学出版社 2009 年版,第 216—217 页。

市场化配置的效率不高。《数据安全法》作为数据领域的基础性法律,并未对数据权属予以明确规定,仅规定了国家保护个人、组织与数据有关的权益,开展数据处理活动,不得损害个人、组织的合法权益。《个人信息保护法》作为个人信息保护领域的基础性法律,对个人在个人信息处理活动中的个人权利进行了较为细致的规定:个人对于其个人信息的处理享有知情权、决定权等权利,然而,对于数据与信息的关系,特别是个人数据与个人信息的关系,虽然在《个人信息保护法》第四条中规定了"个人信息是以电子或者其他方式记录的与已识别或者可识别的自然人有关的各种信息,不包括匿名化处理后的信息",但是没有将两者的关系在法律上予以明确。从立法层面上看,目前《数据二十条》中提及的数据资源持有权、数据加工使用权、数据产品经营权等权益没有被相关法律予以规定,即便存在相关政策与制度标准,也力度有限,处于相对缺位的状态,很大程度上带来了数据权属亟待澄清的挑战。

在学界,数据权属问题的讨论也十分激烈。有学者认为,数据独有的公共品属性在其利用上具有非客体性、非财产性、非排他性和非竞争性,一旦确定数据权属,将产生权利主体不确定性、数据外部性、数据垄断性等诸多内生性问题,所以对数据信息不必设定绝对权,明确数据权属无助于促进数据信息的公开,也无助于对交易中弱势群体的保护。[1] 有学者认为,可借以"权利束"(Bundle of Rights)理论,通过有效"束点",确定"权利边界"的方法,以数据权利束的视角对数据权利进行研究,明确其以数据权利为基础,集合多元主体、多种权利的事实,规范数据权利束内的权利组成与权利边界,阐明数据权利束的价值内涵。[2] 有学者主张,以数据相关行为作为数据权属的确定基点,建立动态兼容性同意的制度框架,平衡数据产业链中各主体的权益保护。[3] 有学者认为,应当区分不同类型的数据,分别适用不同的赋权原则。[4] 可见,对于数据权属问题,学界并未形成相对统一的观点,对其进行制度设计仍然面临

---

[1]　梅夏英:《数据的法律属性及其民法定位》,《中国社会科学》2016 年第 9 期。

[2]　闫立东:《以"权利束"视角探究数据权利》,《东方法学》2019 年第 2 期。

[3]　陈兵、顾丹丹:《数字经济下数据共享理路的反思与再造——以数据类型化考察为视角》,《上海财经大学学报》2022 年第 2 期。

[4]　许可:《数据权属:经济学与法学的双重视角》,《电子知识产权》2018 年第 11 期。

挑战。

虽然《数据二十条》对数据权属问题有所回应,提出了数据权属分置结构,但是也仅仅是提出了基础性制度框架,其落地实施仍有赖于法律层面的数据法律法规的具体规制,尤其是在现实的复杂场景中,相关法律法规的具体落实仍存在权益平衡的价值性矛盾。一方面,数据权属确定的目的在于规范数据的交易和流通,并最终促进数据共享,而数据共享又对个人信息保护提出了严峻挑战。根据全周期治理理念,发展应当以安全为底线,对个人数据安全需进行深度考量,不能过于追求便利数据要素流通的价值,而忽视对个人信息权利的保护,在法律上应当实现二者的有效平衡。对个人信息的保护,包括个人信息的定义、个人单独同意等制度,实际上与数据产品的确权治理路径存在一定的冲突。另一方面,数据笼统性赋权与数据要素市场化的流通存在立场利益上的不同。从数据资源的经济属性出发,私益性数据资源包括个人性数据资源和企业性数据资源,持有者可享有数据资源的排他性和竞争性,但依法应予公开的数据资源则例外。而若对私益性数据进行笼统性确权,基于目前私法逻辑在司法裁判中占据主流地位的态势,即采取对数据持有人特别是对作为原始数据采集者而非作为加工开发数据者的私益的强保护态度,会在一定程度上不适宜地挤压数据要素高效流动的空间,对数据要素的市场化产生阻力。因此,要立法落实《数据二十条》规定的基础制度设计,还应当继续予以细化和平衡数据产业链和供应链中各方的权益分配和让渡,提高数据赋权的可操作性和可及性。

(二) 数据交易市场秩序的失范

数据要素赋权后的必然逻辑是数据权利的行使,行使权利的主要场所是数据市场,目前数据市场主要表现为两种交易方式——场内交易和场外交易[1],场外交易由于其本身属性,多数情况下是私域流量/数据的交易,面对更为广泛存在的公域流量/数据的交易仍不明确也难以操作,且存在巨大的信任危机和合法性风险,故此,并不能大规模地扩展并最终达到高速推动数据要素

---

[1]　T.Hayashi, Y.Ohsawa, "The Acceptability of Tools for the Data Marketplace Among Firms Using Market Research Online Communities", *Procedia Computer Science*, Vol. 176, No. 1, 2020, pp.1613-1620.

市场化的目标,相反会使得私域性认知强化了私权/私利的概念,使"数据孤岛""数据垄断"等问题更为严重。

基于此,作为可以将各类数据予以公开、公平、公正合理挂牌交易的场内交易场所和制度的设立与运行,可认为是完善数据交易市场制度的基础性措施,也是破题的关键。特别是对公共领域产生的大量具有公共属性的数据予以场内交易具有其必要性与可行性。当然,公领域所产生的数据并不等同于公共数据,还需根据其数据类型及功能予以识别,同理,私领域产生的数据也不等同于非公共数据,也有可能属于公共数据的范畴,对此,还需做更为细致的分类。但基于数据来源和控制力的普遍现实,特别是数据与流量的密切关系,通常会有私域与公域的划分,然而,这只是观察数据来源以及可能具备的公共性或非公共性的一种识别视角。

需指出的是,公共数据的来源是广泛的,并不局限于政府所依法获取的各类政务数据、商务数据等具有公共属性的数据,还包括市场主体、第三方机构或组织获得的与社会公共事务和利益相关的数据,譬如,在重大公共卫生事件暴发和存续期间,相关市场主体依法依规采集到的数据,以及采集后停留并在一段时间更新的数据等,也可被认为是公共性数据。这类数据的采集、使用及管理除了涉及相关法律法规及政策外,还涉及技术开发与使用,介质储存和传输,对象调用、分析及使用乃至清销等,这些行为和环节所耗费的运营成本、管理成本、人力成本等都需在一定程度上予以社会化分担,其中就可以通过市场化配置的方式予以实现。

换言之,即便是公共数据也不应完全等同于免费数据,相反,面对公共数据的获取与使用、流通与开放等过程,更有必要探索其通过市场交易机制来实现公共数据安全且高效的配置,避免"公地悲剧"的发生。在此过程中考虑到公共数据的类型、载体、功能、价值等属性,将其置于场内,在数据交易中心(所)的安排下其安全性、公平性、公正性以及合理性都能够得到较好的保障,特别是可在降低交易成本的同时又提升交易合法性。

基于此,可以认为,目前我国数据交易市场秩序还有待进一步规范和优化。一方面,交易市场经营主体失范。虽然目前数据交易所已初具规模,全国各地陆续建成了一定数量的数据交易所,但经济效益不容乐观。另一方面,数据交易市场制度体系失范。数据市场目前主要存在"交易准备、交易磋商、交易合同签订、交付结算、争议处理"等业务，数据交易市场制度尚未体系化、系统化，对于部分重要规则没有制定具有可操作性的规定，尚难以满足不同种类的数据交易需要，且单级市场结构也不利于数据资源的多样化分配和资金的融汇，导致数据交易市场发展速度缓慢。

作为数据要素市场化配置的关键环节，数据交易市场未能充分激活，极大阻碍了数据产品深度市场化和数据流通效率的提高。数据交易市场秩序的失范固然可能是管理者的个人原因，但其自身定位待明确及制度设计上仍然存在的缺陷也尤为值得关注。譬如，当前大多数地方数据交易中心（所）都以行政区域为基础设立，地方间的资源差别使交易中心（所）掌握的数据资源和技术力量参差不齐，且大量存在的不统一规则使得市场主体场内交易的意愿下降，且鉴于数据交易所的数量逐渐上升，这种缺陷亦呈加剧态势，有偏离全国统一大市场建设目标的风险。

另外，数据交易市场监管中存在的多部门、多层级、跨区域交错管辖下的职能交叠、权责不清、低配乏力等弊病，容易导致监管失当、失范的风险。国家数据局的组建意味着数据领域将形成国家数据局负责统筹数据开发利用与产业发展、中央网信办负责统筹协调数据安全维护与监管的基本治理体系，以此提升统筹数据安全与发展的整体性、系统性和协同性，承担起数字中国、数字经济、数字社会的顶层设计与协调推进重任。

《数据二十条》提出的"探索用于产业发展、行业发展的公共数据有条件有偿使用"要求，意味着在一定条件下，公共数据也可以通过交易、租用等有偿方式向行业组织、企业等主体提供。如前所述，公共数据更加偏重于场内交易，数据交易中心（所）作为有偿提供数据的场内渠道，其定位与职能影响着公共数据在交易市场上流通与交易的效能，譬如，公共数据在成为场内数据交易重要构成的同时，也对数据交易安全提出了更高要求。然而，现在大量存在的数据交易中心定位模糊，使得交易机构既无法得到有效的公共授权，又无力承担联通数据市场主体的重任，更难以对公共数据的流通与交易过程作出介入市场化与准公共化的融合监管设置，亟须对公共数据场内交易机构的设置、定位及相应权能的规则设计予以明确。

概言之,数据交易市场秩序及基础制度是数据要素市场建立规范化和标准化的具体体现,在数据要素市场化的过程中承担着重要使命,其不规范的问题阻碍了数据全周期之间的流转和衔接。一方面,数据交易市场的不完备推迟了数据资源要素化、产品化的进度,远不如同类要素产品股权、基金普及,亦不如实体商品的规模;另一方面,交易秩序及基础制度的不规范甚或缺失也助长了灰黑市场的出现,大量数据交易转向灰黑市场又反过来抑制了合规市场的发展动力和效能,这不仅妨碍了数据市场的法治化建设与发展,更不利于在法治轨道上建设与发展数字中国。

（三）　数据市场竞争规则的失效

从数据要素市场化发展的过程来看,市场机制能够激发数据要素价值的释放,提升其价值效能,但其中的弊端也会对数据要素市场的发展带来相应的阻碍。"数据有偿使用与'搭便车'行为往往并存,克服数据使用的外部性是数据市场规范化的客观要求。"[①]在具体治理过程中,由于数据要素本身特征所决定的强流通性和高技术性所引发的对相应规制体系及行为的挑战,数据要素市场具体实施细则的有效落实及数据要素市场竞争中的利益平衡成为亟待回应的问题。

竞争规则在当前数据市场激烈竞争的大背景下面临失效的风险。其一,竞争具体规则难以适用。数据要素市场的失序源于企业为追逐利益实施的不正当竞争和垄断行为,这些行为使数据要素市场的竞争秩序被扭曲和破坏。不正当竞争和垄断是企业破坏竞争机制的主要行为形式,也是竞争法规制的主要对象。数据要素市场以信息通信技术和数字数据技术等现代科学技术为依托,催生动态创新竞争、跨界市场竞争、生态系统竞争等多种形态,导致竞争方式和场景发生重大变化,相较于传统的行为形式,数据要素市场上的不正当竞争和垄断行为具有了新样态。现行反不正当竞争法和反垄断法的具体规则难以有效适用于不断涌现的新型竞争行为,特别是涉及与数据相关的竞争行为,若基于立法目的或原则性条款进行规制,则可能存在法官造法的风险,与全周期治理理念下的公平、正义、法治原则相背离。其二,竞争法原则及立法

---

① 　何玉长、王伟:《数据要素市场化的理论阐释》,《当代经济研究》2021 年第 4 期。

目的亦具有利益衡量所带来的同案不同判和价值模糊的风险。传统竞争规则无法适用的不正当竞争行为和垄断行为之根源在于数字时代下的价值重塑,在缺乏有效的利益平衡标准和机制的情况下,行政机关和司法机关将面临多元利益的平衡难题。而且,由于数据要素的特殊共享增值属性,传统私法逻辑无法为利益衡量提供标准,甚或会加剧阻碍数据要素市场流通的风险,故而需要重构价值理念。以数据爬取为例,既不能无条件地支持数据爬取方的行为而忽略对数据被爬取方合法权益的保护,也不能过度地支持数据被爬取方而变相促成数据"围墙花园"的建立。

此外,还存在包括数字化垄断协议、扼杀式并购在内的多种垄断行为,以及算法自主决策型垄断行为。在处理此类数据市场竞争行为时,不能落入传统的"权益—侵害"的窠臼,与目前所提出的数据共享和数据权属的底层理念相违背。对此,学界虽提出了相应的利益平衡方法,包括运用"非公益必要不打扰原则"[1]或"非必要不干预原则"进行规制[2],以及运用阿列克西公式和数据权益细化进行规制[3],但对于数据竞争行为,进一步的规则细化依然重要。

(四) 数据市场安全制度的失能

数据要素的安全保障制度是数据市场发展的基础制度,业已形成的数据权利和数据产品价值有赖于数据安全制度对其的有效保护。目前我国数据要素市场安全制度在境内外的制度落实和制度架构的不完善,严重阻碍了数据要素的市场化进程。

从国内层面看,我国已出台了《数据安全法》《数据二十条》等数据安全的顶层法律设计和产业政策,对于数据安全来说已有了基础保障。但是,随着数据要素市场化的不断发展,数据的流动性和存储方式、主体相较于之前都有了大幅度提升,对数据安全管理的要求也应尽快提高。数据存储、传输、应用都应以数据安全为底线,现有制度中所体现的相关政策尚无法转化为具体措施,高标准的数据安全技术和应用仅以政策形态存在,难以做到具体场景化落实。数据要素市场化的过程涉及企业、政府、个人等多方主体,尽管《数据二十条》

---

① 周樨平:《竞争法视野中互联网不当干扰行为的判断标准》,《法学》2015 年第 5 期。

② 陈兵:《保护与竞争:治理数据爬取行为的竞争法功能实现》,《政法论坛》2021 年第 6 期。

③ 许可:《数据爬取的正当性及其边界》,《中国法学》2021 年第 2 期。

要求建立"政府、企业、社会多方协同的治理模式",但其对政府、企业、多主体提出的要求多以"依法依规""加强监管""建立制度"等宏观词语为主,对多元主体的权利义务分配尚不明晰,需要继续细化落实,且安全治理方面过度依赖强制性治理,需要探索新的数据要素市场化过程中的数据安全治理路径。

从国际层面看,首先,数据技术的快速发展、数据增量的激增使得全球数据安全治理更难达成共识。随着数据要素的战略地位逐渐提升,数据及由数据所主导的分析技术也成为各国之间战略意图的集中映射。数据安全制度的国际治理仅靠一国的力量难以实现,在当前西方部分发达国家"保护主义"抬头的趋势下,如何在加强"走出去"和保护数据之间寻找平衡是一个重要命题。其次,多元数据主体治理诉求差异增加了全球数据安全治理体系建设的难度。政府、企业和公民之间存在着巨大的利益诉求差距,加之不同主权国家间对于数据安全的认知程度和利益诉求存在差异和冲突,在建设数据安全制度时兼顾这类差异和冲突加大了建立统一规范的全球数据安全治理规则和体系的难度。最后,数据治理制度供给不足与制度规则间的异质性增加了全球数据安全治理机制构建的难度。主权国家虽普遍意识到全球数据安全治理以及合作的重要性和紧迫性,但依旧不断颁布单边限制数据流动的法规,呈现"新数字孤立主义"的倾向。传统机制和创新机制往往都不具有较高的可适用性,全球治理机制和规则的难以统一加大了数据要素市场的国际建设情况,需要作出更新。

三、完善数据要素市场化配置治理模式的建议及对策

随着数字经济向平台经济的纵深发展,数据按其价值和实际贡献参与分配的体制机制的建立已势在必行。数据要素市场的建立和完善使数据能够借助市场经济的供求和价格机制在不同主体之间进行有效的流转和使用,激发各类市场主体对数据开放和流转的积极性,从而最大限度地开发数据价值,带动数字经济发展,为我国超越国际主要竞争对手的战略制高点提供支撑。结合前述我国数据要素市场化配置中所遇到的主要阻碍,基于全周期治理理念,在数据要素市场化配置全周期治理过程中可以考虑将以下四个方面作为治理的着力点。

（一）以"数据相关行为"为基准，进一步细化、活化数据权属设置

当前，以私法赋权的静态保护范式导致了对数据保护分析中的单一化与绝对化状态，客观上加大了数据要素流转的制度成本。数据如水流，数据权利是一种流动性的权利，构造数据权属关系的重点不在于静态下数据相关权益的配置，而在于对数据在全周期循环的动态过程中产生的各类权益归属进行合理配置，使数据相关的利益主体能够共享数据权益、充分释放和实现数据价值的同时不阻碍数据的流转，对此可考虑以权利束模式对数据全周期进行分场景、分环节地给予多元主体相应的权益保护。

传统基于所有权物权的权属模式具有高度抽象性，对本身即具有高度复杂且模糊特征的数据要素权属及相关市场权利来说，难以提供有效的参考。数据要素市场化所涉及的诸多环节具有高度的内在统一性，数据挖掘整理、数据结构化与规范化、数据联通与集成、数据存储与处理以及形成数据库和服务软件的过程，本质上就是数据价值生产主体围绕数据权利而实施"数据相关行为"的过程，即围绕数据采集行为、数据计算行为、数据服务行为、数据应用行为形成的完整的数据行为生态系统。虽然《数据二十条》提出了数据市场主体享有"数据资源持有权""数据加工使用权""数据产品经营权"等权利的权属分置方案，初步解决了将数据权益配置于何者的问题，但是所提出的"数据资源持有权""数据加工使用权"等新概念或术语，又在一定程度上增加了数据权属的模糊性。法谚云：法律未经解释不得适用，因此，后续法律法规应对数据权属结构性分置中的概念进一步明晰和确认，并避免定义过细阻碍数据交易展开的风险。

对于数据要素这一类新型财产，需要改变以往以排他性为策略中心的财产权设置框架，转向以治理结构为核心的财产权实体框架。数据权属的关键在于法律上认可数据控制者具有许可使用的法律能力，政府下一步可考虑建立一个正面清单，明确"数据企业可以做什么"，而不是只确立一个抽象的原则。对于数据权属结构性分置不应以传统的排他式的所有权产权为基础对其予以规定，而是应对抽象权利进一步拆解来界定权利（益）的范畴，构造依赖合法的事实控制和管理来彰显和实现的一种利益保护模式，即以多元兼容的合作式利益共享设定代替单一、排他的静态所有权产权确立与保护。

　　传统要素的产权制度无须大量的治理规则,这不仅意味着传统治理规则在数据中应当创新使用方式、提高使用效能,而且意味着对新型治理规则的强烈呼唤,以实现更复杂、更精妙的治理。数据作为一种创新性的生产要素,具有产权复杂性、交易多元化、技术依赖性强等特征,可提供具有乘数效应的价值,故对其权属界定也需相应予以更为细化的划分,提供更为精密的规则。

　　以数据全周期行为为主线,对与数据相关权益的范畴予以描述,大致可表述为"能为"或"可为"之举,辅以"应为"和"不能为"之限,以行为规范勾勒数据权益边界,能更清晰、更有效、更具可操作性地为数据市场发展提供指引,可被认为是在数据市场快速建设的现实需求与实际中尚未定型的数据市场构造之间形成平衡的过渡安排。基于此,在遵循《数据二十条》所规定的数据资源持有权、数据加工使用权和数据产品经营权等权属分置制度的基础上,突破传统以单一型物权结构为基础的产权制度,构建以"与数据相关行为"为基准的数据权属制度,破解当前基于静态私法赋权而迟滞和妨碍数据流动所带来的困局。结合数据来源主体的个人、企业、政府对数据权益的需求,以精细化、场景化的数据行为治理思路科学合理地对数据权属予以类型化分置治理。

　　基于数据运行的客观规律,以"数据相关行为"基准细化数据权属制度,符合数据运行实况,有助于推动数字经济的健康、可持续发展,并且可以对数据相关权益进行科学高效的配置,保证数据各主体能够合规、有序地使用数据,构建数据市场公平竞争的行为边界。

　　(二) 规范与健全数据交易市场制度,着力场内市场建设

　　数据交易市场承载着数据要素市场化使命,其中场内交易制度的建设具有关键性意义。数据交易市场制度所要达到的目标是建成全国统一的数据要素交易大市场,促进数据要素安全、高效流通,就是要在广度、宽度、高度和深度上建成高质量数据交易市场体制与机制。从目前数据交易市场制度的发展趋势看,显然无法与目标相匹配。基于目前我国数据交易市场的现状和困难,需要转变思维,明确数据交易市场制度的定位,重构数据交易的市场制度。

　　数据交易制度建设的最终目标是形成全国统一的数据大市场,为此需要统一数据交易市场规则,集中大数据交易资源,提升大数据服务质量。因此,数据交易所的发展趋势应当走向"精""广""简",而非广泛建立不同区域的

数据交易中心(所)。若非如此,一方面会导致数据技术资源和数据产品资源无法得到有效分配,降低数据流通效率;另一方面会造成数据要素交易格式、基准费率及计算方式等交易规则混乱,降低数据主体的交易意愿,加大全国数据交易市场的建设难度。未来,需要在现有交易所规模的基础上,以统一交易规则为关键抓手,促进交易所之间的协同与合作,逐步形成系统化、一体化的交易所市场制度模式。

需要明确数据不宜采用证券、期货等商品交易所的高频交易模式,而应采用促进数据服务合作的中介商业模式。所谓中介模式,即数据交易所承担信息搜寻、资源匹配等方面的增值服务,而不再采用基于去人际化的、完全市场化的产品交易模式。理由有四:其一,可有效解决定价问题。按照传统的交易所模式,数据产品定价需要研究确定合理的数据资产定价指标,区分不同类别数据,开展定价评估,对交易所评估能力提出较高要求。中介模式可避免双方因信息不对称造成的价格歧视,同时在资源累积到一定程度时,可以给出相应的价格区间或者采取竞价模式,辅之适当政府调控可以防止不正当竞争和垄断,能够有效解决数据定价难题。其二,可有效分配资源,兼顾需求端和供给端的导向。中介模式以需求为导向,精准匹配供给和需求,且以中介信用为交易背书——当然,这一点在现实的数据交易中还未达成,有待进一步积累经验,以为中介信用的确立及其标准化和规则化提供参考——能够增强交易的可信性和安全性,扩大交易规模。其三,可降低交易所的技术要求,优化交易所的成本分配。中介模式不要求企业将全部数据付托交易所进行代管,这大大降低了交易所的数据安全压力,降低了数据供给主体的风险担忧,提高了数据交易意愿。其四,能够使交易所更深入地介入数据交易过程,对交易主体的相关资质、交易数据的质量与来源、交易行为的评估和预警进行更深入的监管,不断推动数据交易安全向纵深发展。

应明确数据交易中心(所)与政府的合作关系。公共数据作为数据资源中占比最大、价值较高的数据种类,借助数据交易场所的平台能够得到更为充分和有效的利用。数据交易所一旦失去权威背景与公共职能,即使以中介模式运行,政府或其他具有公共职能的组织或团体也难以将公共数据付托其进行保管和交易。若数据交易所能够进一步加强与政府的合作,将有望进一步推进和落实《数据二十条》中提及的用于产业发展、行业发展的公共数据有条件有偿使用机制，提升数据交易所对企业的吸引力，同时也有助于推动相关行业和产业的发展。因此，在新的商业模式下，需要进一步明确交易所与政府的合作地位，提高公共数据的利用效率，降低公共数据风险。

总之，需要在明确数据交易市场目标和数据交易场内交易定位的基础上，对现有数据交易所制度进行改革，逐步形成数据交易市场的统一法律和政策规则，进而建立相对固定的权威数据交易场所，扩大数据场内交易规模，加强数据场内交易监管，由此推动数据市场整体、有序和健康发展。同时，建议进一步探索在国家数据局的统一组织和领导下，完善数据要素交易市场集中协同监管机制，制度化、规范化地形成国家级数据要素交易模式，保障数据交易市场的规范有序。

（三）加强数据要素市场化竞争制度供给

数据要素市场的竞争以数据要素为核心，借助算法、算力，推动数据要素市场化的全周期运转，实现不同场景下数据要素的应用，进而形成一个庞大的产业链条，带来数据价值的充分实现。执法机构在开展数据要素交易市场监管，打击数据垄断、数据不正当竞争行为的过程中，应结合数据要素市场化配置全周期运行的特点，探索确立数据要素市场新的竞争规范体系，完善数据要素市场监管制度，为在国家层面建立全国统一的数据要素市场奠定基础。

其一，在数据不正当竞争行为的规制方面，应弱化竞争关系对不正当竞争行为认定的作用，将认定重点转向竞争行为的正当性，着眼于竞争行为对数据要素市场整体竞争秩序的影响，关注竞争行为对数据权益的损益。当然，竞争关系作为数字经济领域不正当竞争行为认定的前提条件的地位在实践中虽然被逐渐消解，但是这并不意味应完全将其摒弃，其仍可作为一种参考标准，辅助竞争行为正当性的认定。申言之，对于竞争行为正当性的认定，应由传统的私法逻辑向多元利益平衡的观念转变，充分考虑竞争行为所创造的总体社会价值和数据利用效率提升价值，结合竞争行为在数据竞争过程中所处环节判断其竞争目的，如其总体创造超越原数据产品的社会价值，且并未在所处数据利用环节中对具有竞争关系的主体进行针对性过度损害，则应当承认其竞争行为的正当性。

其二,在数据垄断行为的规制方面,对于数据要素相关市场的界定,应集中于对替代性数据要素及其商品和服务范围的确定,通过对数据生命周期各环节替代性因素的综合分析,确定各环节的替代性商品和服务,界定相关市场的范围。对于企业行为反竞争效果的认定,应以对数据要素的获取和使用为核心,根据企业采集、传输、存储、使用、清理及流通、交易、共享等各环节的能力强弱,判定其行为的反竞争效果:能力越强,则其行为对市场竞争产生的影响就越显著。在判定数据相关行为是否构成滥用市场支配地位行为时,应基于数字市场竞争的特性,优化识别相关市场支配地位的方法,譬如,在确定平台经营者市场份额时,可考虑活跃用户数、点击量、使用时长等可量化指标。同时,也要结合平台经济的跨市场构造,普遍存在的网络效应、规模经济效应、锁定效应等,将平台所拥有的数据、用户数量,以及收集、处理和使用相关数据的能力,视为判定其市场地位的重要动态标准,而且正是因为这类动态标准是不断变化的,其更加需要基于数据生命全周期的运行情况予以综合判定。

其三,在数据竞争监管制度的建设方面,应秉持全周期治理理念,充分理解和把握市场与政府作用的互补点,充分平衡数据流通的社会利益和数据收集加工者的财产利益。在数据市场建设早期,政府应有效建立监管机构,架构以政府为主导的公共权力监管体系,建立完备且细致的规章制度,包括主体资格及数据产品资质审查、评估、备案制度、责任制度等必要制度。随着数据市场建设的渐趋完善,区域市场的逐渐融合,行业惯例的逐步形成,应鼓励行业协会发挥更大的作用,使政府在市场机制下释放部分管制职能,以市场引领行业快速发展,交换市场与制度的牵引地位,推动数据要素活力进一步释放。

(四) 依法强化数据要素安全治理

数据要素安全治理贯穿于数据市场化全周期,"安全"贯穿数据要素市场化的始终,关乎数据要素市场化的信用和权威。数据要素安全治理的强化有赖于结合数据要素的特征和全周期治理的理念顺势而为。

在国内数据要素市场层面,我国正处于建立全国统一大市场的关键时期,其中数据要素市场化过程涉及更为复杂的多元主体及环节,包括数据需求方、数据产品提供方、数据中介方等,在数据储存、数据处理、数据传输等各过程中高度保障数据安全,有赖于多元主体的共同努力。具体而言,在政府层面,需完善数据安全基础制度。数据要素市场化与数据安全治理的建设应相辅相成,数据安全治理越完善,越能够促进数据要素市场的规范健康运行,而数据要素市场的规范健康发展、交易机制的不断完善,则更有利于提高数据安全治理的认知与实践需求,以高质量的数据市场发展,助力高水平的数据安全治理,同时推动数据安全产业化建设,实现与数据要素市场化建设的共生共长。在企业层面,需要以应用场景为出发点,继续细化落实数据安全制度,一般来说,可以从数据全生命周期和业务运行环境两个角度对场景进行划分。企业通过不同场景的数据安全建设,逐步推动数据安全治理体系在组织内全面落地。在行业组织层面,需要其承担制度解读重任,对原则、管理规定等粗颗粒化的制度予以细化,同时加强宣传贯彻工作,充分指导企业在具体场景下对数据安全规则的落地履行,帮助企业建立完善的数据安全落地机制和架构。

在国际数据要素市场层面,面对当前跨境数据流动的发展现实,在数据要素市场化配置改革过程中,应当直面来自国际的数据安全挑战,通过地方化实践,积极推动我国数字经济和产业的发展水平更上一层楼。在具体规则上,应当细化数据跨境流通各项数据安全规则的相关内容,增强其可操作性。在明确部门、地区权责范围的基础上,抓紧构建各地区、各部门的数据清单和数据名录制度,合理制定数据分级、分类标准,并加强协调以避免重复和矛盾。列举数据跨境流动过程中所涉及的重要领域和行业,针对关键节点和重要领域开展多层次重点保护,并加强数据安全风险评估,明确负责数据安全风险评估的机构,完善评估主体、评估标准、评估流程、评估频次、费用承担、评估结果等规定,在规范资质认定、测评程序、责任承担等事项的基础上,加强与第三方数据评级机构的合作,以提升评估效果,提高治理效率。此外,应完善国家数据安全治理体系内部的监督和问责机制,明确监督主体、问责范围、责任处理等方面的规定,可通过开展定期巡视、随机抽查等方式,保证国家各部门、各地区依法履行保障数据安全的职责。

同时,还应从具体规则完善、技术发展和国际合作等方面探索国家数据安全保护的制度进路,积极参与国际数据安全治理规则体系的制定。可通过建立国际数据安全合作小组、信息交流共享、备忘录签署以及民间组织往来等多元化、多层次形式,推动国家间数据安全治理的交流;可考虑在国际通行标准和做法的基础上,制定合理的跨境数据安全执法规则,加强与其他国家和地区规则的衔接,促进数据安全的跨境执法合作,并且积极参与国际数据治理规则的制定,构建国际数据治理多边机制,在国际数据治理中展现大国担当。此外,还要进一步完善数据治理国际冲突解决机制,降低数字平台集团敏感数据披露风险。在新一轮国际经贸合作和规则建构中,我国须积极响应数字平台集团纵深发展对数据跨境流动的重大需求,探索形成兼顾数据安全保护与数据自由流动的中国方案,公平、合理地与欧美主导的现行国际数据治理话语体系对话。

第二节　算法要素治理的法律问题

算法作为平台经济规范持续发展的关键要素,担负着更好挖掘数据价值以及赋能各类技术广泛应用于不同场景的生产、组织及转化的功能,更是链接数据原料与算力动能的中间介质,是人工智能产品开发和产业发展的生产机制,居于十分重要的基础性地位。然而,在当前的市场竞争中,经营者通过算法对互联网中的数据进行爬取并用作商业目的,利用算法不正当地爬取数据则会损害被爬取者的数据权益,为不正当竞争行为披上技术外衣,扰乱市场竞争秩序;部分经营者在平台内利用推荐算法,向用户推荐涉嫌侵权内容,由此产生"责任鸿沟"。从用户与消费者角度而言,经营者则利用算法搜集用户数据进行"用户画像",对用户实行"大数据杀熟"、诱导式消费行为,则可能造成个人信息的泄露或被滥用,侵害消费者的公平交易权。算法的智能性进一步提升,算法"黑箱"、算法歧视、权力异化等问题被进一步放大。

为推动算法技术应用在规范轨道内实现健康可持续的发展,我国先后出台了专门针对算法的部门规范性文件和部分条文,逐渐确定了算法分类分级治理的主要方向与原则。就平台经济整体治理而言,一方面,我国部分头部平台企业发展放缓,在国际层面的优势与竞争力有所减弱;另一方面,数字技术飞速迭代更新,对监管不断提出挑战。在此背景下,我国及时对平台经济领域的监管思路进行了适当调整。随着算法治理体系的不断完善,分类分级作为最起初的一种治理工具,其原则属性在算法治理中日益凸显,而实现敏捷监管、精准监管、透明监管与规范监管都不可避免地要以平台经济要素的分类分级为抓手。理论界关于算法治理的研究主要有两条研究路径：一是技术规制路径，部分学者聚焦算法技术层面的风险治理，侧重以优化算法设计来实现算法向善，例如，通过发现因果机制以及改善数据分布结构来缓解算法风险，提出参数披露、源代码公开等方案，以及从算法的准确性、科学性、透明性以及歧视性四个层面实现算法的改进①；二是法律规范路径，有学者从整体立法层面提出算法"渐进式"立法与"顶层式"立法并行②，也有学者从现有算法治理的具体制度出发，提出根据不同的场景采取不同的规制方法，并对算法备案、算法解释、算法审计、算法责任等制度构建提出了具体建议与设想。③

在平台经济领域的常态化监管研究中，分类分级的思想或方法被认为是常态化监管的路径之一，有学者提出分类监管是数字平台常态化监管的主要路径，常态化监管需要在发展和监管之间寻求平衡点，路径之一是分类对待、精准施策，对于算法需要精准有效治理。④ 可见，当前对于算法的治理路径、模式构建与常态化监管的主要基调存在紧密联系，然而目前的研究并未将二者结合起来。在常态化监管趋势下，需分析当前算法分类分级的具体内涵与制度构建，把握常态化监管对分类分级提出的新要求，明确常态化监管中算法分类分级监管展开的基本思路与未来趋向，将常态化监管的思路与当前的算法治理充分融合，发挥算法治理效能，进一步优化算法治理路径与范式。

一、算法治理分类分级内涵、价值及法理

2021 年 9 月，国家互联网信息办公室、中央宣传部、教育部等九部门联合印发的《关于加强互联网信息服务算法综合治理的指导意见》首次提出"坚持风险防控，推进算法分级分类安全管理，有效识别高风险类算法，实施精准治理"，奠定了算法分类分级在算法治理中的基本原则地位。在此之前，分类分

---

① 汪庆华：《算法透明的多重维度和算法问责》，《比较法研究》2020 年第 6 期。
② 胡小伟：《人工智能时代算法风险的法律规制论纲》，《湖北大学学报（哲学社会科学版）》2021 年第 2 期。
③ 丁晓东：《论算法的法律规制》，《中国社会科学》2020 年第 12 期。
④ 陈兵：《从包容审慎到常态化：数字经济监管的完善进路》，《社会科学辑刊》2023 年第 5 期。

级仅作为一种管理方法与监管手段出现在我国部分领域的法律法规中,而在数字时代,尤其是算法治理领域,分类分级已逐渐从一种监管工具上升为一种治理原则,统领算法治理全过程。故此,需要明确分类分级能够成为算法治理领域基础原则的价值所在,发掘其与常态化监管内在思路的一致性与契合点。

(一) 我国算法分类分级治理的内涵及制度构建

在数字技术快速迭代并向各产业、各领域深度融合的影响下,平台经济下的各种监管对象与规制要素对监管提出了更高的灵活性、敏捷性要求,分类分级动态管理在数字时代的重要性更为凸显。从文本字面意义理解,算法分类是指按照算法的属性和特征将不同属性和功能的算法划为不同类别;算法分级是指按照一定的规律、原则、标准将算法划分为层次有序的不同级别。基于此,我国的算法分类分级治理可以大致概括为:在建设网络强国的大背景下,以算法技术为治理对象,通过分类分级的形式逐步建立治理机制健全、监管体系完善、算法生态规范的算法安全综合治理格局。需要注意的是,对算法的治理并非仅面向技术的治理,算法决策在现阶段还难以摆脱人的影响,故算法分类分级治理不仅包括技术治理,还包括与人息息相关的各类具体场景及应用的治理。从算法治理具体制度来看,关于算法分类,《互联网信息服务算法推荐管理规定》主要从算法应用的维度,将算法技术分为生成合成类、个性化推送类、排序精选类、检索过滤类、调度决策类等,对算法推荐服务作出了一般性规定,针对具体算法类别的特殊要求则散见于相关法律法规中。具体而言,对于生成合成类算法,《互联网信息服务深度合成管理规定》第七条对深度合成服务提供者的责任做了界定,提出算法机制机理审核与科技伦理审查。对于个性化推送类算法,《个人信息保护法》第二十四条规定了个人信息处理者通过自动化决策方式向个人进行信息推送、商业营销,应当同时提供不针对其个人特征的选项,或者向个人提供便捷的拒绝方式;《电子商务法》第十八条亦有电子商务经营者提供不针对消费者个人特征的选项的相关规定。关于算法分级,我国现行法律法规尚未规定具体的算法分级标准与级别。《互联网信息服务算法推荐管理规定》第二十三条指出,根据算法推荐服务的舆论属性或者社会动员能力、内容类别、用户规模、算法推荐技术处理的数据重要程度、对用户行为的干预程度等对算法推荐服务提供者实施分级分类管理;第二十四条则指出"具有舆论属性或者社会动员能力的算法推荐服务提供者"需要进行算法备案,间接将"舆论属性"和"社会动员能力"确认为算法分级的具体标准。《互联网信息服务深度合成管理规定》则在算法备案制度的基础上,提出深度合成服务提供者开发上线具有舆论属性或者社会动员能力的新产品、新应用、新功能的,应当按照国家有关规定开展安全评估。

（二）算法分类分级成为治理原则的基本价值

《关于加强互联网信息服务算法综合治理的指导意见》提出以算法安全可信、高质量、创新性发展为导向,建立健全算法安全治理机制,构建完善算法安全监管体系,推进算法自主创新,促进算法健康、有序、繁荣发展,为建设网络强国提供有力支撑。通过分析分类分级原则内涵的基本价值可以发现,分类分级天然契合对于算法安全、发展以及可信的治理要求,需要在厘清算法分类分级对于治理要求的回应与契合点的基础上,才能准确把握常态化监管下算法分类分级治理的内在脉络。

以人为本、伦理先行是我国对于科技发展的基本立场,亦是安全作为维护整个社会秩序稳定底线在科技治理中的具体体现。算法安全包括算法应用安全和算法安全可控。一方面,从算法应用层面,《互联网信息服务算法推荐管理规定》专设"用户权益保护"一章,内容包括保障算法用户的知情权、选择权等以及对老年人、未成年人等弱势群体的特殊保护规定,体现了分类分级的因类施策特性。另一方面,从算法可控层面,《互联网信息服务算法推荐管理规定》要求"具有舆论属性或者社会动员能力的算法推荐服务提供者"进行算法备案,《个人信息保护法》则要求个人信息处理者定期对算法进行合规审计,凸显了分类分级原则的精准性。《关于加强科技伦理治理的意见》明确将增进人类福祉、尊重生命权利、坚持公平公正、合理控制风险、保持公开透明作为科技伦理的原则。如前所述,分类分级将算法分为不同类别与级别进行相应规制,意味着横向视角的算法分类中,在涉及医疗、金融等重要领域应用的算法将受到更为严格的规制;纵向视角的算法分级中,对用户基本权益有重大影响的算法将面临更为特殊的专项规定。这皆体现了分类分级原则内含的安全与伦理价值,从法律规定层面凸显了以人为本。

算法是数字技术的底层支撑,是平台经济的强大动力。分类分级治理实际上是可以在保障算法遵循安全底线的情况下推动算法实现创新性发展的有力原则。技术应用场景的丰富性、人类活动的多样性、针对同一问题解决方法多样的差异性决定了对算法治理无法寻求一个具有普适性的框架规则。但是,分类分级的差异化治理能够对不同风险的算法施以不同严格程度的规制,从而在避免高风险算法损害安全的同时,给予一般风险、低风险甚至不存在风险的算法充分的发展空间,在提高监管效率的同时,避免同样严格程度的监管挫伤主体算法创新的积极性。需要明确的是,对高风险算法施以更为严格的监管措施,目的不是要阻碍和限制高风险算法的发展,而是要使其在规范的轨道上健康发展。分类分级与欧盟提出的"风险进路"相似,天然就具有动态性、多层次和可扩展性,通过纵向与横向的坐标构建,在框定安全红线的同时,为各类各级算法划出充分发展空间,故而分类分级成为算法治理中平衡算法安全与发展的原则性工具。

法律控制是风险治理机制的重要手段,技术控制是风险治理机制的重要措施,然而单一的法律规制或技术控制已经难以实现算法的可信与可问责,算法治理需要法律规制与技术赋能并举,以实现技术与法律规则全方位的有效融合;需要在算法研发应用的全过程设置合适的治理方式,以实现对算法的有效治理。在法律层面,目前现有的算法备案、算法安全风险评估与监测等算法治理具体制度皆建立在算法分类分级的基础上,各种类别与风险等级的算法需要承担的备案、评估与审计义务各不相同。算法备案设置于算法应用的事前阶段,备案内容和范围包括服务提供者的名称、服务形式、应用领域、算法类型、算法自评估报告、拟公示内容等;算法安全评估设置于算法应用的事中阶段,评估内容包括分析算法机制机理,评估算法设计、部署和使用等环节的缺陷和漏洞,研判算法应用过程中可能产生的安全风险,并提出针对性的应对措施。以上制度一方面能够实现算法信息的有效留痕,部分信息便于监管部门和公众查阅,提高算法的可信度;另一方面能够为不同类别和风险级别的算法固定不同的问责点,分类分级设置义务与法律责任。在技术层面,部分法律的具体实施需要技术赋能,例如,针对深度合成算法的《互联网信息服务深度合成管理规定》要求,对生成或者显著改变信息内容的深度合成信息内容,应当使用显著方式进行标识,向社会公众有效提示信息内容的合成情况,不少平台采用了数字水印技术以确保深度合成内容可追溯,并保障用户知情权。可见,技术与法律融合对算法形成有效治理,确保算法的可信与可问责,离不开分类分级原则下对于不同类别与风险级别的算法义务与问责点的分层设置。

（三）算法分类分级治理契合常态化监管的法理基础

从目前算法分类分级的制度构建情况出发,对算法进行分类分级的主体有二:一是从法律角度完成分类分级的形式规定,制定分类分级标准的立法机构;二是完成实质上的算法分类分级,经过分类分级的算法将依据风险程度与应用类别被赋予相应程度的法律责任,不同类别、不同等级的算法在算法备案、评估、应用、审计等各个环节面临的法律后果各不相同。故在整个治理过程中,分类分级使得不同算法面临的监管实际上公平且有差别,即同类同级同监管与差异化监管并行,得以实现对算法的精细化、敏捷化监管,与常态化监管理念基本一致。

在针对算法的技术与法律互动的全过程治理框架中,分类分级作为工具的法理构造,进一步凸显其价值,发挥了原则性作用。第一,分类分级契合防范算法风险的技术治理需求。算法技术的底层代码实际上定义了技术世界的规则,并通过算法应用对人类社会产生影响。故技术治理算法的关键就是在治理技术中嵌入法律规则,同时以技术打开算法"黑箱",提高算法透明度。分类分级构建的同类同级同监管与差异化监管并行的监管格局,能够提高针对算法治理技术的精确性与准确性,提高技术治理效能,避免技术滥用或技术滞后。第二,分类分级符合完善法律规则的法律治理要求。区别于技术治理,法律调整算法关系并非直接将算法作为规制对象,而是重点关注算法应用带来的社会影响,通过调整算法相关主体的行为与责任、权利与义务而对算法实现间接控制,譬如,有关深度合成、人脸识别、算法推荐领域的专项规定。面对多元的算法主体和多样的应用场景,我国在法律制定上具有一定的滞后性,分类分级同样着眼于对算法可能带来的风险与影响进行具体制度构建,针对多元主体构建不同层次的备案、评估与审计责任,可以说,算法的法律治理需要基于分类分级框架才能进一步完善具体制度,提高制度可操作性。

二、常态化监管下算法分类分级治理面临的挑战

迄今为止,我国在算法治理领域已经初步形成了具有中国特色的算法治理模式,然而算法治理格局刚刚形成,就面临技术迭代与监管思路调整的双重变化,如何在常态化监管的框架下适应技术的飞速变化,成为算法分类分级治理面临的重大挑战。常态化监管赋予平台经济监管新的实践特征,包括监管措施精准化、监管主体多元化、监管规则明确化、监管行为规范化、监管过程透明化,分类分级虽与常态化监管的内涵、路径、特征等方面具有一定的契合度,但面对技术更迭与监管思路的转变,已经构建起来的算法综合治理格局要达到常态化监管有实效,仍面临许多挑战。下文将依照常态化监管的维度,审视算法分类分级治理存在的问题。

(一) 治理规则回应技术变化乏力

一方面,我国目前算法分类分级治理规则体系性不足,回应性监管无法适用算法技术更迭。对算法治理而言,仅有针对算法推荐服务的规定对算法进行了明确、可操作的分类与分级标准设置,虽然基于分类分级的算法备案、算法安全风险评估、算法审计等制度已经初步建立,但由于标准的空缺,实践中难以规范有序地开展算法分类分级工作,无法真正实现依法备案、依法评估、依法审计、分类施策,进而导致规制失据。另一方面,我国算法治理过于依赖刚性约束,对软法治理重视不足导致难以灵活应对技术变化。针对算法治理领域,我国虽有《信息安全技术　个人信息安全规范》《网络安全标准实践指南—人工智能伦理安全风险防范指引》《人工智能深度学习算法评估规范》《互联网信息服务算法应用自律公约》等"软法",以及《个人信息保护法》《关于加强互联网信息服务算法综合治理的指导意见》《互联网信息服务算法推荐管理规定》等"硬法",客观上形成了"硬法"与"软法"共治的局面。在实践中,标准指南、行业自律公约、指引等"软法"的影响力甚微,提出的部分思路与概念虽在理论界引起讨论,但在实务界却缺乏关注。故而,社会及市场对于此类标准、公约、指南的认可度不高,治理整体显现出对国家强制性法律和行政手段等刚性约束的过度依赖,忽视了"软法"治理的灵活性与适应性。《生成式人工智能服务管理暂行办法》从征求意见稿到正式颁布实施仅用了 3 个月的时间,足以体现算法治理领域对于治理规则灵活性的需求,然而并非每一

个强制性规范都能如此迅速及时地出台,算法治理领域需要"软法"治理的
参与。

（二）多元主体治理协同力量不足

当前,算法治理领域的复杂性、多样性已经决定了只有多元主体协同治理
才能适应常态化监管下的算法分类分级治理,然而,囿于不同主体间专业素
养、行为模式、能力水平、利益诉求、价值观念等方面存在的差异,多主体治理
合力难以成形。

从政府部门内部来看,除了国家互联网信息办公室、工业和信息化部、科
技部、国家市场监督管理总局从算法治理的主要方面出台了相关法律文件,中
国人民银行、国家卫生健康委员会、人力资源和社会保障部也围绕金融领域、
医疗卫生领域以及灵活用工领域的算法问题,在出台的相关文件中给予了回
应,但总体呈现较为分散、各自独立监管的局面。在数字经济跨行业经营、跨
市场竞争的背景下,单一采取行业监管不仅可能使得监管效能事倍功半,还可
能降低资源配置效率。然而,跨部门、跨区域协同管理机制由于涉及政府部门
的层级、领域众多,地域甚广,协同机制建立难度加大,各政府部门间开展监管
协同面临多重壁垒,提高了治理成本。

从政府与平台、行业组织和公众等非政府主体的角度来看,正如前文"治
理规则回应技术变化乏力"部分所论述的,目前对算法治理过多依赖于政府
主体,且算法技术原理则主要为研发者与平台掌握,其他主体在不具备技术与
政策优势的情况下,难以深度参与算法治理过程,"以人为本""以用户为中
心"的治理理念并未在实践中完全落实,用户既不具备监管优势,也不拥有技
术优势,在算法治理中呈现缺位状态,作为算法相对人的用户的权利与义务则
未能得到应有的重视,不利于用户维护自身算法权益。

（三）治理手段与工具难以适配现实需求

在治理手段上,综观我国当前的算法治理体系,虽然《关于加强互联网信
息服务算法综合治理的指导意见》提出"坚持技术创新,大力推进我国算法创
新研究工作,保护算法知识产权,强化自研算法的部署和推广,提升我国算法
的核心竞争力",但可以注意到,不论是《个人信息保护法》《电子商务法》等部
分条文提及算法的法律,还是《关于加强互联网信息服务算法综合治理的指

导意见》《互联网信息服务算法推荐管理规定》等针对算法的专项规定,大部分条文都旨在规制算法应用、为算法服务提供者设定义务,并采用了警告、通报批评、责令限期改正、责令暂停信息更新、罚款等行政处罚措施,对于创新并没有正向激励的具体条款。具体而言,一方面体现在对算法服务提供者的合规激励不足,另一方面则体现在对用户权利的激励不足,仅从服务提供者角度制定了用户权益保护措施,但并未畅通算法权益受损的个人监督与救济渠道,用户行使个人算法权益的积极性不强。

在治理工具上,算法进入了新的技术阶段,人类社会对机器学习还缺乏完整的解释体系,算法决策结果的逻辑、机理难以被人类充分理解和阐释,算法的设计研发具有高度的专业性与技术性,算法迭代过程难以实现真正透明,许多"黑箱"是无法被解决的技术难题。故无论是监管机构还是研发主体,皆不具备足够的技术监控能力以消解这种技术壁垒,仅单独依靠法律规定治理算法,不仅无法从技术层面有效避免算法风险的产生,部分法律规则也犹如空中楼阁,无法真正落地。

综观以上常态化监管下算法分类分级治理的新挑战,不难发现,我国目前仍以自上而下的行政主导的治理模式为主,算法治理高度依赖拥有监管职权的行政机关,治理规则、治理主体、治理手段与工具皆较为单一,算法领域的分类分级治理仍处于传统治理模式窠臼中,无法与常态化监管基调相适应。实际上,伴随着数字技术的深入发展,算法与社会的交互性不断增强,逐渐嵌入经济与政治层面,并仍处于不断迭代中。当前,我国算法治理主要聚焦算法推荐、深度合成、人脸识别等具体应用场景的治理。我国的算法治理体系亟待转向动态、灵活的治理模式以应对技术与监管的变化。

三、常态化监管下算法治理模式的改进

面对算法技术的加速迭代,以及全球经济下行趋势中我国对平台经济监管向常态化转向的双重变化,算法治理需要避免算法技术的工具理性超越价值理性,在维护算法安全与促进算法创新中达到价值平衡。基于此,在现行算法安全综合治理格局下,需要根据常态化监管的理念、原则及框架,对新技术、新业态、新模式发展下的算法治理作出调整,转变当前治理的基本价值追求、

完善治理具体规则、明确治理主体与治理对象及相应法律义务与责任、创新治理工具，提升算法分类分级治理的实效，实现算法安全发展、创新发展、规范发展的目标。当前，在常态化监管下改进算法治理的过程，主要是将常态化监管的具体要求与算法治理的需求有效结合。前者具体表现为"敏捷是灵活化解风险的首要要求，精细是应对风险的重要手段，规范是风险治理的底线要求"，后者的具体需求则源于随着技术、法律、社会的发展，约束力与保障力成为法律监管效力的两个主要方面，在算法治理领域则具体体现为通过分类分级监管模式的引入实现对约束算法应用的风险和保障算法的合理利用两者之间的平衡。具体而言，为有效应对算法风险所呈现的突发性、技术复杂性、隐蔽性等特征，分类分级监管要求处理刚性约束与柔性治理的平衡，实现多主体治理的良性互动，建立监管者与被监管者之间、算法服务提供者与用户之间的信任关系，在算法各主体间达成互信共识，有效形成多元共治格局，不断丰富和创新监管工具，从而满足不同类别、层级的监管需求。

（一）刚性约束与柔性治理相结合

常态化监管框架下的算法分类分级治理，需要在法律层面相对明确的治理原则指导下，使用灵活的"软法"治理手段作为补充，依据具体算法风险和治理情况予以灵活应对。

明确算法分类分级标准，完善分类分级在算法备案、算法安全评估、算法审计中的具体实施规则，加强与数字经济中数据、平台等要素分类分级治理的衔接，以期实现对算法治理的全过程透明可预期监管。以算法备案制度为例，在现行算法备案制度的实践中，平台对备案算法的内容公示详略不一，按照现行的制度设计，备案主体皆为具有舆论属性或者社会动员能力的算法推荐服务提供者。然而，符合规定要求需要进行备案的算法并未做进一步细分，不同算法的风险等级并未区分，为确保监管规范可预期，需要在备案系统内对平台备案内容详略作出框定，避免备案制度流于形式。另外，首批备案的平台涵盖多家大型互联网企业，随着备案工作的长期展开，累计的平台数量将达到一定规模，应当结合《互联网平台分类分级指南（征求意见稿）》，在备案系统中设置平台分类分级选项，经过平台分类分级后再进入算法备案具体内容填写环节，实现数字经济不同要素间的监管衔接，为后续灵活应对技术发展奠定基础。

重视"软法"治理的重要性,提升算法分类分级治理的敏捷度。欧盟对算法治理规则体系的建立与我国具有共通之处,其近年多以《通用数据保护条例》《人工智能法案》等具有前瞻性的确定性法律规则对算法进行规制。我国可以鼓励平台、行业协会等自律组织出台行业标准、倡议、指南,并加大对上述内容的宣传普及力度,积极打造与人工智能、人脸识别等新技术、新应用相关的标准技术体系,充分发挥法律法规中的宣示性条款、网络行业组织制定的行业章程等软法在算法治理中的作用。行业标准既是对企业需求、市场需求的一种规则上的回应,也是一系列可操作、可执行、具体化的技术规范。倡议则反映了市场主体对于算法治理的态度与回应,指南则更加能体现市场主体的技术优势地位,更加契合实操。

(二) 多主体共商共建共治共筑平衡治理

从主体结构来看,算法应用涉及的算法主体多样,不仅包括算法研发人员,还包括接受算法服务的用户、使用算法进行公共管理的政府部门、部署和应用算法的平台、特定领域的算法行业协会等,涉及知识产权、隐私权、公平竞争权等多样法律权利,故算法分类分级治理应当进一步明确各主体围绕分类分级展开的具体制度与规则,提升常态化监管下算法分类分级的治理实效。常态化监管下的多主体共商共建共治共筑则需要充分摆脱传统治理模式中监管者与被监管者之间的博弈关系,打破自上而下的监管定式,通过跨部门、跨主体实现自上而下与自下而上相结合的共治格局,打造各主体间良性互动的政府监管、企业自律、行业履责、社会监督的算法多元共治局面,实现多元利益平衡。

除了明确分类分级原则、作出科学的制度体系安排的职责,政府监管需要更加重视并发挥协调与整合作用。一方面,确立以网信部门为主、其他部门为辅的"一主多辅"监管架构,强化各部门之间的协同治理,健全跨部门综合监管工作机制,打破不同部门之间的信息壁垒和制度壁垒;另一方面,重视维持政府与市场主体间、企业与公众之间的利益平衡,充分了解市场主体诉求,在保障公共利益的同时注重市场主体经济利益,同时加强宣传与激励,强化公众作为用户对算法的认知与认同,为形成多元共治局面奠定基础。

在遵守算法治理领域硬性规定的基础上,算法服务提供者应当积极履行自治义务,探索建立内部的风险合规机制,充分发挥平台(尤其是头部平台企业)作为设计者与使用者对算法的认知优势与技术优势,为制定分类分级标准、行业技术标准、应用指南等提出来源于算法研发应用实践的专业性、针对性更强的建议,为算法用户提供更加清晰明了的算法解释规则与平台投诉反馈途径。

行业协会等自律组织则需要充分发挥沟通政府与平台企业的桥梁与纽带作用,一方面,参与行业标准、应用指南等"软法"的制定,并通过召开全国性或区域性会议、公布并宣传所制定标准、定期进行行业调研并发布报告等方式,加强所制定文件的影响力;另一方面,围绕算法的技术特征与应用,制定分类分级具体专业标准,作为政府与平台间接受算法用户监督与投诉的中间角色,拓宽用户行使权利的渠道。算法用户则需要在接受算法服务的过程中不断加强对算法的认知,在权益受到侵害时积极维权,对算法提出投诉或建议。

(三) 丰富治理手段与创新治理工具相结合

在治理手段上,我国现行法律法规主要从规制算法应用、为算法服务提供者设定义务出发,然而面对效率这一社会发展的基本价值目标,在执法层面应当尽可能实现效率最大化。当前,算法创新已经成为平台企业在引领发展、创造就业、国际竞争中大显身手的重要驱动力,应当从鼓励算法创新出发,建立算法创新正向激励制度,通过确认和维护、利益保障促进创新效率。

从用户的角度而言,第一,需要秉持以人为本的观念,确保算法尊重和维护人类利益和福祉,对算法用户进行赋权激励,从现有各项算法制度入手,保障算法用户的知情权,使算法用户深刻认识自己的算法主体地位,从而提高算法用户行使权利的积极性。在算法备案中,适当在互联网信息服务算法备案系统的信息公告栏目中公开算法的部分备案信息以便公众查阅;在算法安全评估中,在负责评估的部门网站上依据情况公开评估结果;在算法审计制度中,除了公开审计信息,赋予用户针对损害个人利益的算法提起审计的权利与途径,确保用户的知情权和监督权。第二,赋予算法用户向行业协会、行业设置的监管部门、企业内监管部门投诉和求偿的权利,以及参与涉及在特定治理任务中引入算法技术等涉及公众或公民切身利益的重大算法决策听证会的权利。对于算法服务提供者而言,一方面,参考刑事案件企业合规不起诉原则,对于符合算法行业自律规则、算法行业标准、有效建立内部合规制度和风险控制制度的平台企业予以资金支持、税收优惠、贷款支持等扶持,同时尝试构建算法领域的企业合规免责制度。另一方面,需要适当确认和保护算法服务提供者对于算法的排除他人占有或使用的权利,在现行的司法实践中,大多算法主体主要以商业秘密形式对算法进行保护,对算法备案、评估、审计等公开要求往往怠于配合,赋予其一定时间或程度的算法排他权,可以提升算法主体提高算法透明度的积极性。

在治理工具上,需要以技术治理技术。第一,建立治理技术科技创新实验室,将算法嵌入公共权力运行平台,在算法评估与审计中引入技术工具,针对监管人员和技术人员难以发现与评估的细节进行监测。第二,欧盟在2024年2月2日通过的《人工智能法案》中提出了"监管沙盒"机制,即在人工智能系统入市或投入使用前,对人工智能系统进行开发、测试和验证,要求人工智能能够解释清楚其决策的原因和依据,同时也要记录所有的交互数据和结果,从而保障人工智能应用的可靠性和安全性。我国可参考"监管沙盒"机制,针对算法的应用场景利用科技建立仿真的运行环境,并实现实时监控,为算法的监管提供有价值的参考数据与决策依据。

第三节　用户隐私治理的法律回应

网络的价值与联网的用户数的平方成正比,即一个网络的用户数目越多,那么整个网络和该网络内的每台计算机的价值也就越大。[①] 这印证了在平台经济快速发展的当下,海量的用户信息作为平台企业开发商品和服务、革新商业模式、升级服务体验的基础,不断创造新的经济增长机会和社会价值,成为企业间的关键竞争资源。这里的用户不仅仅是作为受到高度重视的普通用户的个体消费者,还包括当前研究中较为忽视的作为商户用户的个体或其他组

---

① Zhang X Z, Liu J J, Xu Z W., "Tecnt and Facebook Data Validate Metcalfe's Law", *Journal of Computer Science and Technology*, Vol.30, No.2, 2015, pp.246-251.

织经营者。

　　用户信息在创造经济增长奇迹的同时,也因不断涌现的纠纷引发了诸多法律问题,特别是平台企业围绕隐私数据获取与封锁、保护与共享的角力日益激烈,甚至出现了具有优势地位的数字超级平台非法收集用户数据和滥用用户隐私的行为。譬如,近年来数字科技巨头的数据滥用和隐私泄露风险事件数量呈现指数型增长,引发全球竞争执法的广泛关注。在我国平台经济领域有关用户信息纠纷的案件,其中也不乏涉及对用户数据及隐私信息的侵害或滥用行为。实践中,随着数字技术的不断创新,隐私保护问题更加复杂,规范数据流通中的隐私保护已迫在眉睫。

　　鉴于此,从现有隐私保护和治理研究的相关理论成果和司法实践的效果看,单纯依靠私法体系,依循私权逻辑在一定程度上忽略了平台经济场景下数据多属性与私权保护理路间的不协同的现实,尚未充分关照到隐私数据保护在平台与用户,包括企业用户和个人用户之间的多元价值动态平衡之需求。故此,亟待澄清用户隐私保护问题的基本理路,从表象步入本相,解析多场景下用户隐私的定位及保护方式的演化,重视"场景化保护规则"在平台经济多场景变换中的重要价值,厘清与相关行为发展过程中各主体间多重权益的交合,动态平衡各类主体在用户信息收集、存储、分析、流通及使用全周期中的保护和共享的关系,尽快构建科学合理的多元共治的用户隐私保护理路。

一、平台经济多场景下用户隐私的定位及保护现状述评

　　作为当下互联网上运行的核心内容,万维网(Web)是建立在互联网之上的信息共享模型。万维网技术和服务自 20 世纪 90 年代出现以来,经历了从 Web 1.0 到 Web 3.0 的渐进式交互发展,这一进程能够很好地概括互联网运行方式和商业模式的演化升级。从 Web 1.0 下单向静态的信息输出模式进阶为 Web 2.0 下双向互动的信息传导模式,到如今发展为 Web 3.0 下移动互联技术与数字数据技术全面融合的平台经济生态体,促使用户信息的流通从单向线性运行升级为多维度多场景下的交互运行,用户信息定位从作为单向线性信息的消费结果向作为多维交互形成的融合生产消费信息为一体的资源要素的转向,这一演化发展直接推动了用户隐私保护方式的变化。

（一）从单向线性到交互联通

在互联网发展初期,Web 1.0 呈现"只读网页"模式,其典型应用为网址导航、门户网站。譬如,国内早期出现的 X、T、S 等集成式门户网站,由站点负责收集网址并发布和更新各类信息,用户通过浏览网页中编辑好的内容,收集整合所需信息。在 Web 1.0 时代数据信息以"门户网站"为基点单向线性传播,与之匹配的信息交互方式主要表现为封闭性、单向性的特征,数据信息交互程度处于低频阶段。步入互联网 Web 2.0 时期,信息技术革命赋予每个用户生产内容的能力,譬如,R、B、Z 等平台和应用应运而生,最为显著的表现即为自媒体的大量出现,鼓励用户分享内容、交流意见并实时互动,用户在一定程度上成长为互联网数据信息的"产消者"互联网数据(信息)的消费者、生产者及传播者的融合体。此阶段强调以分享为特征、以用户为中心,数据信息传递模式实现即时的自主交互。Web 3.0 时代基于万维网和物联网技术的发展和适用场景的无限衍生,人、机、物的时刻连接,"连一切"成为这一时期典型的数据信息生产和消费的方式和动能。超级平台的崛起为大数据的创新适用提供了不可或缺的关键支持和现实需要,网络效应在平台经济的高速发展中日益凸显,这些既为 Web 3.0 时代的数据信息流通提供了关键设施基础,也为数据信息的交互联通提出了现实需求,在可能与必需之间构造了这一时期数据信息流通和共享的现实场景。

首先,Web 3.0 时代的数据信息的交互联通得益于信息通信技术和数字数据技术的深度融合。如果说互联网发展的前两个阶段是从信息的单向线性传递向双向互动发展,其直接体现着互联网的"连接技术"对数据信息交互方式的转变通过连接实现数据信息提供和匹配,那么 Web 3.0 场景下更多地强调运用和扩张互联网的"连接能力",提升与数据信息相关行为过程中各类新兴技术的创新适用,提高数据信息价值的挖掘能力和创新能力,实现数据信息在互联网时代的核心价值。其次,Web 3.0 时代的数据信息呈现为精细化、聚合化及智能化的特征。其中最重要的是通过对海量用户信息的收集和分析,以实现精准定位与个性化智能服务,由此涌现了各类新型智能化生产、网络化协同、个性化定制等商业模式和业态。最后,基于 Web 3.0 时代"连一切"的特征,超强的"连接能力",使海量用户信息聚合力量的形成及其影响力的扩张较以前更加快速和高效,数据信息流通与共享的水平和需求达到前所未有的高度。

需要注意的是,离散的碎片数据信息和封锁隔离的数据信息并不能发挥其应有的价值,必须以实时高效的数据信息采集为起点,以基于高精度算法模型的数据信息分析为核心,优化数据信息服务与应用流程体系,形成数据信息在产业价值链中的流动与共享,方能实现数据信息价值与功能的最大化。然而,数据信息在高速流通与开发共享的过程中,时刻面临着各类潜在的安全风险,特别是 Web 3.0 场景下数字数据化和人工智能技术的创新发展对数据信息效用具有明显的放大功能,由此加剧了各大互联网企业之间围绕隐私保护展开的激烈博弈,在这一过程中客观上造成用户信息被过度收集、数据滥用、隐私安全服务降级等危害或潜在风险,给用户数据安全、企业信息安全乃至社会公共安全和国家安定带来巨大挑战。换言之,进入数据信息交互联通的 Web 3.0 时代,科学合规的隐私保护机制构成了规范和促进数据信息高效流通和创新利用的前提和基石,具有十分重要的基础性地位。

(二) 从消费轨迹的客观记录到作为产消信息的资源要素

在 Web 1.0 时代下,用户通过互联网访问站点内容获取信息,或者搜索与交易相关的商家和广告信息,寻求交易机会。在 Web 1.0 场景下呈现"生产者—消费者"的单向线性的数据传输模式,尽管站点可能收集到用户浏览踪迹的相关数据信息,但囿于当时的技术水平和商业模式,与用户间的互动很难做到即时和高效,所收集到的通常为静态离散而不具备关联性的数据信息,难以实现规模数据信息的分享和流动,故此阶段数据信息的深度挖掘和复次利用的价值并不显著。进入 Web 2.0 时代,随着信息通信技术的开发创新和移动互联技术和终端的发展,以互联网、物联网、万维网为基础设施的平台企业与用户间的交互联动的频次和程度大大提升,客观上推动了"以用户为中心"和"以消费为重心"的双边或多边商业模式的不断扩展,进一步助力平台经济在个性化和精细化层面的有效实现。在这一过程中,海量用户信息的积聚有效推动了算法优化和算力提升,用户在体验个性化服务之时亦产生了更具个性特征的聚焦数据信息,由此促使数据从用户消费轨迹的客观记录演化为聚合消费信息和生产信息为一体的市场要素信息,并在这一过程中产生了

新的用户数据信息的生态闭环,实现了用户数据信息价值的挖掘与创新。正
如 M 咨询公司于 2011 年首次提出"大数据"概念之时就肯定了数据作为重要
的生产要素的价值,对海量数据的挖掘和运用,预示着新一波生产率增长和消
费者盈余浪潮的到来。

步入 Web 3.0 时代,数据信息兼具消费和生产要素双重属性的价值伴随
物联网、大数据、云计算等关键技术的普遍商业化得以进一步增进。通过对平
台经济用户信息的持续收集和循环使用,加速数据流动、共享并形成信息链
条,再经过数字数据技术加工使用信息得以反复多次、交叉使用,数据信息的
价值得到了最大限度的发挥。用户信息打破了传统要素有限供给对增长的制
约,为经济持续增长提供了基础与可能。正如大数据时代的预言家维克托·
迈尔—舍恩伯格(Viktor Mayer-Schönberger)在《大数据时代》中写道,"数据
就像一个神奇的钻石矿,当它的首要价值被挖掘后仍能不断给予。它的真实
价值就像漂浮在海洋中的冰山,第一眼只能看到一角,绝大部分都隐藏在表面
之下"①。在 Web 3.0 时代,经由网络信息技术和数字数据技术所收集和挖掘
的海量多元化数据产生了大量的有用信息,正在成为经营者开发创新的重要
参考,给经济社会的发展带来了颠覆式影响。

一般来说,土地、劳动力、资本等生产要素的产权明晰,"使用即需付费"
的原则使得对这些生产要素的使用具有很强的排他性和竞争性,相应的保护
模式也比较清楚。然而,数据信息随时产生、多点储存、实时访问、来源广泛、
多归属性等特征,使得其权益归属不再那么明晰,在实践中某一主体对数据的
使用并不减少其他主体对它的使用价值,相反正因为其不断被使用而不断增
值,正所谓是"越用越有用",由此对其定位及保护方式的设定与选择带来有
别于传统生产要素的思考。

(三) 对现行保护方式的述评

当前各国对用户隐私问题的讨论,基本上从个人与数据的关系开始,许多
国家和地区已出台与数据相关的立法或者增订现有法律法规中相关内容以对

---

① [英]维克托·迈尔—舍恩伯格、肯尼思·库克耶:《大数据时代:生活、工作与思维的大
变革》,盛杨燕、周涛译,浙江人民出版社 2013 年版,第 127 页。

平台经济场景下的"个人数据""个人信息""个人隐私"予以明确。从各国对个人数据(个人信息)的相关立法来看,"可识别"构成了用户信息保护范围的判断标准,事实上,随着物联网信息技术和数字数据技术的深度发展,移动互联网、大数据及云计算等人工智能技术的创新开发和普遍适用,与数据相关行为的多样化和精细化,经由数据信息收集行为、分析行为、计算行为及挖掘行为形塑了越来越精准的"用户画像"。这是对用户信息分析形成的高度精炼的特征标识,它间接产生了更多可识别的个人信息。事实上,从技术层面完全的去名化是难以实现的,仍然有待法律进一步明确。换言之,在多大程度上用户对这类已经过加工分析后形成的且仍可能具有技术上的"可识别性"的数据信息享有权益,这些间接信息是否均应纳入用户隐私保护范畴并由用户所有和支配? 这是一个亟待澄清和回应的问题。在实践中,通过司法裁决已经对这类问题有了较为明晰的回答,即用户信息与经过分析加工后的商业数据之间的权属理应做分离处理,数据的实际控制者、开发利用者享受自身通过合法程序获得和开发的数据的相关权益。事实上,个人信息数据与个人的关联在于识别和联系到特定的个人,然而这并不当然意味着数据信息应完全由个人所有或控制,即"可识别性"只是个人进入社会和在社会交往中识别个体特征的必要工具,而非控制层面的绝对权基础,更不能作为控制其流动的根本理由。

　　囿于我国现行法律尚未明确用户隐私的法律定位及保护方式,学界和实务界针对用户隐私的法律属性及其保护仍处于探索阶段,集中体现为以下几类观点。第一,赋予用户隐私在民法上的新型人格属性,导入个人信息权保护模式,强调对个人用户享有的数据信息提供民法体系下的私权保护。第二,建立财产权类保护模式。有学者主张赋予个人数据信息以传统意义上的私人财产权。[1] 第三,主张知识产权保护模式。在实践中商业秘密成为数据纠纷中数据控制者或经营者的重要诉求和主张。实践中,许多纠纷案件的司法审理都倾向通过激活和适用《反不正当竞争法》"一般条款"对争议竞争行为的违法性进行判断。然而,单一地适用原则性的《反不正当竞争法》"一般条款"提

---

① 龙卫球:《数据新型财产权构建及其体系研究》,《政法论坛》2017 年第 4 期。

供保护可能面临规则的不确定性和适用的不稳定性,也引发了诸多争议。

综上可以发现,各界对于用户隐私保护问题给予了高度关注,从不同角度为用户隐私保护方式提供了见解。总体而言,上述有关用户隐私保护的不同观点,在很大程度上都受到私法理路和私权逻辑的影响,仍缺乏对用户隐私保护法理与实践的多维度整体性考量。首先,若仅将视角限于通过构建私法语境下的排他性数据权以保护用户的特定权益,客观上难以完全契合平台经济多元场景特征,不利于数据的合理开发和有效流通。其次,对用户隐私数据不加区分地赋予人格权或财产权,不能适应平台经济下数据经济关系和法律关系复杂多变的现实。无论是用户的原始数据信息抑或经过分析加工后的商业数据,往往具有多种类型和成分,对其保护方式的规定不应"一刀切",即便是同一类型的用户数据信息在不同场景下也很可能具有多种权利(益)属性。故此,亟须对现有保护方式特别是以"权利化"为主的私权保护方式予以拓展与优化。

事实上,平台经济场景下用户数据信息安全的风险已呈几何级数增加,各类滥用或(和)侵害数据的行为频发,强化数据隐私保护已上升至国家战略。正如习近平总书记在 2019 年 9 月 15 日对国家网络安全宣传周作出的重要指示中强调"坚持促进发展和依法管理相统一""积极利用法律法规和标准规范引导新技术应用""坚持安全可控和开放创新并重"[1]等内容,必然要求更为科学和严格的用户隐私保护机制的设立与实施。然而,用户隐私保护不等于"数据壁垒"或"数据孤岛",否则将极大地损害数据信息的复用价值和创新效率。同时,数据信息价值的彰显和实现不仅限于私人领域,其价值和功能越来越凸显于国家总体安全利益、社会公共利益以及行业整体创新利益等多元价值领域。故此,对用户隐私保护的理解和实践有待进一步深化和扩展。针对此问题,已有学者注意到现有私权保护的局限性,主张应当从私法逻辑转移到公法逻辑,探索论证用户信息的公共性、社会性及其公益保护路径,建立"自由开放"与"受控开放"的全面的开放制度。[2]

---

① 《习近平著作选读》第二卷,人民出版社 2023 年版,第 138 页。

② 高富平:《数据经济的制度基础——数据全面开放利用模式的构想》,《广东社会科学》2019 年第 5 期。

二、平台经济场景演化下用户隐私保护理路的再造

伴随信息通信技术和数字数据技术的演进,平台经济场景演化下的数据信息不仅包括经由用户同意采集到的数据信息,还包含企业在数据加工、分析、应用等多场景下整合、生成、开发的各类数据信息,且源于后者所产生的信息量和价值越来越多,特别是在各项人工智能底层技术的广泛适用下,机器自主学习无疑会产生更多有价值的数据信息。在此场景下,现行以私法为主的用户隐私保护理路及模式面对数据信息的复用性、多归属性、准公共性等特征明显乏力,亟须突破私法理路下保护的局限性,建构与行为实施之具体场景相结合的动态平衡的保护理路,在赋予用户选择权能的基础上激励用户数据信息的安全使用与合理开发,将现行的以"权利化"或"权益化"为主的保护方式转向利益保护与分享融合的发展方向。在此基础上,注重多部门法律规范间的协同合作与综合治理,执法部门与司法机构间的有效沟通与联动释法,以及企业权益与用户权益间的公平高效的分享与增进,最终以政府为主导,联动企业、用户以及第三方组织合作构造保护与分享的多元共治体系。

（一）确立以场景化为基础的保护理路

用户信息的收集和使用与场景高度相关,不同场景下用户信息的收集和使用的方式和程度取决于该场景下用户偏好或期望,即用户信息的收集和使用是否合理(表现为得到用户的信任)取决于相应场景下行为的可接受性或者说是否为用户的"合理预期"。具体而言,用户对其信息的同意授权并非简单的"是与否",而应当在具体场景中动态平衡信息收集、存储、分析、计算、分享等行为中可能存在的风险,用户对企业披露的信息用途的理解,用户年龄及对互联网技术的熟悉程度等诸多因素的复杂性和差异性,甚至在信息的区域性收集和流动过程中,地理因素、文化因素等都会影响用户对信息处理行为的可接受程度。企业需根据具体场景中对用户信息利用的合理程度来制定更有效的隐私保护规则,避免脱离具体场景下的严格保护甚至过度保护带来的信息冻结乃至封锁。

当前,海量信息以移动设备端为主要流量入口呈现多场景、多应用的发展局面,侵害用户隐私的行为呈现多类型、多环节、难以估量等特征,强化用户隐私保护已经成为平台经济场景下的时代任务和发展趋势。譬如,欧盟《一般

数据保护条例》(General Data Protection Regulation,以下简称 GDPR)在第 35 条"数据保护影响评估"中提出,当新技术的处理可能对用户的权利与自由带来高风险时,数据控制者应当在数据处理前考虑处理行为的性质、范围、场景和目的以及可能对数据主体权利和自由产生的风险。GDPR 第 6 条第 4 款(a)项和(b)项规定,当数据主体没有明确表示同意,判断数据处理是否合法,应当考虑"个人数据收集时的场景,特别是数据主体和数据控制者之间的关系"。可见,虽然欧盟在 GDPR 中规定了结合具体场景评估数据控制者行为的合法性和适当性,但是并没有明确给出"场景公正"理论在评估与相关行为时的具体适用进路,缺乏独立于现行私权模式下以"用户知情同意"为基准的多元利益平衡的保护模式。

企业应结合具体场景的现实需要,将信息使用行为限定在用户对其信息披露与分享的合理预期之内。随着使用场景的多元化,用户提供的信息已经过分析处理衍生出不同内容和形态。故此,在企业收集用户信息后的处理行为中,若对用户数据的使用未超出收集用户信息时的合理预期,则可免于用户的再次同意,以降低企业的合规成本。如果企业将用户信息用于其他不属于合理预期的目的或使用行为且存在中等风险、中等敏感度时,应当以有效通知的方式向用户告知可能存在的风险,并提供用户方便操作的选择退出机制,特别是如果企业处理信息的行为超出最初收集用户信息的合理预期,存在高风险和高敏感度时,企业应当为用户提供即时显著的强化通知机制。当用户在高风险和高敏感度的场景下选择披露信息时,企业应当主动帮助用户降低风险,譬如针对无须关联到特定个人的信息使用行为,企业应当主动采取分类脱敏或"去标识化"处理。据此可见,赋予用户在参与相关行为中自主决定的权益,评估在具体场景下的运行风险,实现用户在信息之上的个体权益与企业权益的平衡,能够有效降低企业使用用户信息的合规成本,有利于促进安全保护与高效利用之间的协同与融合。

(二) 从隐私保护的强化到与数据分享的融合发展

用户隐私保护不是平台经济发展的最终目的,更重要的是,实现数据价值的深度挖掘与数据技术的创新发展,以高效安全的数据利用效能促进平台经济高质量发展,实现企业、用户及第三方在参与相关行为过程中个体权益与整体利益的多元动态平衡。故此,亟须对私法逻辑下隐私保护的绝对性和排他性理路予以矫正,从其数据信息本身的瞬时性、复用性、准公共性出发,充分考虑具体场景,推动从隐私保护到与数据分享的融合的方向发展。

要真正实现数据对经济增长与技术创新的驱动作用,亟须合理规范数据主体的"与数据相关行为"的界限,厘清用户数据在多大程度上能够为企业所用,以及企业如何合理使用。结合场景化的隐私保护理路,建议评估"相关行为"各个环节的使用风险,以及相应场景下的用户合理预期,明确数据主体的使用行为应当被控制在收集用户信息时的可接受程度范围内,并为用户提供选择机制,以更好地防御相关行为运行的各类潜在风险。在此基础上,激励企业尽快建立适合自身的数据合规体系,完善合规业务流程,在科学合理、安全高效地采取数据保护措施之时,激励和支持企业有效有序开展数据流通与分享,提升数据挖掘和数据创新的效能,以实现隐私保护与数据分享在具体场景下的动态平衡。

（三）搭建用户隐私保护与数据分享的多元共治体系

数据作为最重要的生产生活要素,其价值和功能的彰显和实现不仅限于私人领域,而且越来越凸显于国家总体安全利益、社会公共利益以及行业整体创新利益实现等领域。故此,应尽快突破单一私法理路保护的局限,引入动态场景化保护原则,科学搭建隐私保护与数据分享的动态多元平衡的共建共享共治体系。

为此,尽快树立"共建共享共治"的用户隐私保护理念,搭建多元主体利益动态平衡架构。在海量多样化数据呈现"井喷式"增长和功能不断创新的当下,缺乏政府作为核心设置和中台架构来统筹和协同隐私保护与数据分享任务的情形下,难以达成安全高效、可信可行的隐私保护与数据分享治理架构。故此,应积极肯定政府在隐私保护与数据分享治理中的基础性和主导性作用。同时,在坚持包容审慎监管的前提下,依法对用户、企业及第三方参与隐私保护与数据分享的行为予以科学合理的治理,鼓励和支持政府主导下的各类主体共同合作搭建的隐私保护机制。譬如,在企业层面,建立问责机制与"透明度"自查机制,促使企业能够在风险发生早期识别和化解问题,有效地保护用户主体利益;在用户维度,加强用户对自身信息披露的风险防范能力,鼓励用户学习必要的互联网知识和网络安全技能;在第三方参与时,倡导建立第三方隐私保护影响评估和监督机构,尽快形成多方联动、协同联动、有序运行的隐私保护与数据分享的共治架构。

此外,鉴于我国尚缺乏统一的数据治理基本法,仅依靠现行一般民事立法、互联网行业规范以及用户、企业或(和)第三方与彼此间签订的合作协议等尚无法从根本上有效地解决复杂多变的隐私保护与数据分享治理难题,故有待在充分调研和反复论证的基础上,科学制定符合我国数据多元共治架构的高位阶的法律,以科学立法为先导,推动和落实隐私保护与数据分享的共建共享共治架构与机制。

第四章　平台经济创新驱动的法治响应

推动平台经济创新发展对抢抓新一轮科技革命和产业变革先机、推动经济高质量发展有重要意义。平台经济是经济发展的新动能新形态,是新质生产力的重要代表和载体,为扩大需求提供了新空间,为创新发展提供了新引擎,为就业创业提供了新渠道,为公共服务提供了新支撑。近年来,我国平台经济快速发展,在发展全局中的地位和作用日益凸显。平台经济吸纳了超过2亿灵活就业人员,截至2023年6月底,市场价值超过10亿美元、超过100亿美元的平台企业分别有148家、26家,总市值规模达到1.93万亿美元。特别是,平台经济打造了前所未有的全新创新生态,集聚了大量的创新资源,成为前沿技术的策源地和试验场,成为推动通用人工智能等前沿技术变革的关键力量。

平台企业无疑都是创新型企业。但当达到一定的规模之后,它们是否依然能够保持创新的动力与能力?许多平台企业大量收购新兴创新企业,降低市场竞争;很多平台企业通过大量烧钱迅速形成市场规模,获取市场势力。值得探究的是,平台经济究竟如何影响创新活动?法治又该在平台经济创新中发挥怎样的作用?

第一节　分类分级监管与平台经济创新

创新是推动平台经济技术进步和产业繁荣的核心动力。平台经济发展涵盖多个领域科技的集成,包括机械工程、计算机科学等,在这个高度集成创新的过程中,企业和研究机构对其研发的新技术、新算法和新工艺进行技术开放,有助于实现研发效能提升。不过,为激励相关主体加大创新投入,防止其他竞争者"搭便车",亟须防范和规制在创新发展特别是在集成创新中不当获取或使用技术成果、拒绝合理开放相关技术、歧视性授权使用相关技术等不公平竞争的行为发生。分类分级监管为平台经济创新提供了规范、健康、持续发展的环境,通过精准监管激发创新活力,推动平台经济高质量发展。

一、分类分级监管对平台经济创新的意义

首先,促进公平竞争,优化营商环境,有效激发创新活力。促进公平竞争是分类分级监管的核心目标之一,它通过确保市场竞争秩序的稳定,为创新提供了坚实的基础。这种监管方式不仅保障了竞争与创新之间的和谐互动,而且通过引导资本、技术、人才等关键资源按照市场化原则进行配置,极大地激发了市场的创新活力。在这种环境下,平台企业被激励着不断加大在信息技术创新上的投入,以实现在更高层次和更高水平上的创新竞争。分类分级监管的实施,使得平台企业能够在一个明确规则的框架内进行创新和发展,这种明确的预期减少了市场的不确定性,降低了企业的运营风险,从而鼓励企业将更多的资源和精力投入技术创新、质量改进、服务提升和模式创新中。这样的资源配置不仅提升了企业的竞争力,也优化了整个平台经济领域的营商环境,为全社会的创新创造活动注入了新的动力。通过这种监管模式,市场监管部门有效地引导平台经营者将资源投入关键领域,如技术革新、质量改进、服务提升和模式创新,这些都是推动平台经济持续健康发展的关键因素。这样的监管不仅促进了平台企业的自我革新,也为整个行业的创新和进步提供了强有力的支持,激发了全社会的创新活力。

其次,提升市场综合监管能力是分类分级监管的另一重要方面,它旨在通过提升监管效率与创新支持,增强平台经济的创新发展动能。这种监管模式能够根据不同平台的特点和风险等级,采取更加精准和有针对性的监管措施,从而显著提升监管的效率和效果。在这一框架下,监管政策的持续改进为平台企业提供了坚实的创新支持。政策制定者会根据平台的特征定期审视现行监管政策的适用性,及时出台相关规范,明确新兴概念与执法标准,为平台经济的健康发展提供清晰的指导。这种动态的政策调整机制,不仅有助于平台

企业更好地适应市场变化,也为它们的科技创新活动提供了有力的政策保障。政策还鼓励平台企业在科技创新方面发挥更大作用,支持它们与产业链上下游企业、高校和研究机构组建创新联合体。这样的合作模式有助于围绕平台经济的底层技术和关键技术难题组织开展科研攻关,推动算力基础设施的建设,优化人工智能算力平台的布局,并加强算法的创新与应用。同时,分类分级监管通过健全和完善平台经济的跨部门监管协同机制,加强了跨区域跨层级的监管联动。这种协同配合强化了市场准入、公平竞争、网络安全审查等常态化监管工作,显著提升了市场综合监管的能力和水平。通过这种方式,监管不仅变得更加高效,而且更加适应平台经济的快速发展和变化,为平台经济的稳定和创新发展提供了坚实的基础。

再次,分类分级监管在推动模式创新与新业态发展方面发挥着关键作用。通过支持平台经济要素的融合创新,监管框架鼓励在数据要素市场化进程中进行试点,特别是在工业制造、商贸物流、社会治理等关键领域。这些先行先试的举措有助于拓展要素的来源,加速要素的流通和重组,从而推动平台经济的发展模式创新。在这一过程中,分类分级监管为平台企业提供了灵活的政策环境,使它们能够探索和实施新的商业模式和服务模式。这种监管方式不仅促进了平台经济的创新,还为新业态的发展提供了必要的支持和空间。通过这种方式,平台企业能够更好地适应市场变化,开发新的产品和服务,满足消费者的需求,同时推动整个行业的转型升级。

最后,分类分级监管在加快标准体系创新和强化数据安全治理监管能力方面扮演着至关重要的角色。在标准体系建设方面,为了适应平台经济中新产业、新业态、新模式的发展趋势和需求,监管框架推动研制了一批符合发展方向、体现技术创新的国际标准和国家标准,这有助于构建一个能够激发创新活力、增强发展动力、提升国际竞争力的平台发展标准体系。在数据安全治理方面,分类分级监管加快建立数据产权归属认定、市场交易、权益分配、利益保护等制度,促进数据的合规、高效、便捷使用。通过这种方式,可以充分发挥我国海量数据和丰富应用场景的优势,为平台企业的健康发展提供持续动力。

二、分类分级监管的实践与优化

平台经济的分类分级监管实践与优化是一个复杂而多维的过程,涉及政策制定、技术应用、市场监管等多个层面。

(一) 平台经济分类分级监管的实践

目前我国正在建立健全网络平台分类分级制度,这是基于科学合理分配监管资源、保障监管合理性、推进我国网络平台制度建设的要求。

首先,科学统一的网络平台分类分级标准尚未建立。我国《个人信息保护法》第五十八条规定的"守门人"义务主体为"提供重要互联网平台服务、用户数量巨大、业务类型复杂的个人信息处理者",由于缺乏定量标准的指引,其指向的具体网络平台为何尚有争议,平台分类分级监管也存在困难。

2023 年《国务院办公厅关于深入推进跨部门综合监管的指导意见》提出,要完善多部门监管协作体制机制,建立健全涉及平台经济监管的相关数据、算法、标准、格式、工具等监管要素、规则及方法的互联互通互认互信机制。当前,我国需要建立统一、科学的平台分类分级标准。考虑到平台分类分级将为某些大型网络平台规定加重义务,为防止监管中出现漏判或者误判的情况,我国在确定平台分类分级标准时,有必要组织相关平台企业、行业协会、科研机构以及平台用户参与分类、分级标准的构建。在平台分级中,除了此前已经确立的标准外,"还可增加年均营业额、终端用户数量、商业用户数量等指标,以细化平台分级标准"。同时,考虑平台在用户个人信息收集、处理中的实际情况。

其次,动态化的网络平台分类分级制度尚未建立。我国网络平台分类分级制度缺乏动态化的标准,应一方面保障大型平台有权进行异议申辩,对其在市场竞争、个人信息保护等方面的影响进行综合评估,防止监管机关误判。另一方面对于不符合定量标准,但是已经显示出对特定市场内经营者以及用户有较强限制能力的平台,反垄断执法机构应有权力将其认定为超大型平台。我国平台分类分级的结果应当由国家市场监督管理总局定期开展,以确保实时跟进平台发展现状。同时,推动行业自律,加强社会监督的力度不强。没有督促平台企业依法合规经营,鼓励行业协会牵头制定团体标准、行业自律公约,应积极探索公众和第三方专业机构共同参与的监督机制,推动提升平台企业合规经营情况的公开度和透明度。

（二）平台经济分类分级监管的优化

1. 平台分类方法

平台分类的意义在于为不同属性的平台"量身定制"更加科学且更具针对性的行为规范标准。然而,平台参与主体的多元化以及构成要素的复杂化,使得有关平台的分类研究易出现交叉、重叠等问题。为尽量避免上述问题对推动平台规范持续发展的进程产生不利影响,同时使得平台分类方法更有效地服务于平台竞争优势的判断,建议采用以商业模式为分类基础的多层级分类方法。

具体来讲,首先,可基于对不同平台价格结构、网络效应、盈利模式等方面的异同进行比较,将平台按照不同的商业模式划分为三大类:第一类是为双边市场用户群体提供交易中介的商品交易型平台;第二类是通过提供免费服务吸引大量用户,从增值业务和广告服务等获取收益的非交易型平台;第三类是兼采用上述多种商业模式形成的混合型平台。

其次,可在上述基础上细分,这种细分并非要穷尽所有的商业模式,而是通过进一步的细分实现对不同商业模式中具体要素价值的权重区分与设定。以非交易型平台为例,可细分为视听平台、社交平台、搜索引擎平台等,这些平台虽然都需要丰富的数据要素以维持对用户的吸引力,但是不同平台对数据类型和数量的需求存在一定差异,差异化的数据类型也会影响平台算法技术的制定、生成和运行。

2. 平台分级方法

不同类型的平台,决定其获取竞争优势的要素不同,而且在不同的市场中,平台形成市场支配力所需的具体条件也存在差别。虽然,用户规模、业务种类以及限制能力等要素通常是影响企业市场力量的关键,但是,若要进一步提升监管的科学性和针对性,仍需结合数字平台实际运作模式和规律,为不同类型平台设置相应的标准。

为此,需要搭设在平台分类与分级之间的桥梁,构建基于分类分级标准的平台互联互通规范体系。具体来讲,需基于平台分类中所明确的获取市场力量的关键要素,以及相关市场的实际情况,为不同类型平台设置相应的

风险等级划分标准,即在以商业模式为标准的平台分类的基础上进行平台
分级。

譬如,非交易型平台中的视听类平台,其获取市场力量的关键要素在于独
家视听数据资源、资本规模等,此时可以通过市场调查关键要素在市场中的分
布情况,并按照一定比例设置高、中、低三级风险级别,并基于级别,确定相应
的监管主体、规则、工具及监管力度。其中,风险级别的划定主要基于平台对
市场的支配力大小,以及持有关键要素的情况进行综合判定,高风险级需要较
强的监管力度并设置更严格的行为规范,中风险级则以预防为主,低风险级的
平台则以促进发展为主。

基于分类分级的平台还需与《反垄断法》的有关规定结合,通过平台类型
和风险等级划分,为适用反垄断法框架下对滥用市场支配地位行为的认定,以
及必需设施原理的适用提供了前提和基础。分类分级规范体系与《反垄断
法》结合,能提升平台经济反垄断监管效能。通过平台分类分级,为监管机构
判定平台是否具有市场支配地位以及是否存在滥用行为提供了较为清晰的依
据,能够提升监管的精准性与科学性,避免出现漏判或误判的情况,影响平台
规范持续发展。

第二节　包容审慎监管与平台经济创新

经济法视野中的包容审慎监管是指在市场经济环境下,对于因市场创新
和发展产生的新事物,既不简单、硬性套用已有的法律体系予以禁止或严厉监
管,也不因无法可依而完全放任、不予监管,而是根据新事物的具体表现和特
征,在确保安全和风险可控的前提下,为创新留足包容发展空间,实行与之相
适应的审慎监管规则。当包容审慎监管以平台经济为适用对象时,以"慎重
地鼓励创新"为功能定位,其对市场创新采取有条件的包容态度,而非一概地
禁止或放任。[1]

---

[1]　余葱:《经济法视野下的包容审慎监管研究》,中南财经政法大学博士毕业论文,2023年。

一、包容审慎监管对平台经济创新的意义

第一，促进效率与安全的动态平衡。包容审慎监管旨在追求效率与安全的动态平衡，对我国经济发展产生深远影响，并带来政府监管体制机制的重大变革。相较于传统监管模式，包容审慎监管更具能动性，监管主体的自主性更强，由此可能引发监管的不确定性问题，不利于提高市场主体的可预期性。法治的意义在于为社会提供确定性，营商环境法治化的根本在于增强市场的可预期性。面对数字经济发展的不确定性，以及监管自身的不确定性，应理性实施包容审慎监管，以回应数字时代平台经济规范持续发展中的现实问题。

第二，灵活应对不确定性。包容审慎监管回应了灵活应对不确定性、贯彻新发展理念的时代要求。新科技拓展了经济系统内信息的传播范围，还能以传输数据的形式实现创新资源和创新主体的快速连接。平台经济的创新范式，正从工程化、机械式的封闭创新体系，向网络化、协同化的创新生态系统演变。平台经济创新主体的多元性、创新核心要素的虚拟性、创新过程的可重新编程性、创新结果的难以预测性，决定了平台经济创新会影响更广的地域范围、更多的产业类型和更大的人群规模，一旦监管失当，就可能导致产业链瘫痪或发生系统性安全风险。因此，包容审慎监管遵循科技发展的规律，平衡技术可及性、实践可行性以及价值正当性之间的关系，在夯实安全发展的基础上为创新发展预留空间。

第三，激发市场活力和社会创造力。包容审慎监管秉持宽松有度、刚柔并济的监管理念，体现了对数字经济创新的重视，有利于更大程度地激发市场活力和社会创造力。在"创新、协调、绿色、开放、共享"的新发展理念中，创新居于首位。包容审慎监管不仅契合平台经济发展的创新需求，顺应了数字时代的发展趋势，其本身亦是监管理念和方式的重大创新。当前，健全平台经济常态化监管制度，加快推动平台经济治理转入常态化监管阶段是工作重点。我国平台经济监管模式和治理体系与平台经济自身特征还没有完全匹配，要遵循数字经济和平台经济发展规律，系统谋划、综合施策，在监管理念、体系、模式等方面改革创新，着力打造鼓励创新包容创新、让企业敢闯敢干敢于长期投入的制度环境。政府将支持平台企业进行技术创新和商业模式创新，推动平台经济的高质量发展。通过提供财政补贴、税收优惠等政策支持鼓励企业加大研发投入和创新力度，推动平台经济与传统产业的融合发展，促进经济结构的优化和升级。

第四，建立有序开放的平台生态。包容审慎监管倡导公平竞争、包容发展、开放创新，平台依法依规有序推进生态开放，按照统一规则公平对外提供服务，不得恶意不兼容，或设置不合理的程序要求。应通过政策引导和支持推动平台企业与传统企业开展合作与协作实现优势互补和资源共享，降低平台经济参与者经营成本，持续推进平台经济相关市场主体登记注册便利化、规范化，支持省级人民政府按照相关要求，统筹开展住所与经营场所分离登记试点。一方面，清理和规范各地于法无据、擅自扩权的平台经济准入等规章制度。另一方面，完善互联网市场准入禁止许可目录，引导平台企业合理确定支付结算、平台佣金等服务费用，给予优质小微商户一定的流量扶持。通过推动平台企业间合作，构建兼容开放的生态圈，激发平台企业活力，培育平台经济发展新动能。

总之，平台经济是创新的产物，竞争是平台经济高质量发展的内生动力，平台企业不能实施垄断行为阻碍平台经济领域的创新发展。平台经济在激烈的竞争中不断发展壮大，创新是平台经济竞争层次不断提升的重要保障，平台企业需要持续创新以不断提升竞争力。监管的目的是促进发展，刺激创新。平台经济既要监管，使其始终在政府的监管体系之下规范运行，更要寻求高质量发展和持续创新，还要积极参与到国际市场竞争中。在大力提振市场经济信心的总基调下，就必须确保对平台经济的任何监管政策和措施都是有利于经济发展和行业创新的。因此，常态化监管就是要维护公平竞争，让竞争成为平台企业持续创新的动力和压力。提升监管质效是推进包容审慎监管现代化的本质要求。高水平社会主义市场经济体制是中国式现代化的重要保障。必须更好发挥市场机制作用，创造更加公平、更有活力的市场环境，实现资源配置效率最优化和效益最大化，既"放得活"又"管得住"，更好维护市场秩序、弥补市场失灵，畅通国民经济循环，激发全社会内生动力和创新活力。

二、包容审慎监管的实践与优化

平台经济作为数字经济的重要组成部分，其快速发展对传统监管模式提出了挑战。我国在平台经济监管上采取了包容审慎的监管理念,旨在促进平台经济规范、健康、持续发展。

（一）包容审慎监管的实践

自以互联网应用为典型特征的新经济发展以来,我国就对其实施了包容审慎的监管理念。这一相关表述最早出现在官方文件中,可追溯到 2017 年 1 月的《国务院办公厅关于创新管理优化服务培育壮大经济发展新动能加快新旧动能接续转换的意见》,该文件第十条指出,探索动态包容审慎监管制度,探索对跨界融合新产品、新服务、新业态的部门协同监管。

具体到平台经济领域,2019 年 8 月《国务院办公厅关于促进平台经济规范健康发展的指导意见》第二条指出要创新监管理念和方式,实行包容审慎监管。从该文件名称可以看出,实行包容审慎监管的目的在于促进平台经济规范健康发展。其原因则在于,互联网平台经济是生产力新的组织方式,是经济发展的新动能,对优化资源配置、推动产业升级、拓展消费市场尤其是增加就业方面具有重要作用。尽管《国务院办公厅关于促进平台经济规范健康发展的指导意见》并没有明确指出包容审慎监管的概念内涵,但从探索适应新业态特点、有利于公平竞争的公正监管办法、科学合理界定平台责任、维护公平竞争市场秩序、建立健全协同监管机制、积极推进"互联网+监管"等方面明确了包容审慎监管的监管原则,并在每个原则后面给予了更为细致的阐释与扩展。

在具体监管实践过程中,为贯彻执行包容审慎的监管理念,国务院及各部委进行了翔实的顶层设计。国家从更为宏观的视角进行了政策部署,重点关注平台经济整体的发展及监管概况,先后发布了《国务院办公厅关于促进平台经济规范健康发展的指导意见》《国务院关于加强和规范事中事后监管的指导意见》《国务院办公厅关于进一步优化营商环境更好服务市场主体的实施意见》等文件。各部委从更为微观的视角关注了特定平台行业的发展,尽管对包容审慎有着不同的诠释和理解,但核心观点集中认为该监管理念是对新经济和新业态的支持、鼓励、引导和规范,助力了一大批平台企业的成长与繁荣。如在网约车平台行业,自 2010 年 5 月 Y 公司推出了国内首款网约车以来,各种网约车平台不断涌现,用户也逐渐形成了网上打车的习惯,此时监管机构展示出对网约车业务较为充分的监管包容。但随之而来的车辆运营不到位、用户信息泄露、企业主体责任落实不当等问题将网约车平台推向了风口浪尖。为此，交管部门先后出台了一系列制度性和规范性文件，以引导和规范网约车平台向着审慎监管迈进。如2016年7月交通运输部联合工业和信息化部、公安部等七个部门协同印发了《网络预约出租汽车经营服务管理暂行办法》，旨在规范网络预约出租汽车经营服务行为，保障运营安全和乘客合法权益。2016年7月《国务院办公厅关于深化改革推进出租汽车行业健康发展的指导意见》在基本原则中明确指出，抓住实施"互联网+"行动的有利时机，坚持问题导向，促进巡游出租汽车转型升级，规范网络预约出租汽车经营，推进两种业态融合发展。

上述政策措施立足于包容审慎的监管理念，对促进平台经济发展起到了一定的助推作用。然而，随着平台企业快速发展，甚至步入了"野蛮生长"阶段后，也暴露出了包容审慎监管理念的缺陷与不足，主要集中在无法恰当地分配包容与审慎的权重，造成了包容理念中竞争监管的缺失以及审慎理念中竞争规则的漠视。在包容中竞争监管的缺失表现在平台初创期为了迅速抢占市场而进行不当补贴，通过"补贴大战"推动平台企业野蛮生长；还包括对经营者集中的监管不力，使得平台企业涉足的众多行业都出现了市场份额的高度集中，尤其是即时通信、网约车、搜索引擎等行业，都出现了一家独大的现象。在审慎中竞争规则的漠视则表现在过度的审慎监管限制了市场竞争，比如较高的市场准入门槛使得在位者拥有了市场控制权，能够通过控制市场而持续攫取超额利润，从而抑制平台创新。①

（二）包容审慎监管的优化路径

第一，明确平台经济包容审慎监管的实施主体。受行政资源有限性、监管思维局限性及认知有限性等因素影响，单一官方监管主体在实施包容审慎监管时易产生遗漏监管与过分监管两种极端倾向。因此，有必要引入其他主体参与监管，建立包容审慎协同监管机制。协同监管的建立需明确不同监管主

---

① 钱贵明、阳镇：《平台监管理念转向溯源与演进——兼论平台常态化监管的路径构建》，《当代经济管理》2025年第1期。

体的角色分配与定位。首先,监管机构应积极发挥引导作用,建立不同监管部门的常态化沟通机制,以问题为导向,以数字技术为路径,增强不同监管主体之间的协同治理能力。其次,明确平台在监管体系中的规制者角色。当下,平台与平台商家之间存在明确的连带责任关系,平台为实现自身利益最大化,会努力为用户提供更好的产品与服务,赋予其规制者角色并无不当。为同监管机构形成角色互补,平台需积极配合其查处各类借助平台实施的违法行为,完善相关投诉举报机制,实现信息共享与重大风险预报告。最后,企业应加强合规建设,发挥自我监管效能。平台经济发展与数字技术密切相关,一旦先进的技术为企业所掌握,监管机构的监管效能将受此影响大打折扣。此时,需加强企业合规建设以增强协同监管效能。当然,不可否认企业作为营利主体,天然带有逐利倾向,要求其开展自我监管显然难以为继。对此,可由监管机构借助行政指导行为引导企业开展合规建设。

第二,创新平台经济包容审慎监管的实施方式。包容审慎监管在监管主体革新的同时,也有必要创新监管方式,建立全过程、专门性与自动化的新型监管方式。首先,监管机构在实施包容审慎监管时应放弃事前监管偏好,实施事前与事中相联系的全过程监管。其中,事前监管可实施负面清单制度以明确相关准入标准,事中监管则需借助数字技术加强风险评估,及时预警平台经济探索过程中可能出现的各类违法行为。其次,包容审慎监管在具体措施选择上,应结合新问题、新情况开展调查研究,就具体问题有针对性地选择监管措施。面对平台经济新产业、新业态、新模式的不断涌现,监管机构的首要工作不是立刻开展监管,而是应就发展过程中出现的新问题开展专门性研究以明确其产生规律与运作机理,并基于此采取更具针对性的专门措施。最后,包容审慎监管应注重发挥数字技术的独特作用,以数字化自动监管逐步代替传统的人工监管。在数字技术能有效实现监管的情况下,监管机构宜优先适用大数据、人工智能等技术解决方案,以科技驱动的监管创新应对包容审慎监管新要求。

第三,法治保障体系是推行包容审慎监管的重要依托。建立有力的法治保障体系就要求在包容审慎政策制定、实施和监督全过程中形成结构完整、机制清晰、富有成效的要素系统,结合形势判断标准,来继续完善包容审慎监管举措。一方面,应突出适应性监管思路,按照企业全生命周期不同特点梳理重点监管事项清单、高频检查清单和高频处罚清单。适应性监管是行政法概念,强调并不存在完全静态的、适合所有监管情境的监管机制,必须根据监管空间的具体环境参数进行适应性调整,以提升监管机构在新兴技术和产业监管方面的适应能力。企业全生命周期监管契合了适应性监管理论的内核,要根据企业发展不同的时期采取动态的监管机制,不同时期有不同的监管重点,梳理公布市场监管领域重点监管事项清单、高频检查清单和高频处罚清单,可以进一步扩大包容审慎监管举措的外延与内涵,既能有效提高监管效率和透明度,又能达到因地监管、因时监管的实效。另一方面,突出合作治理,建立政府、企业和社会组织三方协作治理模式。合作治理原则在全生命周期监管中发挥了贯通监管的力量,传统的监管模式囿于监管范围、手段、力度的限制,在新经济下很可能面临失灵、失效的境地。而合作治理模式有效衔接了政府与其他各方的治理体系,通过普及合作理念、畅通交流渠道,在行政立法、行政政策制定、行政政策实施等方面聚焦争议问题,提出并制定有针对性的解决方案。[1]

包容审慎监管是调整政府和市场关系的理性表达,是对新时代经营主体发展尤其是"四新经济"发展需求作出的有力回应。平台经济的包容审慎监管是一个动态发展的过程,需要坚持从实践困难中找问题根源,从实践经验中探索包容审慎监管法治途径,从基本法治立场和具体法治保障两方面不断完善,不断适应平台经济的新变化,优化监管政策和手段。通过实践与优化路径,可以促进平台经济的规范健康持续发展,同时保护消费者权益,激发市场活力,为平台经济的高质量发展提供有力支撑,推动形成市场作用和政府作用相互促进的监管新格局。

第三节　科技创新的法治促进

推动科技自主创新,营造适宜其发展的环境,是当前各地政府的重要任务。然而,在探讨如何推动和激励科技自主创新时,多数地方政府主要聚焦于

---

[1]　田晓祥:《包容审慎监管的法治逻辑与地方实践》,《中国市场监管研究》2023 年第 10 期。

人才引进、资金资助等要素,却忽视了为科技自主创新构建符合其发展需求的法治环境。尽管有少数学者提及了科技自主创新的法治环境问题,但由于缺乏对科技自主创新核心要素法治需求的深入分析,他们的观点和建议在实践中难以有效推动创新。因此,需要从法治的基本要义出发,深入分析科技自主创新的基本法治需求。同时,结合先进国家的相关法律制度建设经验,明确构建科技自主创新法治环境的主要着力点,为我国促进科技自主创新法律制度环境的建设提供有价值的思路。

一、法律如何支撑科研技术创新

在当今世界,科技创新已成为国家竞争力的核心要素。法律作为社会治理的重要工具,对科技创新具有重要的引导和规范作用。一方面,法律可以为科技创新提供稳定的预期和保障,通过明确权利义务关系,保护创新者的合法权益,激励科研人员进行创新活动。另一方面,法律还可以通过规范科技创新活动,防止科技滥用,保障科技创新的健康发展。因此,法律在促进科研技术创新中扮演着不可或缺的角色。应从科技创新法治环境的构建和科技创新法律制度的完善两方面出发,探讨法律如何促进科研技术创新。

(一)科技创新法治环境的构建

加强科技创新法治建设是加快实现高水平科技自立自强战略目标的重要保障。以法治建设保障科技创新发展,是中国特色自主创新道路的重要探索,也是在全面依法治国基本方略下实现创新型国家和科技强国建设目标的必然要求。法治起源于西方的文化传统,经过古代和近世的不断孕育、更新与发展,已形成了一种成熟、多元且独特的文化品格和制度框架。因此,法治环境也逐渐成为西方衡量社会进步和政治文明的重要尺度。法治环境是指主张法律主治、依法治理所营造的社会氛围。其优劣程度,直接反映了社会的文明进步状况和制度化管理的水平。

科技创新的剧烈变革,往往带来科技创新法治建设的快速变化。主要发达国家通过不断完善科技创新法律,建设与新发展需求相适应的法治体系,以法治建设支持和引导科技创新发展,构建在全球科技创新竞争中的制度优势。科技创新法治环境的构建是促进科研技术创新的基础。一个良好的法治环境能够为科技创新提供稳定的预期和保障,激发科研人员的创新活力,促进科技资源的有效配置和利用。在全球化背景下,科技创新法治环境的构建不仅关系到一个国家的内部创新能力,还关系到其在全球创新体系中的地位和影响力。法治环境的法治化特征,势必要求科技自主创新发展战略具有法律的权威和法制的保障,各项优惠政策具有稳定性和连续性。法治环境有利于依法规范权利和义务关系,防止滥用权力,并对发展战略实施过程中出现的偏差与不确定情况给予及时纠正和完善。

(二) 科技创新法律制度的完善

法律制度是正式的和权威的制度,相比其他制度来说,对科技创新活动起主要激励作用,并且这种激励是一种相对稳定的、可预期的激励。①

第一,完善知识产权保护法律制度。知识产权保护是完善产权保护制度的重要内容,加强知识产权保护始终是习近平总书记关心的重大问题,他在2020年11月30日中共中央政治局就加强我国知识产权保护工作举行的第二十五次集体学习时强调,"知识产权保护工作关系国家治理体系和治理能力现代化,关系高质量发展,关系人民生活幸福,关系国家对外开放大局,关系国家安全"②。对于统筹推进和加强知识产权保护工作,习近平总书记一方面强调,要"营造尊重知识价值的环境,完善知识产权保护法律体系,大力强化相关执法,增强知识产权民事和刑事司法保护力度"③。另一方面强调,"设立知识产权制度的目的是保护和激励创新,而不是制造甚至扩大科技鸿沟"④。在第二届"一带一路"国际合作高峰论坛开幕式上的主旨演讲中,习近平总书记指出:"加强知识产权保护,不仅是维护内外资企业合法权益的需要,更是推进创新型国家建设、推动高质量发展的内在要求。中国将着力营造尊重知识价值的营商环境,全面完善知识产权保护法律体系,大力强化执法,加强对外国知识产权人合法权益的保护,杜绝强制技术转让,完善商业秘密保护,依

① 方昀:《促进科技自主创新的法治环境建构》,《求实》2012年第1期。
② 《习近平在中央政治局第二十五次集体学习时强调　全面加强知识产权保护工作　激发创新活力推动构建新发展格局》,《人民日报》2020年12月2日。
③ 《习近平谈治国理政》第三卷,外文出版社2020年版,第212页。
④ 《习近平谈治国理政》第三卷,外文出版社2020年版,第458—459页。

法严厉打击知识产权侵权行为。中国愿同世界各国加强知识产权保护合作，创造良好创新生态环境，推动同各国在市场化法治化原则基础上开展技术交流合作。"①

大多数科技自主创新成果都具有"难开发易复制"的特点。在市场经济环境下，如果不对科技自主创新成果进行保护，不赋予其财产权，那么这些成果一旦被研发出来，其他人就能以低成本甚至无成本的方式获取，从而导致大量"搭便车者"的出现。创新主体在投入大量资金和劳动，并承担了创新的不确定性等各种风险后，往往无法实现预期的收益，这会严重挫伤他们再创新的内在动力。

相反，如果国家对创新成果赋予创新主体一定时期的垄断权，创新主体就可以通过商业化、许可等方式获得合理回报，为再创新提供资金支持，从而形成创新的良性循环。此外，知识产权保护制度中的创新成果公开机制，能够增进人类技术知识和信息的公共储备，进而促进技术交流和再创新。

第二，完善市场竞争法律制度。竞争是市场经济的灵魂，也是市场机制发挥作用的根本条件。竞争必须有序进行。为保证竞争在平等的基础上进行，必须建立严格的竞争规则，规范竞争的条件、范围、形式和手段，使竞争有序化。这些规则需要以国家意志加以保护和贯彻，从法律上确认和规范竞争的秩序与规则。若竞争失去规则，个体将失去自由，弱者的利益也难以得到保障。完善的市场竞争机制能对创新主体产生一定的外部压力，促使其不断进行技术创新，避免被市场淘汰。合理的竞争机制能为企业创造良好的外部环境，平等保护所有市场主体，促进并保障它们之间的公平竞争，使企业创新活动不受其他因素干扰。此外，合理的竞争机制还能打破技术垄断，破除技术进步的障碍，推动整个社会的协同创新。

保障公平竞争是市场经济的应有之义，也是科技创新产业可持续发展的前提。在激励创新保护创新成果的同时，也需要提防可能出现的反竞争行为，例如，警惕少数大型企业通过资本优势和市场份额，获得更多创新资源和人

---

① 习近平：《齐心开创共建"一带一路"美好未来——在第二届"一带一路"国际合作高峰论坛开幕式上的主旨演讲》，人民出版社2019年版，第8—9页。

才，快速积累技术，形成竞争优势乃至垄断，凭借规模效应压制竞争对手，使得初创型企业难以生存和发展。通过公平竞争，市场才能更好地在资源配置中发挥决定性作用，为各类企业在公平的条件下自由参与竞争创造条件，发挥优胜劣汰的筛选机制，从而推动行业不断进步，满足不同层次需求。此外，由于科技创新投资大、周期长、风险高，过度追求公平竞争的目标时，可能使创新企业无法获得应有的回报，降低投资者对于技术持续投入的信心，进而影响长期创新能力，阻碍技术的迭代更新和可持续发展。

第三，完善推动与促进创新成果转化的法律制度。科技成果转化是科技与经济结合的重要途径，是科学技术转化为生产力的关键环节，是提高科技创新能力与经济社会发展能力、推动创新驱动发展的重要手段。目前，我国对促进科技创新成果转化进行了一些有益的探索，但就实践效果来看，依然存在诸多问题。对此，习近平总书记指出："科研和经济联系不紧密问题，是多年来的一大痼疾"[1]"科技成果转化不顺不畅问题突出，一个重要症结是科研成果封闭自我循环比较严重，必须面向经济社会发展主战场，围绕产业链部署创新链，消除科技创新中的'孤岛现象'"[2]。因此，必须充分发挥市场在配置科技资源中的决定性作用，提升科技资源配置效率，加快科技成果转化，解决好科技与经济"两张皮"的问题。按照习近平总书记要求，围绕科技创新成果转化，全国人民代表大会修订了促进科技成果转化法，国务院印发了《实施〈中华人民共和国促进科技成果转化法〉若干规定》《促进科技成果转移转化行动方案》等，重庆、深圳等以地方性法规的形式，将国务院多次明确提出的"探索赋予科研人员科技成果所有权和长期使用权"予以规定，得到有关科研人员的高度拥护。

科技成果转化是指将科研单位具有创新性的技术成果转移到生产部门，以增加新产品、改进工艺、提高效益，最终推动经济进步。完善的创新成果转化法律制度能够为创新主体带来收益，极大地激励其创新活动。科技成果转

---

① 中共中央文献研究室编：《习近平关于科技创新论述摘编》，中央文献出版社2016年版，第57页。

② 中共中央文献研究室编：《习近平关于科技创新论述摘编》，中央文献出版社2016年版，第70页。

化不仅是一个复杂的系统工程,也是一项风险性事业。当前,我国科技成果转化体制存在一个显著弊端:大量科研机构独立于企业之外,导致科技与经济长期分离。因此,实践中存在大量科技成果转化的问题。其中,促进科技成果转化的法律激励制度不完善,特别是各项法律制度之间难以形成合力,是我国体制弊端的重要原因。科技自主创新成果的转化过程涉及政府管理与服务、科技研发、科技教育、技术推广与产业化等多个方面。相关的法律制度应围绕这些内容进行设计,并确保制度之间具有一定的关联性,以便在实践中形成促进科技成果转化的合力。

第四,完善健全容错发展法律机制。科技创新是探索未知、创造未有的实践活动,有其特定的内在规律。科技法治建设应当立足于营造包容创新、宽容失败的良好环境,充分尊重科技创新规律和科研人员的合法利益,以此激发各类创新主体的活力和动力。针对我国出现的系列科研人员涉法涉罪问题,习近平总书记勉励科技工作者:"凡事要有打破砂锅问到底的劲头,敢于质疑现有理论,勇于开拓新的方向。"[1]他还反复要求,"尊重科研规律,尊重科研管理规律,尊重科研人员意见,为科技工作者创造良好环境"[2];对知识分子"要多一些包容、多一些宽容,坚持不抓辫子、不扣帽子、不打棍子"[3];"要放手使用人才,在全社会营造鼓励大胆创新、勇于创新、包容创新的良好氛围,既要重视成功,更要宽容失败,为人才发挥作用、施展才华提供更加广阔的天地,让他们人尽其才、才尽其用、用有所成"[4]。因此,要建立创新风险分担机制,通过法律有效规范政府科技行政管理行为,对探索性强、风险高的科学技术研究开发项目的科学技术人员已经履行了勤勉尽责义务仍不能完成该项目的予以免责,激励和保障创新主体合法权益,将"以人为本"纳入法律责任体系,完善创

---

① 中共中央文献研究室编:《习近平关于科技创新论述摘编》,中央文献出版社2016年版,第39页。

② 习近平:《在中国科学院第十九次院士大会、中国工程院第十四次院士大会上的讲话》,人民出版社2018年版,第24页。

③ 习近平:《在知识分子、劳动模范、青年代表座谈会上的讲话》,人民出版社2016年版,第7页。

④ 中共中央文献研究室编:《习近平关于科技创新论述摘编》,中央文献出版社2016年版,第107—108页。

新免责制度。①

二、法律如何保障科技创新伦理

平台经济发展日新月异,面临诸多变量,应对平台经济科技创新伦理挑战则应把握这些变化中的"不变",把握好坚守技术创新前沿动态的科学观、充满人本主义情怀的伦理观、兼顾技术发展与制度进步的法治观以及预判评估技术并进行决策的治理观。

(一) 明确科技创新规制的目标与重点

科技创新的发展逻辑改变了传统的社会治理模式,全新的治理模式期待全新的规制和监管路径。当前的规制目标在于实现以规制促发展,坚持安全可信的法治之维、科技向善的伦理之维、创新发展的技术之维,围绕"社会—人类—科技"等要素,从"法律—伦理—技术"等维度展开规制,在法治轨道上鼓励技术创新。

首先,从法治维度出发,应建立负责任的科技创新治理机制,建立科技创新安全可信的标准和评价体系,筑牢安全底线,促进科技创新健康发展。例如,平台经济应用中的数据滥用、隐私泄露、算法偏见以及侵权责任等问题不时出现,筑牢安全底线刻不容缓。当前,针对平台经济应用立法仍存在不足和空白,应对平台经济应用的安全性、可信性、伦理合规性等方面进行量化评估,为技术的发展提供明确的方向和参考。在此背景下,为进一步推进科技创新治理法治化,应树立完善的技术发展与应用理念,保证科技创新应用在面对攻击和威胁时能够保持正常运行和数据安全,加快推动完善针对科技创新的法律地位、科技创新成果权利归属、科技创新损害后果的责任划分、科技创新风险的法律控制等重点问题的法律规范,着力平衡科技创新发展和社会安全,保证科技创新所带来的效果是可预测的、可解释的,并且符合人类的价值观和伦理准则,防止技术在利益的裹挟下无序应用,以法治保障科技创新健康发展。

其次,从科技伦理维度出发,应建立一整套相对完整的制度规范体系,这一体系应基于增进人类福祉、促进公平公正、保护隐私安全、确保可控可信、强

---

① 谭启平:《习近平科技创新重要论述的法治化意义》,《东方法学》2024 年第 2 期。

化责任担当以及提升伦理素养这六项基本伦理要求。一方面,应为科技创新产品研发设计人员制定道德规范和行为守则;另一方面,应构建多层次的伦理道德判断结构以及人机协作的伦理框架。在数字科技伦理治理过程中,应坚持以人民为中心的发展思想,践行科技向善的人文理念,并结合不同的数字化应用场景,确保科技创新应用的合理合规、公开透明。

最后,从技术维度出发,应在确保科技创新安全可信、科技向善、符合伦理的前提下,积极鼓励科学技术的融合与创新,不断拓展其应用场景,并努力尝试跨学科交叉融合,以推动科技创新应用的可持续发展。具体而言,科学技术应进一步与物联网、云计算、大数据等深度融合,构建更加智能、高效、便捷的服务体系。同时,还应不断拓展科技创新在智能家居、自动驾驶、医疗诊断、金融分析等多个领域的应用,加强跨学科交叉融合。例如,在医疗诊断领域,科学技术可以辅助医生进行疾病诊断、制定治疗方案;在金融分析领域,科学技术可以实现风险评估、优化投资策略等功能。

（二）完善科技创新相关制度设计与实践进路

科技法治是鼓励与规范科技创新的基石,而科技伦理则致力于优化和改善科技创新。无论是科技伦理还是科技法治,都旨在推动科技创新的同时,遏制科技不端行为和科技滥用违法现象。为此,应完善相关法律制度的设计与实践路径,加强行业监管,明确行为底线,多方协作,对科技创新应用中的不法行为进行有效监管,确保平台经济的健康与可持续发展。

首先,加强数据保护与隐私立法。应完善数据相关法律法规,明确数据收集、存储、处理和共享的规范,为科学技术开发与应用中的数据相关行为提供法律指引。例如,《生成式人工智能服务管理暂行办法》对数据安全和隐私保护作出了具体规定,包括服务提供者需确保数据来源的合法性,以及关于训练数据的特性、个人信息与知识产权的保护规定。该办法还将相关监督检查和法律责任纳入我国网络安全和数据隐私保护的基础性法律框架内。在不断完善法律规范的同时,还应加大监管执法力度,严厉打击侵犯个人隐私的行为,确保法律的有效实施。此外,面对经济全球化背景下数据跨境流动带来的发展机遇与数据安全挑战,应加强在数据保护和隐私立法方面的国际合作,消除数据跨境传输过程中存在的数据泄露和隐私侵犯的隐患,共同维护全球数据安全和隐私权益。

其次,优化算法设计与公平性审查。算法是平台经济发展的核心技术工具,只有合规、良善的算法才能更好地促进平台经济的安全、可信、负责任发展。第一,优化法律体系配置,重点关注算法偏见问题,并加强法律法规间的协同,构建全方位、多层次、立体化的算法偏见规制体系,涵盖法律、行政规章及地方性法规,为个人提供充分的数据权利保障,为抵御算法偏见侵害提供坚实法律支撑。第二,实施算法分类分级管理,细化《互联网信息服务算法推荐管理规定》中的分类标准,并制定相应的风险等级和监管举措,完善基于算法分类分级的算法备案、算法评估、算法安全风险监测和算法审计制度,提升制度的明确性和可操作性。第三,探索建立算法偏见公益诉讼制度,结合民事与行政公益诉讼,完善救济途径,保障公共利益,引导算法在法治框架内有序发展,推动数字化进程更加成熟完善。

再次,提高科技创新决策的透明度与可解释性。透明度是确保其内部算法可见性的关键属性,包括公开数据、特征、模型、算法、训练方法和质量保证程序,以便外部监督和审查。可解释性的目标是增强理解,使目标受众更好地理解科学技术的行动与决策。因此,应建立公开透明、可解释的科技创新监管体系。第一,提升科技创新模型技术和数据源的透明度,公开科技创新在系统开发、数据收集、管理、结果可操作化等过程的信息,使用户了解科技创新模型决策的过程、依据和规则,打破"黑箱"壁垒,增强用户对模型的信任。第二,强化公众审查和监督,落实算法备案、算法审计等制度,协助用户追溯数据输入、输出、运行过程与自动化决策结果间的因果关系,全面审视数据收集方法、自我审核流程、价值承诺及利益相关者参与等过程。当利益相关者的权益可能因自动化决策受损时,可解释性能及时解答疑问,提供救济。第三,完善科技创新备案制度,优化互联网信息服务算法备案系统,拓展备案信息范围,要求备案主体公开更多技术要素,如运作原理、系统架构、数据集、训练模型及参数等,并阐述其价值观和要解决的技术问题。同时,也要将相关外国主体纳入备案范畴,确保其遵守我国相关规定。

最后,明确责任主体与加大监管力度。虽然科技创新应用带来了传统"主体—行为—责任"理论下的"责任鸿沟"问题,但算法技术的应用,如算法的设计与部署,都蕴含了价值观和主观意图,这是法律追责的核心,也是判定法律责任的关键。因此,应尊重技术逻辑,构建机器/人—机联合体,并根据侵权场景的类型化,确立多方责任主体的识别路径,聚焦行为正当性的判断。以算法设计部署中的主观过错作为追责的基础,结合联合体内的责任与经济利益的关联,实现责任分配的公正性。此外,还需增强《中华人民共和国民法典》《中华人民共和国刑法》等法律在科技创新应用场景中对主体责任和产品质量缺陷等问题的适用性,强化对科技创新设计和应用监督的双重监管。在责任判定中,应综合考虑行为人和科技创新服务提供商在侵权行为及损害后果中的实际作用。如果发生损害,可参考《中华人民共和国民法典》中的产品生产者责任条款,即产品缺陷造成他人损害的,生产者应承担侵权责任,被侵权人有权向产品提供者索赔。这要求科技创新的提供者,通常是平台主体,履行高度注意义务。赋予科技创新提供者相应责任义务,有助于规范生成内容的合法性。当然,若平台已履行其义务,鉴于其对创新发展的贡献,在责任承担上不宜过于严苛,以免阻碍技术发展和未来商业应用。

随着技术发展和应用场景的纵深拓展,科技创新治理面临着道德伦理约束和法律规制的双重现实困难。我国的科技伦理规范和相关立法应秉持包容审慎的态度,既不能只建立回应型立法,也不能推行过于严苛的制度限制科技的发展应用。因此,应继续探索合理的科技伦理及合法性边界,坚持科技伦理与法律规范双管齐下,在有序的制度框架内完善数据算法的纠偏功能,推动技术向安全、可信、负责任的方向发展。

第四节　产业创新的法治促进

《中华人民共和国国民经济和社会发展第十四个五年规划和 2035 年远景目标纲要》明确提出,要"着眼于抢占未来产业发展先机,培育先导性和支柱性产业,推动战略性新兴产业融合化、集群化、生态化发展"[①]。未来产业是数

---

① 《中华人民共和国国民经济和社会发展第十四个五年规划和 2035 年远景目标纲要》,人民出版社 2021 年版,第 27 页。

字经济的关键一环,其创新发展对经济转型与产业升级具有重大意义。这一领域不仅是当前国际竞争的热点,也是我国打造新质生产力、实现内涵式发展的必经之路。未来产业的构建与发展,离不开良好的创新生态。而要构建这样的生态,必须着手建立创新生态系统。为培育创新生态系统,应采取多样化的手段和策略。法治作为一种制度,能够有效激励和保护创新,促进创新成果的转化应用。它通过提供稳定的预期、保障公平竞争环境,为平台经济中未来产业的健康发展奠定了坚实基础。

一、法律如何应对平台经济发展中的未来产业

未来产业是相对传统产业和现有产业而提出的,针对重大科技创新及其产业化所形成的具有广阔市场应用前景和前瞻性的新兴产业。与传统产业和现有产业相比,未来产业尚处于萌芽时期或者产业化初期,但由于其符合重大科技创新和产业创新的发展方向,对于经济社会发展和社会进步将起到支撑和引领作用,因而在一个国家或地区的产业政策和科技创新中具有重要地位。

未来产业与科技创新特别是重大科技创新一脉相承。在很大程度上,未来产业是重大科技创新的产物。未来产业具有高度的战略前瞻性与跨界融合性,对经济社会发展和人们的生产生活方式有着不可替代的重要作用。由于未来产业符合科技革命和产业革命的规律与趋势,且与实现人类福祉息息相关,各国与各地区竞相在这一领域展开提前部署和激烈竞争,以占据经济社会发展的优势地位。在当前第四次信息革命的冲击下,未来产业更是以数据、信息、知识、技术作为关键资产和日益重要的生产要素,对现行技术竞争和产业竞争格局、人们的工作和生活方式乃至消费观念都产生了重大影响。我国相关法律规范已将未来产业作为规范未来经济社会发展规划的重头戏。①

（一）立法的适应性与前瞻性要求

在探讨平台经济中未来产业立法的适应性与前瞻性要求时,我们需深刻认识到平台经济中的未来产业作为数字经济的重要组成部分,其迅猛发展不仅带动了经济的数字化转型,还在扩大市场规模、提高交易效率、增加就业等

---

① 冯晓青:《未来产业创新生态培育的知识产权战略研究》,《社会科学辑刊》2024 年第 5 期。

方面展现出显著贡献。然而,伴随平台经济未来产业的崛起,一系列新问题也逐渐浮现,如不公平竞争、数据安全与隐私损害、消费者与劳动者权益保护等,这些问题对现有的法律框架提出了严峻挑战。

首先,未来产业立法需具备高度的适应性。平台经济未来产业以其日新月异的发展速度,不断突破传统行业的边界,创造出新的商业模式和服务形态。立法者需紧跟这一发展步伐,及时调整和完善法律条款,确保法律能够迅速响应市场变化,有效规制平台经济未来产业中的新现象、新问题。这要求立法过程不仅要基于对当前市场状况的深入理解,还要具备对未来发展趋势的预判能力,以便在法律制定中预留足够的灵活性和调整空间。

其次,前瞻性要求同样至关重要。平台经济未来产业中的许多问题,如数据滥用、算法不透明等,往往具有高度的技术性和复杂性,且相互关联、交错影响。因此,立法者需具备前瞻性的视野,不仅要解决当前已出现的问题,还要预见并预防可能发生的潜在风险。这要求立法者在制定法律时,不仅要深入研究平台经济未来产业的运作机制和技术特征,还要广泛吸纳行业专家、学者以及利益相关者的意见,确保法律条款既具有针对性,又具备前瞻性,能够有效引导平台经济未来产业向规范健康持续的方向发展。

平台经济中未来产业立法的适应性与前瞻性要求,是确保法律能够有效规制平台经济未来产业、保障市场公平竞争、维护消费者权益、促进经济高质量发展的关键所在。立法者需以开放、包容、创新的态度,不断探索和完善适应平台经济中未来产业发展特点的法律体系,为平台经济未来产业的持续健康发展提供坚实的法治保障。

(二) 执法的创新性与合规性要求

在平台经济日益繁荣的当下,未来产业执法面临着前所未有的挑战与机遇,出现数据滥用、市场竞争失序、消费者权益受损等问题,这些问题亟须通过产业执法来加以规范和解决。在此过程中,创新性与合规性成为未来产业执法不可或缺的两大要求。

创新性要求产业执法能够紧跟平台经济的发展步伐,不断适应市场变化。平台经济的未来产业以其快速迭代、跨界融合、数据驱动等特征,使得传统执法方式难以有效应对。因此,未来产业执法必须创新执法手段,提高执法效率。例如,利用大数据、人工智能等技术手段,实现对平台经济未来产业活动的实时监测和预警,及时发现和查处违法行为。同时,创新执法方式还应体现在对平台企业的监管上,通过构建包容审慎的监管体系,既保障平台企业的创新活力,又防止其滥用市场优势地位,损害市场竞争秩序。

合规性则是未来产业执法必须坚守的底线。平台经济在快速发展的过程中,也暴露出了一系列合规问题,如数据泄露、隐私侵犯、不正当竞争等。这些问题不仅损害了消费者的合法权益,也破坏了市场公平竞争的环境。因此,未来产业执法必须加强对平台企业的合规监管,确保其经营行为符合法律法规的要求。具体而言,产业执法应建立健全的合规体系,明确平台企业的责任和义务,加强对平台企业的日常监管和定期检查,及时发现和纠正违规行为。同时,还应加大对违法行为的处罚力度,形成有效的震慑效应,维护市场公平竞争和消费者合法权益。

在创新性与合规性的双重要求下,未来产业执法需要构建一套既适应平台经济未来产业发展特点,又具备前瞻性的执法体系。这要求执法机构不仅要具备高效、专业的执法能力,还要具备开放、包容、创新的执法理念。此外,未来产业执法还应注重平衡创新与合规的关系。创新是平台经济未来产业发展的核心动力,合规则是平台经济未来产业发展的保障。因此,在执法过程中,既要鼓励和支持平台企业进行技术创新和模式创新,又要加强对平台企业的合规监管,防止其滥用创新优势损害市场竞争秩序和消费者合法权益。这要求执法机构在执法过程中既要保持严格和公正的态度,又要具备灵活和包容的心态,以实现对平台经济的有效监管和规范发展。

（三）司法的公正性和效率性要求

在平台经济未来产业迅猛发展的时代背景下,司法是维护市场秩序、保障公平正义的重要力量。平台经济未来产业正以其独特的运行模式、快速迭代的技术特性和复杂的法律关系,对司法提出了更高层次的公正性与效率性要求。

公正性是未来产业司法的基础,也是平台经济中未来产业健康发展的根本保障。在平台经济未来产业中,由于网络平台具有公共性与私人性相融、便利性与风险性同在的特点,加之平台巨头的创新优势与创新惰性共生,使得平台企业之间的竞争关系错综复杂,不正当竞争和垄断行为时有发生。这就要求司法在处理平台经济未来产业相关案件时,必须坚守公正原则,依法公正审理,维护市场竞争秩序,保护消费者和中小企业的合法权益。同时,公正性还要求司法在适用法律时,必须充分考虑平台经济未来产业的特性和发展趋势,确保法律适用的科学性和合理性,避免法律滞后性和不适应性带来的负面影响。

效率性则是产业司法在平台经济未来产业中必须面对的现实挑战。平台经济具有跨界竞争、多边市场、锁定效应等特性,这些特性使得平台经济案件往往涉及面广、影响范围大、法律关系复杂。这就要求司法在处理平台经济未来产业相关案件时,必须注重效率,提高办案速度,缩短诉讼周期,降低诉讼成本,以更好地适应平台经济未来产业的快速发展。同时,效率性还要求司法在保障公正的前提下,积极探索和创新司法机制,如利用数字化、智能化等现代科技手段,提高司法效率和质量,实现公正与效率的有机统一。

在平台经济的未来产业中,司法的公正性与效率性要求是相互依存、相互促进的。公正性是效率性的前提和基础,只有确保公正,才能赢得人民群众的信任和支持,才能为效率性的提升创造有利条件。而效率性则是公正性的延伸和保障,只有提高效率,才能更好地满足人民群众对公正的需求,才能更好地维护市场竞争秩序和公平正义。

(四) 守法的自觉性和责任性要求

在平台经济蓬勃发展的时代背景下,平台经济以其独特的运营模式、技术驱动和跨界融合等特点,不仅重塑了传统产业结构,也对未来产业守法的自觉性与责任性提出了更高要求。

自觉性是平台经济中未来产业守法的前提和基础。在平台经济中,企业作为市场的主体,其行为直接影响市场秩序和公共利益。因此,企业应当自觉遵守法律法规,树立法治意识,将守法经营作为企业发展的生命线。这要求企业不仅要了解并遵守与平台经济相关的法律法规,如《电子商务法》《数据安全法》《反垄断法》《反不正当竞争法》等,还要在内部建立健全的合规体系,加强员工培训,提升全员法治素养。通过自觉守法,企业不仅能够规避法律风险,还能在激烈的市场竞争中赢得良好的社会声誉和消费者的信任。

责任性则是平台经济中未来产业守法的核心和保障。平台经济中的企业往往拥有庞大的用户群体和广泛的影响力，其行为不仅关乎自身发展，更关系到整个市场的稳定和消费者的权益。因此，企业在守法的同时，还应当承担起相应的社会责任，积极履行法定的义务和职责。这包括保护用户数据安全、维护市场公平竞争、保障消费者权益等方面。企业应当建立健全的数据保护机制，确保用户数据的安全性和隐私性；在市场竞争中，要遵循公平、公正、透明的原则，不得实施不正当竞争和垄断行为；在消费者权益保护方面，要建立健全的售后服务体系，及时回应消费者关切，维护消费者合法权益。

产业守法的自觉性与责任性是相辅相成的。自觉性为责任性提供了内在动力，而责任性则是对自觉性的外在约束和保障。只有企业自觉遵守法律法规，承担起相应的社会责任，才能形成健康、有序的市场环境，推动平台经济的可持续发展。

二、法律如何引导资本向平台经济未来产业转移

资本在经济社会发展中发挥着极其重要的作用，无论是在企业微观层面、中观产业发展层面，还是在国家宏观战略层面，乃至世界竞争格局等层面，资本已成为一种改变世界、影响未来的重要力量。进入现代社会以来，资本作为重要的生产要素，本身并没有好坏善恶之分。但由于资本具有逐利性、流动性、扩张性等特征，如果不利用好其可控性、向善性，不对资本运用和扩张加以有效管控，将导致市场失灵和资本无序扩张，甚至引发金融危机、经济危机。厘清资本的基本属性，正确认识资本的作用和缺陷，才能更好地利用资本的力量服务经济社会发展。

党的二十大报告指出，"依法规范和引导资本健康发展"，规范和引导资本健康发展是社会主义市场经济条件下必须解决的重大理论和现实问题。实际上，习近平总书记在中共十九届中央政治局第三十八次集体学习时就明确指出，"必须深化对新的时代条件下我国各类资本及其作用的认识，规范和引导资本健康发展，发挥其作为重要生产要素的积极作用"①。作为社会主义市场经济的重要生产要素，资本是促进社会生产力发展的重要力量。规范和引

---

① 《习近平谈治国理政》第四卷，外文出版社 2022 年版，第 217 页。

导资本健康发展是保持稳定有序繁荣的国内资本市场的题中应有之义,不仅关系到社会主义基本经济制度和经济高质量发展,更是关系到国家安全和社会稳定。在此背景下,深刻认识规范和引导资本健康发展的依据,把握其面临的主要挑战,探索、深化其路径取向,引导资本向平台经济未来产业转移,对于推动我国经济高质量发展、实现共同富裕具有重要意义。

（一）正确认识资本在平台经济未来产业中的作用

资本在我国有着良好的发展机遇和稳定的发展前景。党的十八大以来,公有制为主体、多种所有制经济共同发展,按劳分配为主体、多种分配方式并存,社会主义市场经济体制等社会主义基本经济制度更加成熟、更加定型;坚持"两个毫不动摇",并作为新时代坚持和发展中国特色社会主义的基本方略进一步确定下来;全面深化改革,为资本发展营造良好的市场环境。进入新发展阶段,有利于资本发展的制度、政策、市场等还将进一步完善和优化。无论是国有资本还是民营资本,无论是内资还是外资,都是社会主义市场经济的组成部分,都能得到良好的发展机遇和适合自身的发展舞台。我国资本的发展有着来自制度最根本的、长期的、稳定的预期。

在平台经济蓬勃发展的当下,资本作为市场经济的重要驱动力,对平台经济未来产业的发展具有至关重要的作用。平台经济,作为数字经济时代的重要产物,不仅改变了传统产业的运营模式,也重塑了资本市场的投资逻辑。

首先,资本为平台经济提供了关键的资金支持。在平台经济初创期,企业需要大量的资金投入以支持技术研发、市场推广和团队建设。这一时期,风险投资等资本形式起到了至关重要的作用,它们不仅为平台企业提供了急需的资金,还带来了丰富的行业经验和资源,助力企业快速成长。随着平台经济的发展,资本市场也逐渐成熟,更多样化的融资方式如 IPO、股权融资等成为平台企业获取资金的重要途径。

其次,资本推动了平台经济的技术创新和模式创新。平台经济的核心竞争力在于技术创新和模式创新。资本通过投资具有创新潜力的平台企业,促进了新技术、新模式的不断涌现。这些创新不仅提高了平台企业的运营效率和服务质量,还推动了整个产业的升级和转型。同时,资本也通过市场竞争机制,筛选出更具创新力和竞争力的平台企业,进一步促进了产业的优胜劣汰和健康发展。

　　然而,资本在平台经济中的作用并非全然积极。一方面,资本的逐利性可能导致平台企业过度追求短期利益,而忽视长期发展和社会责任。例如,一些平台企业可能通过"烧钱换市场"的方式迅速扩大规模,但忽略了盈利能力和可持续发展。另一方面,资本的过度集中也可能导致市场垄断和不公平竞争,损害消费者权益和社会整体福利。平台经济未来产业在当下社会经济发展阶段中不可避免地受到资本逻辑的裹挟,易滋生"数字消费主义"和"数字新自由主义"等资本逻辑不断强化的问题,需要谨慎处理与应对。①

　　因此,未来平台经济的发展需要更加理性地看待资本的作用。既要充分发挥资本在资金支持、技术创新和模式创新等方面的积极作用,又要加强监管和引导,防止资本的无序扩张和负面影响。在法治框架下进行资本治理,防止和约束资本野蛮生长、无序扩张,正确处理资本和利益分配问题,有效抑制资本在政治、文化、社会等各个领域的扩张及其深层次影响。

　　(二) 规范和引导资本向平台经济未来产业转移

　　随着信息技术的飞速发展,平台经济已成为推动经济增长的重要力量。平台经济以其独特的运营模式、高效的资源整合能力和广泛的用户基础,展现出巨大的发展潜力。然而,平台经济未来产业的发展离不开资本的持续注入与合理引导。规范和引导资本行为,一要坚持法治化原则,将资本发展纳入法治体系,坚持用法律、规则来规范资本行为、引导资本发展,资本不能任性,权力也不能任性。二要设立"红绿灯"。健全市场准入、资本行为以及资本市场等资本发展的制度保障,形成框架完整、逻辑清晰、制度完备的规则体系。三要依法开展资本治理。把好资本市场入口关,提升市场准入清单的科学性和精准性;加强反垄断和反不正当竞争监管执法,依法打击垄断和不正当竞争行为;遵守交易规则,查处违规交易行为。

　　首先,加强统筹协调与政策制定,明确平台经济未来产业的发展方向至关重要。平台经济未来产业包括但不限于云计算、大数据、人工智能、物联网等

──────────

　　① 谭培文、赖立:《全国统一大市场视域下平台经济再定位》,《当代经济研究》2022 年第9 期。

前沿技术领域,这些领域具有高度的创新性和成长性,是资本关注的焦点。政府应制定清晰的发展战略和产业规划,在中央科技委领导下,按照国家制造强国建设领导小组要求,形成部际协同、央地协作的工作格局,围绕未来产业制定专项政策文件,形成完备的未来产业政策体系,明确优先发展的领域和重点支持的项目,为资本提供明确的投资导向。

其次,加大金融支持,建立健全的资本市场体系是规范和引导资本流向的关键。应完善多层次资本市场,包括主板、创业板、科创板等,为不同发展阶段和规模的平台企业提供多样化的融资渠道。同时,加强资本市场监管,防范金融风险,确保资本市场的稳定和健康发展。政府可以通过税收优惠、资金补助、研发支持等方式,鼓励资本投向平台经济未来产业。推动制造业转型升级基金、国家中小企业发展基金等加大投入,实施"科技产业金融一体化"专项,带动更多资本投早投小投硬科技。通过完善金融财税支持政策,鼓励政策性银行和金融机构等加大投入,引导地方设立未来产业专项资金,探索建立风险补偿专项资金,优化风险拨备资金等补偿措施。在此基础上,建立合理的利润分配机制,保障投资者的合法权益,激发资本市场的投资热情。

再次,强化安全治理,在规范和引导资本流向的过程中,还需注重风险防范与合规管理。平台企业应建立健全内部控制体系,加强风险管理,确保资金使用的合规性和安全性。同时,政府应加强对平台经济的监管,科学划定"红线"和"底线",构建鉴别—评估—防御—治理一体化机制,并坚持包容审慎的治理理念,探索跨部门联合治理模式,构建多方参与、有效协同的未来产业治理格局,防范资本无序扩张和恶意竞争,维护市场秩序和消费者权益。

最后,加强国际合作与交流,推动平台经济未来产业的全球化发展。通过参与国际标准制定、加强技术合作与研发、拓展海外市场等方式,引导领军企业前瞻谋划新赛道,通过内部创业、投资孵化等培育未来产业新主体。建设未来产业创新型中小企业孵化基地,梯度培育专精特新中小企业、高新技术企业和"小巨人"企业,提升我国平台经济未来产业的国际竞争力,吸引更多国际资本流入。

第五章　平台经济规范持续发展的治理模式研究

　　平台经济作为一种新兴的经济形态,其运营模式、市场竞争结构、价值分配方式等都与传统经济存在显著差异。这些差异使得传统的监管模式在应对平台经济问题时显得力不从心,难以有效保障市场的公平竞争和消费者的合法权益。当前,各国政府和国际组织正在积极探索平台经济规范持续发展的治理模式。这些模式既包括对传统监管模式的改革和完善,如加强反垄断执法、加大消费者权益保护力度等;也包括对新兴监管手段的创新和应用,如利用大数据、人工智能等技术手段提升监管效能,构建多方共治的监管格局等。然而,如何在保障市场活力和创新的同时,有效防范和化解平台经济带来的风险和挑战,仍是当前治理模式研究面临的重要难题。因此,探索适应数字时代特点的平台经济规范持续发展的治理模式,成为当前学术界和实践界共同关注的重大课题。

第一节　立体化推进平台经济发展

　　平台经济是以互联网平台为主要载体,以数据为关键生产要素,以新一代信息技术为核心驱动力、以网络信息基础设施为重要支撑的新型经济形态。近年来。我国平台经济快速发展,在经济社会发展全局中的地位和作用日益凸显。

　　2024 年 11 月 22 日,国务院总理李强主持召开国务院常务会议,研究推动平台经济健康发展有关工作,会议再次为发展平台经济定调,指出发展平台经济事关扩内需、稳就业、惠民生,事关赋能实体经济、发展新质生产力。要进一步加强对平台经济健康发展的统筹指导,加大政策支持力度,壮大工业互联网平台体系,支持消费互联网平台企业挖掘市场潜力,强化平台经济领域数据要素供给,促进数据依法有序跨境流动,增强平台经济领域政策与宏观政策取向一致性。要规范市场竞争秩序,健全常态化监管制度,推动平台企业规范经营、有序竞争、提升质量,促进各方主体互利共赢。要切实保障消费者和劳动者合法权益,健全线上消费投诉公示、消费后评价等制度,指导平台企业依法规范用工,更好发挥平台经济对促进就业的重要作用。这些要求涵盖了从宏观政策引导到中观市场监管,再到微观企业合规的全方位指导,旨在推动平台经济规范持续发展。

一、平台经济发展的宏观政策引导

在宏观层面,平台经济的发展深刻体现了对国家经济战略全面理解和贯彻的迫切需求。宏观政策引导对平台经济的健康发展至关重要。它不仅关乎平台经济的可持续性,更是实现国家战略目标、提升国家竞争力的关键。宏观政策的引导与支持,使平台经济得以在规范中发展,并在发展中不断规范,充分释放其赋能经济社会的价值。此次会议首次提出"增强平台经济领域政策与宏观政策取向一致性",要求平台经济领域的政策必须与宏观政策取向相契合,实现两者间的"同频共振"。

平台经济作为新兴经济形态,在资源配置、市场结构、产业组织等方面展现出新特征,对全球经济和社会产生了深远影响。因此,制定和实施平台经济领域政策时,必须充分考虑其对宏观经济的影响,与宏观政策取向保持一致,这是基于宏观经济调控系统性、整体性和协同性的必然要求。

从系统性角度看,宏观经济调控是复杂的系统工程,需要各项政策相互配合、协调,形成合力。平台经济领域政策作为宏观经济政策的重要一环,其制定和实施必须服务于宏观经济调控的总体目标,与财政、货币、产业政策等相互衔接、补充,共同推动经济平稳健康发展。从整体性角度看,平台经济作为新兴经济形态,其发展趋势和潜在风险难以准确预测。因此,制定和实施平台经济领域政策时,必须充分考虑未来经济发展的趋势和可能面临的风险挑战,与宏观政策取向保持一致,提前谋划、科学布局,为经济持续健康发展提供有力保障。从协同性角度看,制定和实施平台经济领域政策时,需充分考虑市场规律、技术进步、消费者需求等因素,与宏观政策取向保持一致,遵循科学、民主、依法决策的原则,确保政策符合实际情况、具有可操作性。

当前,为保持平台经济领域政策与宏观政策取向的一致性,一方面,平台经济应聚焦赋能实体经济,加大政策支持力度,壮大工业互联网平台体系,支持消费互联网平台企业挖掘市场潜力。通过与工业、农业生产的深度融合,提升生产技术和创新服务能力,促进数字经济和数字产业的发展。另一方面,平台经济应发挥其在扩大内需、稳定就业、改善民生方面的重要作用,提供灵活就业机会,吸纳就业,维护社会稳定和经济发展。

二、平台经济发展的中观市场监管治理

在中观层面,平台经济领域常态是动态竞争与静态垄断并存。监管体系的构建基于市场和社会,市场监管作为市场机制的补充,对平台经济市场具有多重意义。它关乎市场的公平竞争与创新活力,同时也承担着保障消费者权益与维护社会公共利益的重任。

首先,强化平台经济领域的数据要素供给,促进数据依法有序跨境流动。此次会议首次深入探讨了平台数据供给的重要性,赋予数字平台数据要素供给者的新身份,为平台参与我国数据产业生态建设提供了明确指导。这一举措背后的深刻内涵在于,平台经济被视为实体经济与数字经济深度融合的重要驱动力和关键途径。为了推动实体经济和数字经济的深度融合,建设现代化产业体系,必须加快完善平台经济、数据等重点领域的基础性制度,充分激发平台、数据等资源要素的活力。

其次,维护市场公平竞争秩序,建立健全常态化监管制度。基于平台经济竞争的特点和国家利益的考量,在常态化监管条件下我国平台经济领域反垄断的基本定位应为审慎监管,精准执法,做到不枉不纵,宽严适度,从而促进平台经济规范健康持续发展。平台经济常态化监管要积极关注平台经济的发展前沿,弹性平衡创新与监管问题,通过营造稳定、透明、可预期的政策环境,推动平台企业规范经营、有序竞争,提升服务质量;通过创造竞争有序、开放包容

的发展环境,降低市场进入壁垒,引导和激励平台经营者将更多资源投入技术革新、质量改进、服务提升和模式创新中,为经济发展拓展空间,更好地利用平台经济内生创新能力带动经济发展,促进社会资源充分合理利用。

三、平台经济发展的微观企业自主合规

企业是宏观经济发展的微观主体,是中观产业发展的基本组织。平台经济高质量发展归根结底需要通过平台企业的高质量发展予以实现。合法合规经营是平台企业可持续发展的基础,对于防范合规风险、推动创新发展、提升竞争力至关重要。因此,相关主体在经营过程中可以探索新路径,但不可逾越法律界限,尤其不能单纯追求规模扩张,影响整体经济秩序的正常运行。平台企业应积极提升合规管理水平,不断完善自我监管机制,以有效防范、识别和应对风险。

第一,平台企业要保障消费者和劳动者权益。就消费者权益而言,平台企业应确保商品和服务的质量与安全,严格审核并监督商家,尊重消费者的知情权和选择权,并完善线上消费投诉公示、消费后评价等制度。从劳动者权益角度看,平台经济中的劳动者常面临"弱从属、无保障"的问题。因此,平台需与劳动者建立明确的法律关系,建立健全劳动者权益保障机制,如设立专门的劳动者权益保护机构,负责处理投诉和纠纷,并为劳动者提供法律援助和咨询服务。

第二,平台企业应增强创新发展能力,积极应对出海挑战,提升国际竞争力。相比传统企业,平台企业在全球化过程中因其独特的"私权力"特质,更易受到不同司法管辖区的"公权力"规制。中国数字平台在出海时面临反垄断、跨境数据审查、知识产权保护等法律合规困难,同时不同国家的社会和文化习惯也影响了法律的适用性。为此,平台企业应降低跨境合规风险,保障出海企业的合法权益,从而提高中国平台企业在全球数字经济市场的话语权和竞争力。

第二节　常态化完善平台经济监管

党的二十届三中全会明确提出,"促进平台经济创新发展,健全平台经济

常态化监管制度"。平台经济作为数字技术和商业模式创新的代表场域,是牵引经济高质量发展的重要引擎。随着平台经济专项整改工作的阶段性结束,前期治理取得了显著成效,立足中国式现代化下高质量发展的新要求,监管策略由专项监管逐步转变为常态化监管,在持续优化营商环境、明确监管规则、清晰执法程序的同时,需要及时回应新情势、新问题,引导平台经济作为一种新业态、新模式、新产业在重点民生保障、新兴科技创新、对外开放合作等领域发挥基础性、关键性及引领性作用。

一、常态化监管的基本内涵与现实意义

当前阶段,常态化监管有利于提振市场主体信心,在充分释放市场创新活力的同时,保障平台经济安全运行,确保各类市场主体在安全发展的道路上行稳致远。

(一) 常态化监管的基本内涵

常态化监管,是指在法治的框架下依据明确的法律法规,统筹考虑安全与发展的基本理念,依托多元主体协同治理、多元工具系统运用,开展敏捷监管、精准监管、透明监管与规范监管。与常态化监管相对应的是专项监管、运动式监管。

随着平台经济专项整改工作的阶段性结束,前期治理取得了显著成效,平台经济中不规范、不健康的经营行为得到了及时有效规制。在此基础上,应及时调整监管策略,由专项监管转变为常态化监管,通过实施科学精准、透明规范的监管政策,稳定市场主体预期,提振市场主体信心,为平台经济相关主体的经营行为划定"安全红线",提供"绿灯指引",实现平台经济规范持续健康发展。

(二) 常态化监管的实践特征

一是监管措施精准化。基于平台经济领域生产、经营、流通、消费等各环节、各要素、各主体间多元价值与多元利益共存的现实状态,要避免采取"一刀切"式监管,如对安全风险较低的要素采取较为严格的监管措施,必然会限制平台经济的发展。因此,应科学界定平台类别、合理划分平台等级,针对不同平台的特点,开展敏捷监管与精准监管。

二是监管主体多元化。平台经济领域监管主体呈现多元态势,除政府部门外,平台企业、行业协会等组织在该领域均具有不同层次、不同类型的管理职责,同时其更加了解平台经济领域的底层逻辑、经营模式。因此,常态化监管意味着多元主体共同参与监管,助力实现科学监管。

三是监管规则明确化。在早期监管中,对于平台经济这一新兴领域,传统部门法难以提供有效的规制方案。随着《个人信息保护法》《数据安全法》《国务院反垄断委员会关于平台经济领域的反垄断指南》等法律法规的出台,以及2022年《反垄断法》的修订,监管依据更加充分,相关规则更加细化。在常态化监管中,应当寻求更为明确的条款作为规制进路,避免对"兜底条款""原则性条款"的过度依赖。

四是监管行为规范化。平台经济具有强网络效应、超规模效应,一旦发生不当经营行为,风险很容易传导至各行业、各领域。因此,应当保持监管行为的日常化、全面化、持续化,实现事前、事中、事后全周期监管,并对平台经济领域的风险随时发现、随时处理、随时解决。

五是监管过程透明化。在执法过程中,应当及时公布处罚情况与企业违法行为信息,列明执法依据等;在司法过程中,应当及时公开司法裁判文书,为平台经济相关主体规范经营行为确立明确的预期。

(三)常态化监管的意义

一是有助于激发平台经济对经济发展的引领作用。对平台经济进行常态化监管有利于规制大型平台企业基于数据、算法、技术、资本及平台规则所实施的违法违规行为,在规范市场经营活动的同时,也给予了平台企业明确的市场预期,有利于促进各类生产要素特别是数据要素的有效有序流通,充分释放要素动能。

二是有助于激励平台经济发挥促进创新的正向效用。当前平台经济从模式上看依然停留在从流量资本到短期变现的阶段,从技术上看存在关键领域创新能力不强的问题。而常态化监管有助于及时精准规制市场上的不公平竞争与垄断行为,建立科学合理的长效机制维护公平有序的市场竞争,通过对平台竞争行为配置适度的激励措施来促进创新动能的充分释放,促进相关主体转向"产业资本+技术创新+持续发展"的新模式。

三是有助于夯实平台经济创造就业的法治基座。常态化监管所具有的敏捷性、精准性、持续性、规范性等特征,能很好地回应平台经济领域大量灵活用工带来的问题,规范平台主体为灵活就业人员设置的平台规则,及在支付相应对价时的行为。这既有利于充分发挥平台经济在保障就业方面的积极作用,也有利于保障广大灵活就业人员的合法权益。

特别是针对平台经济领域广泛适用的"数据和算法"驱动机制,平台企业相对广大灵活就业人员而言,具有在数据和算法上的绝对优势,当出现算法滥用、算法歧视的现象时,灵活就业人员有被困在系统里沦为算法囚徒的风险。事实上,由于平台无限归集数据的现实及基于海量数据所形成的算法计算能力,平台企业在掌握灵活就业者大量行为数据的同时,客观上也增加了对其隐私权保护和救济的难度。常态化监管有助于防范平台企业利用在数据、算法、技术、资本及平台规则等方面的优势侵害广大灵活就业人员合法权益的行为,净化平台经济领域的就业环境。

二、推动平台经济常态化监管的路径

落实平台经济常态化监管,应进一步明确促进健康发展是目的,促进创新是主线,筑牢安全是底线;同时,坚持依法监管,聚焦要素监管,着力协同监管,实现敏捷、精准、持续、规范的常态化监管。在具体措施上,要进一步细化优化相关法律法规及其他规范性文件,落实落地分类分级监管原则和规则,在夯实竞争政策基础地位的前提下,做好政策、制度及工具之间的系统协同工作,着实提升监管能力与水平。

(一) 以促进创新发展为常态化监管主线

常态化监管的首要目的是促进平台企业创新发展。数据、算法、资本、平台规则等要素是平台经济的重要组成部分,也是实施常态化监管、释放创新动能的重要抓手。

一是促进数据要素流动。常态化监管应以促进数据要素的流动为重点,打破数据垄断,扩大数据要素的应用场景,赋能中小企业实现创新驱动发展,促进数字经济和实体经济深度融合。建议围绕和落实《中共中央　国务院关于构建数据基础制度更好发挥数据要素作用的意见》,加强数据交易规则建设,构建规范高效的数据交易场所,设立数据要素登记平台等,加快数据要素统一市场的形成,及时回应数据资源持有、数据加工使用、数据产品经营中出现的监管需求。

二是促进算法要素创新。常态化监管要保留一定的宽容度与精准度,为算法治理和算法发展预留足够的创新空间,以突破产业发展过于依赖开放源代码的藩篱。

三是规范资本要素发展。常态化监管要为平台经济领域投资行为设好"红绿灯",引导资本向"专精特新"企业加速流动,使资本要素更好赋能平台经济创新发展。

总体而言,常态化监管应当为平台经济的创新发展预留充足的空间。对于出现的新业态、新产业与新模式应保持包容审慎的态度,同时注重发挥监管的示范效用,形成有为政府与有效市场的更好结合。

（二）以筑牢安全发展为常态化监管底线

应关注数据业务、算法开发、重点民生行业领域的新兴业态,从个人、企业与国家等层面出发,推动平台经济安全发展。为保障数据安全,一方面,平台企业应避免不正当收集、使用公民个人信息等行为;另一方面,要求平台企业强化对数据要素的保护,避免因数据交易、数据共享、数据传输带来的数据泄露造成企业经营权益受损;同时,应重视平台企业国际合作中数据跨境传输的管理,对重要数据、核心数据实行更加严格的保护措施。

对于算法要素,应强化"以用户为中心"的思维,引导算法向善,避免因算法歧视、算法缺陷、算法合谋、算法霸凌等行为,侵害消费者隐私,损害劳动者、老年人、未成年人等群体权益。

对于资本要素,应树牢资本安全底线,规范和引导资本健康发展。明确以维护国家金融市场系统性安全为底线的资本要素常态化监管思路,强化金融安全保障体制机制和规则体系建设。正如新一轮国务院机构改革所形成的金融监管体制"内双峰监管"模式——组建国家金融监督管理总局作为国务院直属机构,证监会调整为国务院直属机构。这体现了国家加强对进入市场及资本行为科学监管、系统监管、协同监管的态度和决心,反映了加强资本要素的常态化监管是重中之重。

对于平台规则要素,对于个人,应重视劳动者权益保障,避免用人单位设置不公平的平台规则;对于企业,应避免超大型平台滥用兼具"运动员""裁判员"的优势地位,实施不利于平台内其他经营者的行为;在国家层面,应积极履行其在风险评估方面的义务,识别平台是否存在传播非法内容等行为。

(三) 细化分类分级规则体系

分类分级规则与常态化监管高度契合。常态化监管意味着监管要及时转变思维理念,深刻认识平台经济的构成要素、底层逻辑与组织形式,深入分析平台监管的动态性、复杂性、紧迫性与专业性。基于分类分级原则,笔者主张对安全风险较高的平台采取较为严格的监管手段,对安全风险较低的平台采取较为宽松的监管手段。细化分类分级规则体系,应从以下几点着手。

一是提高分类分级的可操作性。分类分级规则构成了平台经济常态化监管的制度基础,细化对分类分级内在关系的研究可以有效定位不同平台的核心业务归属,确定相应的监管主体、规则、工具及监管力度。可考虑将平台分类与分级标准设置为类似横纵坐标轴的监管赋值基线,以分类和分级的交叉范围来设定平台监管阈值,并结合平台经济"红绿灯",设置平台主体及行为的"白名单"标准及申请审核机制,从而将文字版的标准指南转化为具有模型观察、系统运行支撑的操作工具。

二是细化平台主体分级分类规则。应组织平台企业、行业协会、科研机构、消费者用户等相关主体对平台分类的标准、类型进行论证,为精准监管提供更加切实可靠的依托;同时,适当借鉴域外经验,除考量上年活跃用户数量、平台业务类型、市值及限制消费者接触终端用户的能力外,还可增加年均营业额、终端用户数量、商业用户数量等指标,以细化平台分级标准。考虑到我国秉持统筹安全与发展的理念,也可将安全因素融入分级标准的制定之中。

三是细化关键要素分级分类规则。我国《数据安全法》及《网络安全标准实践指南——网络数据分类分级指引》已从公民个人、公共管理、信息传播、行业领域、组织经营等不同维度对数据进行分类,分为一般数据、重要数据、核心数据三个级别,在此框架下应对数据的价值和风险进行评估,搭建更为完备的数据分类分级体系。对于算法要素,应在《互联网信息服务算法推荐管理规定》基础上,根据算法对个人权益、公共利益、国家利益可能造成的风险,并结合算法所依托的技术,进一步细化对算法的分级。

（四）优化多主体协同监管机制

2023年2月,国务院办公厅发布《国务院办公厅关于深入推进跨部门综合监管的指导意见》,明确提出要健全跨部门综合监管体制机制,完善跨部门综合监管协同方式,提升跨部门综合监管联动效能,加强跨部门综合监管支撑能力建设。

一是要在中央与地方有关部门之间建立健全涉及平台经济监管的相关数据、算法、标准、格式、工具等监管要素、规则及方法的互联互通互认机制。一方面,中央有关部门要充分听取地方建议,通过统筹调配弥补地方监管短板;另一方面,地方有关部门要结合地方实际情况,收集地方监管信息,积极共享地方先进监管经验。

二是要建立常态化机制,强化同级政府不同部门间的沟通与协作,对涉及监管冲突、监管盲区等问题由具体监管部门组织相关单位进行会商,以提高监管效能。

三是要建立健全多元共治会商机制,推动平台企业、行业协会、科研机构、社会专业团体等多元主体共同参与到平台经济常态化监管过程之中。尤其是加强平台自治,既要发挥平台自治的优越性,又要规制其限制竞争行为,指导和支持平台根据其技术与经营特点制定自我监管规则,并向社会公示其合规管理的有效性并接受监督,实现政府监管与平台自治的协同。

四是要着力补足专业队伍人才及培养短板。建立平台监管治理人才培养体系,形成具有"法学+平台经济"综合背景的专业化执法队伍;同时,加强国内外平台监管成果交流互鉴,构建适宜我国现实发展、匹配涉外监管规律规则的国际化平台经济监管制度规则体系,有力推动平台经济监管国际合作机制的建设与发展。

（五）完善多工具协同监管体系

平台经济常态化监管需要更好地衔接不同监管工具,搭建多工具协同的监管体系。正如《国务院办公厅关于深入推进跨部门综合监管的指导意见》所指出的,要加强跨部门综合监管支撑能力建设,提升监管信息化建设水平,做好监管工具的信息化、智能化建设,开发业务协同、资源共享的跨部门综合监管应用场景,完善监管事项清单管理等。

一是平台经济常态化监管要求形成公平有序的市场竞争秩序,以高水平竞争激发高水平创新。基于此,针对平台经济运行的特征需增强当前市场监管领域法律法规及相关政策规则的适用性,以规范监管保障公平竞争、促进创新发展。要坚持竞争政策基础地位,强化公平竞争审查制度的落实,保障平台经济各主体自主自由地进出相关市场,公平合理地使用各类要素资源,规制不正当干预其经营自由的行为。

二是强化《反垄断法》与《数据安全法》《个人信息保护法》等法律法规间的协调。《数据安全法》《个人信息保护法》更强调事前规制,对于数据处理者规定了较重的义务,要求其在合规建设、数据保护等方面更好地履行职责。《反垄断法》更多是从事后规制的角度出发,相较于对数据、算法、技术等要素的治理,更强调对市场公平竞争秩序的保护。在平台治理中,应当系统协调好《数据安全法》《个人信息保护法》的事前规制手段与《反垄断法》的事后规制手段。这符合常态化监管全过程、规范化的基本特点。

第三节　多元化参与平台经济治理

数字时代,平台经济的崛起引发了一系列市场失灵问题,包括市场垄断、网络负外部性、安全隐私泄露及伦理道德挑战,对市场的运行、秩序和结构造成了巨大冲击。同时,传统的监管与法治体系难以跟上数字化发展的步伐。平台经济与现行监管体制之间的错位,导致市场失灵无法及时得到纠正,进而引发了政府的短暂失灵。平台经济是一个多方参与的生态系统,包括平台、供应商、第三方服务商和消费者等,呈现出去中心化的特点。因此,要完善数字时代的平台经济治理体系,必须在数据跨境流动、市场公平竞争、消费者利益保护等关键场景下,遵循平台经济的基本运行规律。政府应发挥主导作用,推动多元共治、有效协同的新格局,共同构建平台经济治理的新体系。

一、数据跨境流动的多元治理

数据跨境合规既是平台企业应当履行的社会责任,也是打造平台企业核心竞争力、开拓海外市场的重要保障，为此，数据跨境合规治理应当以平台企业主动合规为抓手，推动国内立法与加强国际合作并进，为平台企业数据跨境流动提供稳定有序的合规环境；同时优化合规激励机制，激活企业合规动力。在规范中发展，在发展中规范，探索出一条立足中国数字经济发展实际、符合中国平台经济数据跨境现实要求的法治化进路。

（一）推动企业主动合规，建立健全内部数据合规管理体系

第一，树立科学系统的数据合规理念，密切关注国内国外数据合规监管动态。面对日趋严格的数据监管形势，平台企业必须充分认识数据合规的重要性和必要性，以实际问题为导向建立数据合规工作制度，并立足于数据合规风险和特定业务场景进行针对性制度设计。例如，对平台企业内部涉及数据跨境流程的相关人员的分工、职责及具体业务操作方式提供明确指引，细化数据使用的权限审批及管理控制，或建立常态化数据合规自评估制度，定期开展数据合规风险自我审查，保障数据合规工作制度的有效实施。

同时，平台企业应密切关注数据合规监管动态。国内方面，除了参照目前已施行的《数据出境安全评估办法》等文件开展内部合规自查，还需重点关注行业主管部门结合本行业实际出台的网络安全和数据合规监管新规，尤其是对于大型平台企业，一旦出现数据泄露、数据滥用等安全事件，将对个人隐私、企业商业秘密、国家重要数据等带来严重的安全挑战，即使现行立法并未作出相关规定，大型平台企业也应防患于未然，承担更为严格的数据安全责任和合规整改责任，以备未来数据合规监管的不时之需。

国际方面，近年来我国积极参与全球数字经济治理，签署了一系列包含数字经济规则的国际经贸协定，例如，《中国—澳大利亚自由贸易协定》《中国—韩国自由贸易协定》等，加入了《区域全面经济伙伴关系协定》（Regional Comprehensive Economic Partnership，以下简称 RCEP，已于 2022 年 1 月 1 日正式生效），也于 2021 年 9 月 16 日正式提出申请加入《全面与进步跨太平洋伙伴关系协定》（Comprehensive and Progressive Agreement for Trans-Pacific Partnership，以下简称 CPTPP）。故此，平台企业既要根据我国已签订的国际双边或多边协定加强合规管理，又要密切关注《全面与进步跨太平洋伙伴关系协定》等我国尚未加入的国际协定的谈判进展，提前把握国际规则环境变化。

第二,复合型合规人才队伍建设与专家库建设并举。关于企业合规人才队伍建设,实践中有两种模式:一种是法律专业模式,即合规团队主要为法律专业背景人员;另一种是技术专业模式,即合规团队主要为通信、计算机等技术专业背景人员。由于数据合规治理具有显著的多学科跨领域特征,平台企业既需要法律专业人才强化风险导向、降低法律风险,又需要技术人才从事数据合规技术研发,提升数据合规智能化水平。为此,复合型数据合规人才队伍建设尤其必要,平台企业一方面应引进数据合规专业人才,帮助企业综合多领域专业知识制定合规制度;另一方面应加强对合规人才队伍的定期数据安全合规培训与考核,提升专业素质。

除此之外,有实力的平台企业可以通过加强与高校、科研机构的深入合作,建设数据跨境合规治理专家库,充分借助专家智慧,准确把握境外数据接收方所在国家或地区的数据合规法律制度,并结合企业自身技术条件、业务需求等内容,对企业数据资源实行系统化、全面化管理。同时,灵活应对域外法律环境或监管政策的变化,在平台企业正当数据权益遭受侵害时,加强与专家学者的沟通合作,在采取有效措施避免或降低对我国数据安全损害的前提下,提高综合利用各类维权工具的能力,及时化解侵权危机,降低企业损失。

第三,以数据合规部门为中心,建立多部门协同合规机制。数据合规工作高度专业化和规范化,对平台企业全周期、全场景、全流程、全空域做好合规提出了更高要求,因而建立以数据合规部门为中心,技术研发、产品销售、商务合作、公共服务等职能部门协同配合的整体合规机制已成必要。在机制设计上,数据合规部门应当定期召集各个职能部门,共同了解企业当前的数据安全与合规现状,从业务战略与目标出发,明确整理出数据合规的关键需求;在整体的信息化规划下进行数据合规体系、架构等具体制度的设计规划,并在落实数据合规的相关制度时,注重实施情况的反馈与制度的持续性改进。

针对数据跨境不可逆的特性,平台企业还可以充分运用合规新工具提升数据合规实效。一方面,可探索设计更加完善的数据跨境交易合同,强化境外数据接收者的数据保护义务,规避数据出境后的合规风险。例如,在中国香港个人资料私隐专员公署发布的《跨境资料转移指引:建议合约条文范本》中,设定了"资料保安条款"和"保留及删除资料条款"等内容,前者要求资料(数据)接收者采取协议规定的保安(保护)措施使用或处理个人资料(数据),后者则要求资料(数据)接收者保留个人资料(数据)的时间仅限于达致转移目的所需时间,并在达到转移目的后删除有关资料。另一方面,可建立专业的"数据合规官"或引入第三方合规评估机构,对多部门协同合规机制的实施效果进行综合评定。

(二) 完善国内立法与加强国际合作并进,系统化解平台企业双重合规风险

首先,尽快出台实施数据立法配套规范,营造良好的国内合规环境。针对国内数据法律规范可操作性不强的问题,一方面,应落实好《数据出境安全评估办法》与《数据出境安全评估申报指南(第一版)》的相关规定,为平台企业数据出境合规提供更加明确的方案指引。在合规主体上,考虑到平台企业数据类型多样、涉及领域众多且规模较为庞大,为全面保障国家数据安全和个人信息权益,可以适当扩充重点领域或重要行业的数据出境安全评估范围,避免出现监管漏洞。在重要数据的界定上,除了加快制定重要数据目录,还可以充分发挥行业协会的积极性与能动性,推动行业协会立足本行业数据保护实际,根据我国数据跨境法律规范制定重要数据行业指南或数据跨境合规行业细则,为平台企业数据跨境合规提供行业指引。在这一过程中也应充分考察和吸收域外主要国家和地区就数据跨境流动合规的相关原则、规则、指南等,做好我国规则与国际规则的接轨,避免平台企业在参与国际化运营时面临双重合规风险。

另一方面,推动数据分级分类制度落地实施。《数据安全法》第二十一条明确提出"国家建立数据分类分级保护制度"。在建立数据分类分级制度过程中,应当明确重要数据与核心数据的界限,更好地确定对两者采取的保护程度和具体措施,同时明确各地方、各部门对各类数据的监管职责,提升可操作性。在数据分类分级的基础上,还应进一步细化涉个人隐私、商业利益和国家安全等各类数据的跨境评估内容、评估标准、评估程序等事项,对不同类型数据制定不同的保护标准。

其次,积极参与数据跨境治理国际合作,协调和稳定外部发展环境。在当前的国际形势及国际数字经贸往来背景下,我国需要积极回应国际数据安全

态势和竞争格局,推动数据跨境治理国际合作。其一,在平等互利的基础上,通过达成数据共享谅解备忘录、签署司法或执法互助条约等方式加强数据跨境治理国际合作,化解外国政府或执法机构对我国平台企业的信任危机,减少甚至消除我国平台企业可能面临的歧视性贸易待遇和不正当打压,降低平台企业境外合规成本。国家层面的政策协调实际上更容易避免基于国内国外法律规则冲突所带来的合规风险。与此同时,也可以从数字经济发展的一般规律与国际经验层面,通过对国际规则的了解与把握,做好合理借鉴,以此推动我国国内相关规则的制定与完善,并通过国内规则体系的构建与输出,建立和增强我国在参与数据跨境流动治理上的话语权与影响力,为我国平台企业出海竞争提供切实保障,真正实现国内国际双向正反馈。

其二,可由商务部牵头会同工信部、网信办、市场监督管理总局等部委协同组织国内各大平台企业,建立海外合规信息与资源共享平台,及时发布数据跨境国际合作双边或多边协定,以及我国的主要数字贸易国的最近数据合规政策和执法动态等文本资料,为平台企业制定海外经营策略和法律风险应对预案提供合规信息参考,避免因不了解境外数据合规法律政策陷入被动合规境地。

同时,在确保风险可控的前提下,分阶段分层次推广更高标准的数据自由流动模式,增强与各发达数字经济体以及《全面与进步跨太平洋伙伴关系协定》等自由贸易协定的互利合作,避免西方发达数字经济体以我国数据流动缺乏自由度为由,强制要求我国平台企业将数据中心建在海外,或限制我国平台企业参与国际数字经济贸易。

（三）强化合规激励机制,激发企业合规动力

如前所述,合规激励机制主要分为行政执法激励和刑事司法激励两大类,该机制的存在不仅有助于国家数据法律规范的良好贯彻,有效预防企业内部违法违规行为,还有助于节约司法和执法资源。为此,应强化数据跨境领域的合规激励机制,推动我国平台企业开展合规建设与合法经营。

在刑事司法领域,一旦检察机关通过提起公诉使平台企业接受刑事处罚,将对平台企业的社会声誉和业务资质造成重大打击,企业同时将面临巨额罚金处罚与业务收入骤减的巨大代价,因此,刑事司法领域的合规激励机制尤其

关键。具体而言,应填补合规激励机制的立法空白,在法律上明确法院可以将平台企业建立数据合规机制作为减轻刑事处罚的依据,检察机关对于已经建立数据合规计划的平台企业,还可以根据其犯罪的情况以及合规计划的有效程度,与其达成暂缓起诉协议或者不起诉协议,并设置合规考察期,对平台企业实施数据合规计划进行持续监管。在合规考察期结束后,根据企业履行上述协议的情况,检察机关甚至可以撤销起诉。

在行政执法合规激励方面,可将行政和解制度引入数据合规行政执法。具体而言,首先,在行政监管部门因数据合规问题对平台企业进行行政执法时,对于已经建立内部数据合规管理体系的涉案平台企业,可以优先适用行政和解制度,或根据平台企业的申请适用该制度,并在适用行政和解时将其作为酌定情节予以考虑;对于尚未建立内部数据合规管理体系,但申请适用行政和解制度的,监管部门应保持更加严格的合规监督立场,在深入了解企业性质、经营范围及违法违规原因等情况的基础上,提出有针对性的合规整改方案,督促平台企业建立完善的数据合规体系。其次,监管部门应立足平台企业数据跨境合规实际建立合规考察制度,例如,确定合规考察期,加强对平台企业的合规整改监督。最后,建立合规评估验收机制,在合规考察期届满之前,对平台企业内部数据合规管理体系的建设实效进行综合性评估或验收,以决定终止或恢复行政执法程序,保障合规激励机制实效。

当前,数据跨境流动成为各个国家或地区信息交流和经贸往来的重要渠道。数据跨境合规既是平台企业应当履行的社会责任,也是打造企业核心竞争力、开拓海外市场的重要保障。当前,我国平台企业数据跨境流动合规治理面临诸多"堵点",限制了平台企业充分释放合规潜力和创新活力。聚焦于此,推动构建系统化、法治化、常态化的平台企业数据跨境合规治理体系成为必由之路。结合上述分析,应坚持规范与发展并重,多维度多层次推进平台企业数据跨境合规治理。其一,企业层面应增强主动合规意识,建立健全内部数据合规管理体系,推动数据合规理念革新、建设数据合规人才队伍与专家库、建立多部门协作机制等;其二,国家层面应坚持国内立法与加强国际合作并进,系统化解平台企业双向合规风险;其三,合规激励层面应重点在刑事司法和行政执法两方面引入激励举措,激发企业合规动力。

二、市场公平竞争的多元治理

随着平台经济的迅速发展，市场竞争行为的表现形式日益丰富，这对平台市场的良性竞争、中小企业的创新发展、消费者合法权益的保障以及市场经济秩序都构成了挑战，同时也带来了诸多困扰。然而，由于平台的特殊性和市场竞争行为的复杂性，现行竞争法律法规在对其进行规制方面仍需进一步探索。

总体而言，我们需要综合考虑鼓励创新的发展理念在平台经济领域的实践问题，坚持包容审慎的监管原则，科学合理地设计相关制度及实施机制，以提升监管效能，更好地应对平台竞争行为。我们要平衡好市场公平竞争与经济高效运行的关系，推动平台经济领域监管机制创新与应用场景创新的均衡发展，统筹科学规制与鼓励创新在平台经济发展中的重要作用。

（一）市场公平竞争的反垄断法规制

平台商业模式掀起了一场经济变革，从经济学角度来看，平台的首要目标，即通过"数据+算法"的手段对用户进行吸引（Pull）、促进（Facilitate）与匹配（Match），通过商品、服务或社会货币的交换为平台所有参与者创造价值，扩大流量。以平台自我优待为例，其思路与"吸引—促进—匹配"的逻辑基本相通。因此，应辩证地看待平台自我优待行为，平台有节制地扶持、优待自家产品可以被允许，但这种扶持的"度"需要分情形受到约束和监督。如行为者在利用数据的同时，应给予平台内经营者一定的数据解释权与商谈空间，执法机构也应本着谨慎和伤害最小的原则处理相关的反竞争行为，在行为违法性识别的基础上，尊重我国《反垄断法》的逻辑，结合规制理论与实践的正当性进行方案构设。

1. 完善反垄断法律规则

《反垄断法》是规范市场竞争的重要法律，而反垄断法自身的不确定性和局限性也决定了反垄断法解释活动对于反垄断法实施过程的重要性。对于平台自我优待的法律规制，目前我国实践中还没形成确定性的标准答案。放眼域外各司法辖区，反垄断执法机构对于经营者实施的行为是否构成垄断行为的法律认定，基本遵循两个基本原则，即本身违法原则和合理原则。在本身违法原则的语境下，不管自我优待行为客观上是否产生了排除、限制竞争的后果，只要行为本身对竞争存有不可弥补的危害性，无须考虑其抗辩缘由，皆被视为非法垄断。在合理原则的语境下,平台自我优待行为虽然存在可能限制竞争的事实,但不可一概而论,而是需要对行为进行严格审查,对经营者的动机、行为方式及其后果加以慎重考察后作出判断,只有其缺乏必要的合理性时,此举才将会被严格禁止。可见,本身违法原则一定程度上阻止了对自我优待行为的深度认识,而合理原则则提供了最大程度的认识机会。但是合理原则和本身违法原则也都存在其自身局限性,而且在错综复杂的平台经济中,两个原则的适用模式可能会发生变化。在我国平台经济常态化监管的背景下,不仅不宜适用本身违法原则将自我优待行为悉数认定为市场主体涉嫌违法而进行事前规制,也不应全部适用合理原则进行行为定性。

《反垄断法》作为对市场经济行为规制的基本法规,应具有普遍适用性,不能为解决平台经济领域的特殊问题,而忽视了法律的普遍适用性和稳定性。因此,应慎重考虑条款的体系性和整体性,根据《反垄断法》的法律精神,从适用对象、调整方法、法律内容、法律责任等方面出发,对将平台自我优待行为规制融入现行法律进行补充的正当性作出综合判断。

第一,《反垄断法》的适用对象具有多样性,其适用对象主要是经营者与部分管理机关。平台自我优待是平台经营者之间所发生的以实现利益最大化为目的而进行的行为,如果将自我优待作为单独条款对现行法律进行补充,其目的不仅是制止平台滥用经济力量、维护竞争的自由,还包括消除自由竞争的"过火"行为,维护竞争的公平。这会在一定程度上模糊《反垄断法》和《反不正当竞争法》的界限,增加实践适用难度。

第二,《反垄断法》的调整方法具有复杂性,其一方面希冀使用自愿平等的方法调整横向的竞争关系,另一方面又试图用命令和服从的方法调整纵向的竞争管理关系,是被动性适应和主动性竞争的混合。互联网平台是商主体,遵循契约自由和利己原则,自我优待在一定条件下是中性行为,若以避免平台自我优待无序的竞争所带来的社会资源的浪费为目的,通过"有形的手"来对经营者之间自发的竞争行为加以制约,让其他竞争者处在更有利的竞争位置,诚然会对经营者的营业自由产生极大的限制,有悖于企业利己的本性。故只有在产业规制的模式下来分析平台自我优待行为,方能将其行为效果影响归为对于公平竞争秩序的破坏。只有在平台自我优待行为构成垄断,引起了法律上的权利义务冲突,方可放置于反垄断法的视角下进行规制。

为使具有市场支配地位的市场主体行为在经济效应上起到积极作用,带来更强的经济功能、更优质的服务和更好的消费体验,当自我优待与滥用市场支配地位产生竞合时,应使用滥用市场支配地位的条款予以规制,在此条件下并不需要单独规定自我优待。应采取审慎和适当开放的态度,积极寻求创新与秩序之间的平衡点,使具有市场支配地位的市场主体在一定情况下实施正当的优待行为而不受法律谴责。

第三,反垄断法法律内容具有交叉性。反垄断法在内容上相对独立的同时,又与其他法律相互交叉、相互渗透。加入"自我优待"条款有可能会破坏反垄断法的体系性,因为该行为非常宽泛,涉及技术手段、平台规则、行业惯例等,与其他互联网领域不正当竞争行为存在极大的交叉。因此,可尝试调整和改变现有的反垄断法基础逻辑,从简单的行为正当性规制扩展至结构主义,为自我优待法律适用提供理论空间和工具支持。目前我国《反垄断法》秉持的是公平竞争逻辑,平台自我优待在现有的框架下无法认定。规制平台自我优待应与传统工业时代的反垄断法逻辑不同,可以考虑使用"特别立法"进行规制,不同于域外的事前规制模式,我国可以按照事中事后的逻辑,通过设置外部指标构成不得自我优待的义务;抑或在现行的反垄断法框架内,自我优待行为可以分散到不同法律条文中,如一般歧视条款,其中歧视的对象不仅包括经营者还可以扩充到消费者,行为特征既可能包含价格因素又包含非价格因素,同时还可能涉及必要设施理论。此外,自我优待行为还可能涉及捆绑搭售(如预装浏览器行为)、独家交易、挤压行为(包括价格与数据挤压)以及不公平高价行为。

第四,反垄断法的法律责任具有综合性,包括民事责任、行政责任和刑事责任。在平台自我优待的语境下,民事责任是平台经营者对特定的竞争对手造成损失时所承担的补偿性责任,行政责任是市场监督管理局等国家竞争管理机关对违法的平台依法采取的惩罚性制裁措施,而刑事责任则更为严厉。为有效规范平台自我优待行为,维护正常的竞争秩序,设计自我优待的法律规制条款时应注重对行为主体的法律责任追究、合理限定适用范围。

2. 全面考量竞争效果

平台经营者的自我优待行为是平台行使自治权力的具体表现。平台经营是去中心化、无序式发展的，依靠参与者数据的共同价值聚集，通过价值单元促成信息自主交换，行为数据自动匹配引导新价值交换，随着数据提供者与数据消费者交互数据的变化，由平台生态自动纠偏。平台通过有效的内部治理，能够实现正向网络效应，吸引更多的消费者，以获取更大的经济利益。

自我优待作为一种商业行为具有存在合理性，与此同时，平台通过限制平台内经营者之间的竞争，有利于平台消费者用户更加便捷地获得服务。例如，平台推荐算法若在排序中不利于劣质第三方产品，虽然这种自我优待的形式可能构成违法，但在客观上对产品质量进行了衡量和把关，使得消费者受益。但若自我优待实施平台的权力扩张形成了交易压迫的不对等局面，网络平台在收集数据实施自我优待行为的过程中一旦形成"优势地位"，不仅能支配市场，更获取了平台准入权和线上规则制定权，一定程度上对国家治理、企业管理、个人权利形成事实上的影响力或支配力，能够实施垄断和反竞争行为，构成一个基于优势滥用而出现的妨碍自由公平交易的情势。如果实施垄断行为的经营者市场力量非常强大，使得市场透明度不高或者交易相对方在市场透明的前提下也丧失了选择权，那就必须在反垄断视角下看待自我优待问题，审慎考虑平台自我优待行为的反垄断法规制问题。

从全局视角出发，对于平台自我优待的规制措施可以分为事前监管、事中控制、事后救济。如前所述，如果选择在《反垄断法》之外对自我优待进行"特定立法"规制，则应遵循"平台经营者市场支配地位确认＋自我优待行为发生机理"的基本框架选取监管对象，进行事前监管。事前监管旨在通过创设积极性法律义务，实现对垄断结构引致不可逆损害的风险预防。

我国的事前监管不仅应不同于欧盟的守门人制度，守门人制度有时会脱离对于相关市场界定和市场力量的判断，根据一个客观、特定的标准把门户或者具有守门人性质的平台都列为需要事前监管的对象；而且其也应有别于禁止性规范为主的立法模式，事前监管应尽量在满足透明度与可选择性的前提下，要求平台经营者在合理限度内平等对待自身（或关联企业）和平台内经营者的产品或服务，保障市场运行公平有序。如果遵循现行《反垄断法》，则应遵从事中事后的竞争效果分析。在事中控制与事后救济层面,应衡量自我优待行为是否已经对市场竞争产生极为恶劣的甚至是不可挽回的负面性影响,是否对消费者利益构成极大程度的威胁与控制,如果不加干涉,自我优待行为将会继续无度发展,偏离反垄断法的制定宗旨。

国务院 2019 年 9 月印发的《国务院关于加强和规范事中事后监管的指导意见》指出:"充分发挥市场在资源配置中的决定性作用,更好发挥政府作用,持续深化'放管服'改革,坚持放管结合、并重,把更多行政资源从事前审批转到加强事中事后监管上来。"该指导意见表明,是否需要将某一领域的事前监管转变为事中事后监管,取决于被监管事项可能造成的损害后果的救济成本与事中事后监管成本的总和是否低于事前监管总成本。事中事后监管在自我优待的适用中,应结合个案,根据具体情况对平台自我优待行为予以分类规范调整,进行反垄断法的适度介入。按类型划分,可将平台经营者划分为"必需设施平台经营者""具有市场支配地位的经营者""不具有市场支配地位的经营者"三种,并根据其竞争效果的不同,采取不同的规制态度。同时,在常态化监管过程中,持续进行定期或不定期竞争效果监控,并健全激励型监管措施,对平台经营者进行守法激励,可促进其进行自我监管、统一法律适用标准、激励行业组织和专业服务机构参与市场共治,使企业自我优待行为"主动合规",减轻对于互联网企业的监管负担,同时助力监管机构完善市场规则,规范市场交易行为,共同实现"帕累托最优"的社会利益最大化。

(二) 市场公平竞争的事前监管

数字平台对反垄断规则及其分析工具带来了挑战。首先是界定数字平台相关市场的挑战。以替代性分析为主的传统定性分析方法大多注重产品或服务本身在消费者中的功能用途需求、价格接受度与质量认可度。然而,该方法却可能难以适应以"非价格竞争"为主的互联网平台竞争领域。由于社交网络、电子商务、搜索引擎等领域的互联网平台普遍采取对普通消费者用户端提供"免费"(零定价)的服务方式以换取消费者的个人数据及注意力,加之其产品及服务更新换代极快,整个市场具有极高动态性,因而难以从功能、价格、质量等传统维度对其产品和服务进行分析。

同时,还存在认定数字平台市场支配地位的难题。由于数字经济领域高度创新性,高市场份额并不代表平台就必然拥有市场支配地位,高市场份额代表的很可能是企业创新的成功以及市场竞争的有效。

2022 年 11 月 1 日生效的欧盟《数字市场法》规定,如果一家企业控制着至少一项互联网领域的"核心平台服务",并达到了法律规定的规模和地位,满足包括企业具有影响欧盟内部市场的规模、控制着经营者通往最终消费者的重要通道、具有稳固和持久的控制地位等要求,即被界定为"守门人"。

平台经济的出现为市场支配地位的认定造成诸多挑战,以规模要素为标准的认定方式具有操作性强的特征。"守门人"或"覆盖的平台"的认定标准,有别于市场支配地位的认定标准,绕开了反垄断法实施中相关市场、市场支配地位判断难的问题。通过采用更加具体明确的认定标准,可以对平台的经营活动进行有针对性的提前监管和干预,弥补事中事后监管的滞后性。但通过认定某些企业有特定义务来实现监管的方式,并不都是监管最优解,极易出现监管谬误。此外,这种监管模式呈现保护主义倾向,长此以往对平台互联互通是一种阻碍。

"守门人"制度作为事前监管工具,可以与反垄断法的事后处罚模式相补充,更好地实现对数字平台的全周期监管。虽然"守门人"制度能够对数字巨头进行有效且有力的反垄断监管并且能够震慑促使中小企业竞争合规,但是结合欧盟委员会根据《数字市场法案》首次指定一些企业为"守门人"来看,这些企业中没有一家是欧盟本土企业,此种"守门人"的指定带有明显的政治色彩。虽然,在一定程度上有利于本土企业的发展,但是会促使这种逆全球化的保护主义抬头,最终导致各国间壁垒越筑越高,与平台互联互通的本意背道而驰。此外,从市场竞争规制的逻辑来看,对平台企业的竞争行为应更加关注其行为效果,运用事前规制应保持十分谨慎的态度,有限度地运用于平台竞争监管之中。

（三）市场公平竞争中市场监管与行业监管的协同

事实上,在我国对同一个行业或企业的反垄断监管,存在市场监管部门的市场监管和行业主管部门的行业监管交叉现象。互联网平台垄断问题因平台多元经营跨界竞争而成为常态,需要不同监管部门多元共治,注重监管协同合作和提高监管效益。

20 世纪以来,反垄断规制与公共事业管制是规范不同形式企业私权力的一种互补而又平行的策略。通常情况下,反垄断法的适用都是面向事后的,属于事后救济机制。它以垄断行为的发生为法律适用的前提。对于类似屏蔽网址链接、妨碍互联互通的行为,只有当行为发生,违反反垄断法上排除、限制竞争的事实固定之后,才会启动反垄断执法或司法程序。

在具体操作层面,反垄断法的适用也存在一些困难。具体来讲,反垄断法上的一些基础概念具有模糊性。在个案中,执法机构、司法机关有时必须重新理解、诠释竞争和垄断的概念,重新界定相关市场、认定市场支配地位等。

当前,我国对互联网平台经济的治理步入了常态化监管阶段,不同于专项整治要求,在监管理念、原则、方式及效果评价上都有了相应调整。总体来讲,常态化监管下对互联网平台的监管要求是要给平台经济发展在安全的底线上保留足够的创新发展的空间,协同市场监管与行业监管的合力。

特别是针对"多行业多市场"跨界经营的大型互联网平台企业,协同监管总体上应坚持竞争政策优先,尊重市场经济发展的一般规律。具体来讲,需要为互联网平台企业数据、业务乃至生态系统的有效开放共享提供政策法律支持,推动平台企业提高数据资源利用效率,增进基础业务和增值业务的发展效益。同时,也要警惕数据安全风险,特别是防范平台企业出海竞争中的各类风险,绝对不能以牺牲安全为代价,必须建立在安全发展之上,不能以危害国家总体安全、社会公共安全、市场金融安全、公民信息安全以及企业特别是民营企业的产权安全为代价。这就需要从保障市场自由公平竞争和促进行业安全发展两个维度调动市场监管部门与行业监管部门进行深度协同,做到"职责明确、规则联通、信息共享、手段互适、结果互认",将协同监管的合力发挥到最大。

三、消费者保护的多元治理

2024 年是我国《消费者权益保护法》实施第 30 年,也是我国全功能介入国际互联网的第 30 个年头。1994 年以来,我国经济社会形态与结构历经巨大变迁,互联网技术及其应用迅猛发展,带动了物联网(Internet of Things)、大数据(Big data)、区块链(Blockchain)、算法(Algorithm)等数字技术与信息技术的不断创新与适用,深刻改变了人类经济社会生产组织形态和日常生活消费方式。

在平台经济下,以消费(者)数据为核心和中心的消费者社会已经到来,传统的以政府为主导的单一倾斜保护的消费者保护模式正面临严峻挑战。产消者及其团体的出现和发展促使传统消费者保护模式改革,具体体现为"科学合理增减政府治理消费者保护的功能和职权""鼓励和推动消费者与生产(经营)者共同参与彼此权利保护""构建以政府为引导,消费者(团体)和经营者(团体)为中心的多元合作保护"等。以"主动之举"避"被动之困",充分释放法治创新助力经济社会发展的重要价值和意义,实现数据时代消费者保护的良法善治。

（一）平台经济中消费者权利义务重读

平台经济给我国整个经济社会的运行带来了出乎意料的改变,甚至可以说是颠覆式的改变。无论是经济社会的组织结构,还是具体的生产生活的内容、范畴抑或运行的具体方式,其变革程度都比想象得更丰富且激烈,以至于现行社会治理理念、方式、水平及能力都有待改进甚至是彻底革新。其中,最为显著的是在经济生活领域出现的消费者参与生产消费活动的方式与路径,及消费者在市场上的实然地位与现实作用发生了颠覆性的改变。简言之,平台经济中消费者作为万物相联的起点与终点,成为平台等数字数据技术和信息通信技术应用中最为重要的用户之一,也构成了当下和未来人工智能技术和产业发展中最重要的主体、对象及目标。基于此,如何看待消费者及其在经济社会运行中的地位与作用、重读其权利义务的基本构造是回应数据时代社会治理法治化改进的重要切口和进路。必须清晰地看到,在传统市场经济构造下,消费者在购物消费活动中往往处于结构上的弱势地位,故在有关消费法律制度的设计、法律实施方式的配置及在具体法律实践的价值预设上更多的是站在消费者天然弱势的前提下展开的,给予了消费者倾斜的权利配置和救济方式。这一点完全可以从我国现行《消费者权益保护法》的立法文本及其实践中窥见一斑,其重点在于明确消费者权利以及经营者、国家的义务和责任,而没有规定经营者享有的权利。

然而,随着近年来平台经济的飞速发展,信息通信技术和数字数据技术深度融合,且不断得到广泛的商用和民用。在这一过程中,电子商务模式和数字产品消费模式不断得到创新,特别是各类电商平台的聚合型发展,极大地推动了线上到线下(Online to Offline,O2O)新零售消费的增长,使传统的生产经营消费结构发生了颠覆性变化,其间伴随大数据、区块链、算法等人工智能底层技术的创新适用,进一步推动了"互联网智慧+"和"人工智能+"产业的发展。在此场景下,各类经营者对在生产消费环节产生的海量且多样性的数据的作用与价值予以了充分的重视,由此也引发了近年来各大互联网科技公司之间频发的数据利益之争。

当前,消费者在市场上的实然地位也由末端走向前端,由被动走向主动,由个体走向融合,集中呈现出"由贫走向富、由弱走向强"的态势,消费模式升级和消费能力提升逐渐成为现实。由"互联网+消费"到"人工智能+消费"相融合的以"区块链+"应用为基础的跨越式发展,已不再是一个构想的场景,而是现实场景,正在成为我国经济社会发展的创新方向和努力目标。以区块链技术、大数据、云计算等数字计算技术为代表的新兴经济业态正在解构和重塑传统的生产消费组织和生产消费过程,生产与消费的融合甚至混同现象越发明显。在这一过程中,消费者与经营者的相对性市场结构正悄然发展变化,从以往的对立甚或是对抗模式走向合作甚至是融合模式,彼此间已然形成了利益共同体和命运共同体。在此场景下,消费者权利义务的具体内涵和表现形态正在解构和重塑,与之相应的是经营者的权利义务也面临调整。诸如,消费者公平交易权和自由选择权的实现,在面对多边市场或平台市场构造下的跨界竞争和聚合竞争影响时,其评价基准正在发生变化,消费者在公平交易与自由选择中的个性化体验正在成为一项重要的非价格指标影响着对消费者公平交易权和自由选择权的保护。又如,在数据特别是大数据场景下,众多消费者在线同时在设计时间内对同一产品或服务作出消费反馈成为可能,消费者评价的聚合扩散效应明显增强,消费者聚合力量的形成及其影响力较以前更加快速和高效。消费者及团体在提供有效消费数据和信息的同时,也可能出现如经营者通过利益诱惑的方式促使消费者作出有利评价,通过威胁或骚扰的方式迫使消费者改变不利评价,通过刷单方式购买有利评价,由竞争对手、消费者或职业差评师等参与制造的恶意差评等现象。

消费者、与之直接交易的经营者以及平台经营者(在有些情况下平台经营者即为直接交易的经营者)构成三方关系,平台经营者不仅作为一种服务提供者介入经营者与消费者关系之中,其还作为一种准市场管理者对运行于平台上的其他经营者和消费者之间的关系产生重要影响。此场景下的经营者和消费者相对于平台经营者而言,都处于相对弱势地位。具体而言,平台利用标准化文本、体系结构和算法对包括需求方、供给方在内的用户施加影响,使得弱势群体不再局限于消费者范畴,经营者也可能是弱势主体,两者在交易中的力量对比渐趋平衡。在这种情况下,消费者与生产者(经营者)之间的权利义务面临重构,其权利义务边界亟须重定。从客观的可持续维度看,消费者与生产(经营)者之间的关系理应成为一种共生共荣的良性循环,过分保护一方的利益或忽视一方的正当利益都是不可取的,两者间是合作关系而非对抗关系。现实地讲,消费者利益能在多大限度上实现,很大程度上取决于经营者能具有多大经济实力。很难想象在经营者整体实力贫瘠的现实下,消费者能够享受多大程度的权益实现,尤其是在平台经济下消费者作为消费原始数据的提供者、参与数据加工者和复次利用者以及数据利益的分享者,相对于传统经济下的生产(经营)者的关系而言,摆脱了信息不对称和相对弱势的地位,甚至成为生产消费的主导者。如果仍然奉行现行《消费者权益保护法》上的倾斜保护模式,势必难以有效应对新形势下的生产消费相融合的市场运行实况,数据时代的消费者保护进路和模式亟待更新。

(二) 平台经济中消费者保护的多元进路

作为消费者的用户及其消费数据作为各大平台经营者争夺的关键资源,对于整个平台经济的发展起到至关重要的作用。不夸张地讲,消费数据构成了当下和未来平台经济发展的基石,消费数据在形式上与生产数据逐渐融合一体,在实质上已经成为引发生产数据生产的关键。根据我国现行《消费者权益保护法》《网络安全法》以及《个人信息保护法》规定,收集用户信息(数据)必须征得用户同意。然而,现阶段大多数应用开发者、提供者及运营平台基于此条款,都倾向于"同意才能使用服务"(Opt-in)的格式条款,为自身获取用户数据铺平道路,有的应用运行平台甚至要求应用开发者和提供者与其平台共享用户数据。在这一过程中,对用户授权以往都是采取一次授权始终有效,现在有所好转,开始采取网络安全法上的"多重授权"模式,这样对于保护用户数据,尤其是涉及用户隐私的数据的安全起到了积极作用。然而,已经采集和存储的用户数据如何定性、如何使用,仍然未有定论。虽然,近年来法院在受理涉及数据纠纷的案件中,普遍采取数据利益归于数据控制者和开发者的态度,承认了数据的商业价值,但是对于数据原始提供者是否可以分享利益的疑问并没有明确答案。循此问题延展开来,一个更值得警醒的问题是,如何保障作为消费者的用户的隐私安全,如何防止和救济数据控制者和开发者对用户数据的滥用,如何实现消费者安全权、知情权、自由选择权及公平交易权等传统消费者权利的有效保护和创新行使?

不可否认,随着数据在日常生产生活中作用与价值的不断提升,普通消费者的个人数据权利意识开始觉醒,使得用户对于数据的安全性、可信赖性及复次利用价值有了更高的期待。同时,消费者很多都希望有救济措施,他们渴望知晓全部的数据应用过程,然而当面对强势的平台力量,只能选择默默忍受。企业不仅在用户使用企业相关产品、服务过程中收集用户信息,更体现为通过开放应用编程接口(Open API)以及数据库交易共享的方式实现数据的扩张、复次利用与深度挖掘。

事实上,在海量和多样性的数据的交流与共享过程中,借助算法优化和算力提升是能够实现在机器自主学习过程中数据的复次利用和深度挖掘的。这种建立在数据交流和分享基础上并通过大数据、算法及人工智能技术实现的机器自主学习下的复次利用和深度挖掘行为,显然对现行《消费者权益保护法》第二十九条"经营者收集、使用消费者个人信息,应当遵循合法、正当、必要的原则,明示收集、使用信息的目的、方式和范围,并经消费者同意"规定中的"合理、正当、必要的原则"提出了严峻挑战。究其原因,一方面,须承认经由人工智能算法对数据的处理,能够优化用户所享有产品和服务的内容和质量,这是科技创新的方向和价值,由此应该鼓励数据的共享和交流,如果数据被封锁,或人为地拒绝共享,或分享成本过高等,都不利于数据价值的提升,也不利于消费者权利的最终实现;另一方面,如何在保障用户获得更优的个性化和定制化服务的同时,实现对用户数据获取和使用的必要克制,以达到保护用户数据安全、防止用户数据被滥用的目的,这也是从维护消费者交易安全、知情权、自由选择和公平交易等权利实现的角度必须予以回应的。由此可见，虽然数据流通和分享与数据的严格保护之间看似存在冲突，但是其目的却有着一致性。如何协调数据分享与数据保护之于消费者的意义，从终极目的上看似乎不难，然而争议却存在于过程之中。作为消费者的用户是数据的原始提供者，理应对数据有控制权，然而当数据进入流动环节，尤其是被加工和脱敏后，作为数据实际控制者的企业是否对数据有绝对的控制权，消费者与企业之间如何划定数据权利的分配，当产生冲突时谁优先的问题单靠消费者权益保护法律法规很难予以解决。

在平台经济中，面对消费者的新兴权利保护问题，诸如数据安全权、数据被遗忘权、数据可携带权等，搭建包括《消费者权益保护法》《网络安全法》《电子商务法》《反不正当竞争法》《反垄断法》等在内的涵摄公法、私法、社会法等多元法理念的消费者保护法律体系，拓宽了消费者保护的路径，建立多元保护路径已成为数据时代的必然要求。在这一过程中，除建立多元保护路径外，还需要引入多元主体对消费者保护提供切实有力的支撑。

如前所述，平台经济中消费者在市场上的实然地位发生了根本性的变化，其在生产消费过程中的主导地位得到形塑，成为整个市场运行的出发点和归结点，由市场末端走向市场前端，甚至直接参与研发生产环节，其身份发生变化，产消者的形态逐渐清晰。同时，基于对消费数据的原始提供负主要责任，原始提供参与数据控制和利用过程，传统消费者的定位必须得到改变。在一定程度上，消费者于数据场景下的作用和价值除直接影响甚至左右研发生产外，也对市场监管起到了主动参与者的意义。例如，区块链作为一种分布式记账技术，其本质是去中心化，核心价值在于数据的不可篡改性，这意味着任何用户，包括作为消费者的用户都可以参与到自身及他者的区块记录及链条形成之中，并对自身行为所产生的数据的客观性和真实性负责，同时也佐证和映记了与自身发生任何交易关系的对象的行动轨迹，确保了区块链系统上任一区块记录的客观与真实。该技术于消费领域的应用，令作为消费者的用户成为生产、销售系统中的重要一环，消费行为产生的数据会影响到该区块上任何其他市场主体行为的作出及相关利益的实现，以及整体区块系统的客观真实有效的运行。此时，单纯依赖政府思维下的单一主体保护，很难有效应对技术变革带来的变化,建议从多元主体共同参与的维度,例如,消费者及团体、经营者及团体、其他社会组织等自觉主动地加入对消费者保护的共同事业中,提升消费者保护事业的现代化水平和自治能力,推动消费者保护路径和模式的更新。

(三) 平台经济中消费者保护的共治模式

我们建议引入多元主体协同共治的保护模式,包括政府、消费者及团体、经营者及团体在内的多元主体的政府规制、消费者(团体)自治、经营者(团体)自治以及政府与社会团体(含消费者团体、经营者团体等)合作规制的多元共治模式。

其一,科学合理增减政府治理消费者保护的功能和职权。当前,我国施行的消费者保护模式主要以原国家工商行政管理总局为主体的政府单一主导模式,即便是在中央和地方各级消费者保护委员会或者消费者协会的设立、管理及运行上,都与同级工商行政管理部门有着密切关系,其作为社团组织的独立性、专业性及能动性尚且不足。此外,还存在行业性的消费者保护治理机构,例如,国家工业与信息化部、国家卫生健康委员会、国家民用航空局等国家政府层面的部委局以及相对应的地方机构,这些机构的设立在一定程度上都涉及行业领域消费标准的制定和管理,构成了事实上的行业消费治理架构。虽然伴随国家市场监督管理总局的组建和运行,我国综合性的消费者保护治理机构越来越强大和有力,但是面对现存的在政府治理内部的分立式治理构造,还有很多工作需要进一步细化和优化。

其二,积极鼓励和推动消费者与生产(经营)者共同参与彼此权利保护。在平台经济中,消费者市场实然地位的变化,客观上导致了消费者与生产(经营)者关系的变化。通过算法的利用,尤其加大算法的透明,消费者也可以在生产消费中占据主动甚至是主导地位,经营者的合法权益也需要得以保护。在此场景下,消费者的自律和自治就显得非常重要,构成了平台经济中消费者保护模式的重要内容。故此,需培育和增强消费者(团体)的自治水平和自律能力。例如,增强消费者的理性消费观念和科学维权意识,通过科学合理设定消费者的权利、义务及责任促使其审慎行使各项权利,增进消费者教育以支持消费者更加合理地参与市场秩序的建设等。同时,在科学合理确定经营者义务和责任的前提下,也要考虑到经营者在平台经济中参与消费者保护系统的正当地位和合理权利,尤其是还存在第三方平台介入生产消费过程的时候,更需要正视经营者的正当权利。换言之,平台经济中的经营者在参与消费者保护的过程中,也需要提升自身的治理能力和水平,在积极承担义务的同时,正确地维护自身权利。值得强调的是,在平台经济中的消费者与生产(经营)者的权利义务关系比以往任何时候都更加密切,甚至出现了混同,两者之间必须密切合作,共同参与产消者权利的治理。

其三,努力构建政府与消费者(团体)、经营者(团体)相互合作的消费者保护模式。消费者保护事业的发展,不应囿于单一的以政府主力推进和以消费者权益保护法为主体的保护理念和结构,而应以现实问题为导向,融合有利于消费者保护的多元理念和具体制度及方法,扩容消费者保护的多元共治进路,有效推动新情势和新场景下的消费者保护的共建共享共治模式的建成与施行。特别是在平台经济中,对消费者隐私利益的保护单靠传统的隐私保护方法,无论是权利侵害式的相对私法逻辑抑或由政府作为公权力代表实施的针对不特定对象的公法逻辑都不能得到完满的解决。从长远角度看,必须导入以社会法理念为指导的竞争法逻辑,通过自由公平的竞争使服务市场上时刻保持优质的服务产品的供给,从制度上有效实现消费者保护。正是从这个意义上讲,平台经济中消费者保护的多元共治值得期待,既具必要性,也具可行性。

后　记

夯实平台经济规范持续发展的法治之基

　　法学作为典型的社会实践科学,具有鲜明的社会属性和经验特质,每一次质的演化都与同时期社会经济组织关系和生产力生产工具的变革性改变呈正相关关系,是同时期生产关系总和在制度设计和社会治理层面的集中体现,特别是法律法规与相关政策的制定更是反映了同时期经济、社会、科技、教育、文化、外交等领域的治理挑战与需求。以信息通信技术、互联网基础设施以及进一步深入开发适用的大数据、人工智能算法为代表的第四次科技革命正在深深改变着人类社会的组织结构和经济生产生活方式,也在重塑着法学研究和法律实践的方向与品性。

　　立足新发展阶段、贯彻新发展理念、构建新发展格局,推动法律与前沿科技的交叉研究,实现法学研究范式与实践模式的时代升级,是新时代每一位法学研究人员和法治实践人员肩负的历史使命,也是全面推进依法治国进程中,坚持法治国家、法治政府、法治社会一体建设,打造法治中国的内在要求。法学研究必须回应社会经济发展的现实需求,坚持以问题为导向,倒逼法律制度和法治环境的优化,才能使法治建设更好地服务于中国式现代化建设的伟大工程,这一点在我国平台经济治理领域尤为显著。

　　平台经济作为新质生产力的代表,因应科学技术革命而生,顺应全球社会经济发展而动,是传统生产要素和新型生产要素高度融合适用的新产业、新业态、新场景、新模式,更是深挖内生动力,加快构建以国内大循环为主体、国内国际双循环相互促进的新发展格局的关键一招,在我国经济高质量发展中占据重要位置。故此,平台经济规范持续发展已成为当前我国法治建设工作重点关注和保障的内容。

伴随平台经济产业化发展的不断升级,我国经济社会的治理理念、模式及方法也随之发生变化。自党的十八届四中全会以来,至党的十九届四中全会,完成了将法治思维和法治方式上升并确立为新时代国家治理体系和治理能力现代化建设的关键抓手和实践进路的顶层设计,以及下一个70年国家关键制度建设方向的历史性战略定位,中国特色社会主义法治体系、制度及实施机制成为建设法治国家、法治政府、法治社会的重要基石和根本保障。党的二十大报告中更是以专章的形式,对"坚持全面依法治国,推进法治中国建设"作出新的部署,提出"必须更好发挥法治固根本、稳预期、利长远的保障作用,在法治轨道上全面建设社会主义现代化国家"。

2024年7月,党的二十届三中全会审议通过的《中共中央关于进一步全面深化改革　推进中国式现代化的决定》明确指出,"促进平台经济创新发展,健全平台经济常态化监管制度",为推动平台经济规范持续发展指明了方向。新时代新征程,促进平台经济规范持续发展,应充分认识提升平台经济常态化监管水平的重要意义,加快构建中国特色平台经济常态化监管制度,有效提升监管水平,让平台经济不断为社会发展注入新动能。

法治兴则民族兴,法治强则国家强。因此,围绕"平台经济规范持续发展"这一主线,我们也进行了系列质的探索,有了一定的量的积累。突出解读探索平台经济规范持续发展规律,运用法治手段引导平台经济规范持续发展,就推动平台经济规范持续发展等问题持续关注。

立足新发展阶段,《平台经济:规范与持续发展》的出版仍以平台经济治理为主线,本书立足研究平台经济的全景式多维度立体化综合治理,强调平台经济发展应注重公平竞争、要素治理、创新驱动等多维度治理作用,调整平台经济治理的推进方向。面对平台经济带来的发展挑战与危机,唯有依靠法治,运用法治,展开全方位治理,坚持平台经济规范持续发展的法治道路。恰逢《中华人民共和国国民经济和社会发展第十四个五年规划和2035年远景目标纲要》提出"打造数字经济新优势",必须充分把握这一战略机遇,加快完善平台经济治理体系。建议优先从公平竞争、要素治理、创新驱动等方面进行重点突破,持续推动我国平台经济高质量发展。

平台经济治理作为未来法治的重要组成部分,是亟待投入更多时间和精力予以系统深入研究的现实问题。本书仅是对目前平台经济发展中呈现若干问题的一种有限度的回应,毕竟面对日新月异的发展还需不断更新应对思路与规制方法,与时俱进,时刻保持学习态度。特别是对由科技创新引发的法治变革更需要保持一种审慎的态度,在研究中提醒自己做到严谨、谦逊、求真、务实。

《论语·学而篇》:"子曰:学而时习之,不亦说乎? 有朋自远方来,不亦乐乎? 人不知而不愠,不亦君子乎?"宋代著名学者朱熹对此评价极高,说它是"入道之门,积德之基"。有情有义真君子,无欲无求是圣人;求学务实有朋友,习文较真看南北。在此,诚挚感激各位师友的鼓励、支持及帮助! 真挚期待各位读者的批评与建议!

法者,治之端也。加快平台经济治理法治化进程是我国为迎接数字时代,激活平台经济各要素潜能,实现平台经济高质量发展而作出的整体部署,不仅是促进平台经济规范持续发展的必由之路,更是全面推进依法治国在平台经济领域的生动实践和价值彰显。热诚期待各位读者的宝贵意见,以待在接下来的研究中不断改进和完善。

陈 兵

南开大学法学楼

竞争法研究中心

2024 年 12 月 13 日